KB178521

엔터테인먼트 시대의 한국 연극

놀이와 상징의 연극 미학

이 도서의 국립중앙도서관 출판시도서목록(CIP)은
e-CIP 홈페이지(http://www.nl.go.kr/cip.php)에서 이용하실 수 있습니다.
(CIP제어번호 : CIP2008001582)

엔터테인먼트 시대의 한국 연극

놀이와상징의연극미학

■ 김길수 지음

푸른사상

창작 예술가에게 '어떻게 살아갈 것인가', '어떻게 설계할 것인가', 이는 각기 다른 사안이 아니다. 이는 종이의 양면, 사물의 양면이다. 창작의 문제와 삶의 문제, 하나가 풀리면 나머지가 풀린다. 연극 창작의 해법은 따라서 삶의 해법이기도 하다.

대중들에게 비친 오늘의 연극 이미지는 무얼까? 무겁고 심각한 고답 예술인가? 특정 몇몇 예술인의 전유물이자 자기도취의 산물은 아닌가? 이런 당혹스런 질문에 우리는 어떻게 대응하고 반응해야 할까. 연극 고유의 감동과 놀이, 참다운 난장 묘미와 활력을 문화가 대중들은 과연 알고 있는 것일까. 대중들이 좋아하는 코미디 색조의 놀이, 여기에 알레고리 작법이 가세할 때 존재감은 성찰의 쾌감으로 확장된다. 공연 현장의 생생한 감동과 소통 체험, 이를 발견과 성찰을 향한 읽을거리로 제공할 수는 없는가.

그렇다면 엔터테인먼트 시대의 연극 전략은 무얼까. 연극은 놀이와 상상의 산물이다. 동화적 상상력, 동화 놀이, 우리는 놀이의 극점에서 가면을 벗을 수 있다. 동화적 상상, 만화적 놀이, 뒤집기 희극 묘미는 대중들의 놀이 취향에 근접할 수 있다. 이런 극예술 묘미가 우러나온 작품들을 조망, 해석하여 엔터테인먼트 시대의 연극 전략에 부응코자 하였다. 아울러 문제 현실과 부조리 세계를 참신한 놀이 발상과 그로테스크 이미지로 형상화한 과정, 이를 토대로 능동적 사유 놀이가 유발되는 과정을 살펴보았다.

연극은 인생이란 밭에 감춰진 보물찾기와 비슷하다. 그 비밀을 알아차리도록 유도하는 처방, 이를 위해 비유와 상징, 관조와 알레고리 작법이 선을 보인다. 필자는 이런 작법들을 토대로 심미성, 예술성이 우러나온 과정을 조망하여 보았다.

연극 만들기 작업은 그 자체로서 놀이 쾌감이 있다. 연극은 시간과의 싸움이다. 연극은 속도와 반응의 예술이다. 코러스를 통한 급변 구성은 뒤집기 예술의 백미다. 코러스와 꼭두 매체가 만나면서 연극적 상상력은 무한대로 확장된다. 놀이적 상상력마저 확장된다. 패러디 효능과 더불어 성찰의 쾌감마저 우러나온다. 이런 고급 놀이 쾌감을 유발시킨 작품들을 조망, 패러디 놀이의 오묘함을 고찰하여 보았다.

필자처럼 행복한 이는 없다. 공연을 보면서 삶을 배우고, 자유함과 해방감을 구가하는 법을 배운다. 상상력 부재의 시대에 상상력 촉발 설계 전략을 공부할 수 있어 좋다. 더욱 감사한 일은 공연 설계자분들의 헌신과 나눔 철학이다. 그분들이 보내주신 공연 자료는 문예창작학과 제자들의 창작 설계 교재 및 학술 탐색 텍스트가 된다. 그분들 덕택에 제자들은 늘 신선하고 창의적인 당대 공연 설계 코드와 해법을 자연스레 익힐 수 있었다.

공연 무대 현장에서 극 설계자분들과 담론을 나누는 작업은 더없는 행복함이다. 광주의 궁동예술극장, 문예정터, 광주문예회관 소극장, 전주 한국소리문화의 전당 예음홀과 명인홀, 전주의 창작소극장, 남원 춘향문화예술회관, 영호남연극제 남강 야외무대, 그리고 순천문화예술회관 대극장 및 소극장은 문창과 제자들에겐 창의적인 공연 설계의 탐색 산실이 되어 왔다.

몇몇 소극장은 공연 끝나기가 무섭게 치열한 토론 현장으로 돌변한다. 창의적인 무대그림 설계 과정을 놓고 감탄하고 깨달아가는 작업, 발견의 재미뿐만 아니라 극예술가의 비전과 우정마저 경험하게 된다.

지리산 뻐꾹새 소리 들으며 섬진강 따라 올라가는 전주 기차 여행은 너무도 즐겁다. 섬진강 은어가 물장구치며 나그네의 옷깃을 붙잡는다. 지리산 그리매 풍경은 길손을 시인이 되게 만든다. 진주 남강 촉석루를 향해 달려가는 남해고속도로 연극여행, 송광사 물소리, 바람소리, 목탁소리 들으며 조계산 기슭 자락 따라 광주로 올라가는 지방도로 연극여행 역시 오밀조밀 재미 만점이다. 미리 읽은 대본 내용, 그 연극적 판타지 그림을 떠올려 본다. 준비한 팥떡은 연극여행의 설렘을 배가시킨다.

공연장 도착, 불이 꺼진다. 침묵과 긴장, 한 시간 반 동안의 연극 체험, 각자의 내면에 거대한 우주가 빚어진다. 치열한 토론과 탐색이 이어진다. 공연 설계자분들과의 만남은 황홀, 희열 그 자체다. 진주 남강 변에 맛있는 돼지머리 고기가 우리를 기다린다. 음료수 한잔에 목을 축인다. 남강 변에 어우러지는 물불 그림자가 시샘을 한다. 하늘에도 달, 물 위에도 달이다. 너와 나, 모두의 가슴에 달이 뜬다.

이렇듯 문창과 제자들은 심미적인 공연 그림을 접하면서 내공이 깊어져 갔다. 그리고 신춘문예 희곡 당선의 축복이 이어진다. 이렇게 십년의 세월이 쏜살같이 흘러갔다. 극예술 공연 현장 조망 작업과 극예술 교육 작

업, 이 양 숙제를 자연스레 해결할 수 있었음은 필자에게 최고의 행복함이
리라.

해질녘 이곳 난봉산 기슭에 향림사 종소리 들려온다. 바로 그 시간, 어
두운 지하 소극장 공간에 불을 밝히는 이들이 있다. 창의적인 공연 설계
작업, 이를 위해 온 삶을 다 바친 분들, 극예술 창조자의 헌신과 눈물, 땀
방울 그림이 오늘따라 생생하다.

출판의 기쁨은 읽기와 나눔을 통해 시작된다. 늘 기도와 웃음으로 활력
을 베풀어준 사랑하는 가족과 문예창작학과 식구들, 필자가 사랑받았고
사랑하고픈 모든 분들과 기쁨을 나누고 싶다. 연극평론가 및 극예술 교육
자라는 직분으로 공연 문화 현장 사람들을 만났고, 공부도 많이 했다. 그
리고 예기치 않는 크고 놀라운 축복과 감동을 받았다. 그 분들에게 이 책
을 헌사한다. 무엇보다도 이 모든 상황을 계획하시고 주관하시고 베풀어
주신 창조주 하나님께 감사와 영광을 돌린다.

2008년 5월 난봉산 기슭에서
김길수 삼가

제4장 관조와 상징, 비유와 성찰의 연극 놀이

제1장
엔터테인먼트 시대의 연극 전략

창의적인 놀이 코드 설계 전략

1. 엔터테인먼트 시대의 연극 철학

연극 예술의 본질, 정체성 찾아가기

　연극 설계는 제한된 무대 공간에서 극적인 우주를 빚어가는 작업이다. 거기엔 가장 본질적 세계, 가장 우리다운 현존이 담겨 있어야 한다. 일그러진 세계, 헝클어진 내면, 자유함을 잃어버린 자들, 지금 이런 문제 세계에 대한 반응으로서 연극 설계 작업은 어떻게 이루어져야 할까. 변화를 모르는 자들, 감동의 눈물을 모르는 자들, 불감증에 젖어버린 대중에게 꿈과 비전을 일깨워줄 공연 설계 처방은 무얼까.

　우리는 지금 엔터테인먼트 시대를 살아가고 있다. 이 시대 대중들에게 필요한 엔터테인먼트는 어떤 것일까. 연극은 내면과 외부를 동시에 디자인해나가는 동시공감각 예술이다. 공연 외부 이미지가 아름답고 감각적인 맛깔을 자아낸다 할지라도 존재감을 건드리지 못한다면 문제는 해결되지 않는다. 스스로의 문제를 건드려주는 연극이 아니라면 그리고 존재감을 일깨워주지 못한 연극이라면 공연은 대중들에게 외면당할 것이다. 나만의 실존 쾌감을 맛보게 해주는 연극, 내가 풀지 못한 인생 수수께끼를 풀어헤쳐주는 극예술 철학이 필요하다.

그렇다면 엔터테인먼트 시대에 필요한 연극 메뉴는 무얼까. 관심과 흥미, 오락과 해방감 유발을 향한 놀이극 코드는 어떤 것들이 있을까.

공연 무대 현장에서 맛보는 다이내믹한 난장과 놀이 체험, 놀이의 극점에서 맛보는 엑스터시, 가면을 벗고 진정한 자아를 찾아가는 해방 체험, 신명과 무아지경의 정점으로 몰고 갈 놀이극 메뉴 개발 작업이 우리의 궁극적 숙제다.

연극은 상상력의 예술이다. 연극은 눈떠가기 예술이다. 나의 실존 용량이 상상력 체험을 통해 무한하게 확장될 수 있다는 쾌감, 나의 현존 지평이 눈떠가기를 통해 무한대로 열려질 수 있는 그 쾌감, 이럴 때 우리는 생각하는 자로서, 상상하는 자로서 존재감을 맛본다. 행복감은 커진다. 대중들의 행복감이 충만할 때까지, 존재감이 나눔과 공유의 기쁨으로 확장될 때까지 연극은 대중들 사이로 침투해 들어가야 한다. 대중들의 행복감, 발견의 쾌감, 무아지경의 놀이 쾌감, 나를 비우는 작업, 이기적인 나를 부인하고, 상대의 실존을 인정하며 이를 즐거움으로 행복감으로 여기는 상황, 이런 창조, 수용의 피드백 과정, 그 순환 구조가 활성화될 때까지 연극 창조, 연극 설계 및 탐구는 계속되어야 한다. 새로운 메뉴 개발을 향해 극 설계자들은 늘 촉수를 곤두세워야 한다. 이것이 극예술 창조자들의 소명이다. 이것이 양질의 공연 문화를 선도해나가는 자로서의 자긍심이자 숙명이다.

극예술 창작에 내 인생 전체를 걸려고 맘먹는다면 과연 '나는 누구인가', '무엇을 하고 있는가', '우리 시대 나의 진정한 예술적 비전은 무엇인가', 이를 향한 진지한 자기 성찰, 극예술을 통한 실존 철학이 정립되어 있어야 한다. 그렇지 않고서는 롱런하기 힘들다.

엄청난 속도로 발전해 나가는 영상 매체들, 기타 이웃 장르 매체들, 대중들을 인스턴트식 값싼 소비자로 전락하는 것을 방관해야 할까. 통속 문화 매체를 압도할 양질의 극예술 매체 개발 전략이 필요하다. 동화적 상상력을 자극시킬 마술극 장르 개발 전략, 세계 어느 곳을 가더라도 통용될 무언의 놀이극 개발 전략, 외부 이미지를 일순간 내면세계로 급변시켜 이를 섬뜩하게 체험케 하는 전략, 내적 이미지에 알레고리와 상징 의미를 설정, 이를 철학적으로 사유하게 만드는 전략 등이 체계적이고 조직적으로 탐구되어야 한다.

언제 어느 곳이든 축제 현장에서 필요로 하는 극예술 메뉴, 축제 관객을 요지경 무대로 이끌어낼 놀이극 메뉴가 개발되어야 한다. 비정규직 노동자들을 관객으로 삼는 연극 메뉴, 부도난 중소기업을 책임져야 하는 우리시대 소시민들에게 적용되는 메뉴, 취업 재수생들에게 활력과 비전을 일깨워주는 메뉴 개발 철학이 필요하다. 변화의 주체는 우리 극예술 종사자들이다. 극예술 창조자들이다. 극 설계자가 먼저 변화되어 대중들을 찾아가야 한다. 대중들을 행복하게 만들어 주어야 한다.

빛을 잃어가는 세대, 행복감, 자유함을 맛보지 못한 사람들, 이제 이들에게 재미와 난장, 무아지경과 해방감, 그 활력의 예술 체험을 유도할 처방, 그 전략 짜나가는 과정에서 신선한 반향과 결실을 거두었던 사례, 그분들의 예술 철학, 창의적인 극예술 설계 전략을 탐색할 필요가 있다.

엔터테인먼트 시대, 인생의 숨어있는 비밀을 발견하게 하고 사유하게 만드는 놀이극 작법은 무엇일까.

〈경숙이, 경숙 아버지〉(박근형 작ㆍ연출, 동숭아트센터 소극장, 2006년)는 대중극 작법과 사유극 성찰 작법이 저절로 하나 될 수 있음을 보여

준다. 철학적 깨달음과 놀이 쾌감 확장 작법이 동시에 우러나온다.

이 작품에선 속없고 이기적이며 유치하기까지 한 부친의 행각이 과장, 희화되어 나타난다. 부친의 몰가치한 행동이 예측 불허의 방향으로 터져 나온다. 기대 밖의 엉뚱한 행동이 다양하게 반복, 변조되면서 관객은 폭소를 주체할 길이 없다.

한국전쟁, 가족 전체를 보호할 생각은 하지 않고 혼자만 살아남으려는 아버지의 이기적 태도, 관객은 그 어처구니없음에 대해 실소를 금치 못한다. 가문의 대 이어가기, 집안 가장 노릇을 대신하게 할 요량으로 그는 꺽 꺽이라는 다른 남정네를 아내 곁에 두고 간다. 이는 황당하다. 어이없다.

그 사이 아버지는 첩질과 한량 짓을 계속한다. 해산을 앞둔 어머니가 진통으로 몸부림친다. 급박한 상황임에도 아버지는 첩과 더불어 젓가락 두드리며 춤과 노래를 즐긴다. 뻔뻔함, 이기적 행동, 어린애 같은 유치함, 이런 어이없음의 행각이 예측 불허의 상황 희극 코드로 펼쳐진다. 관객, 폭소를 주체할 길이 없다.

작가는 이런 난장 코미디극 흐름에 철학적 소재를 삽입한다. 아버지라는 인물에게서 시인의 철학이 우러나온다. 어린 경숙과 난봉꾼 아버지와의 대화, 그런데 문제의 아버지 언어에서 철학자 내지 시인의 모습이 비춰진다. 마당 건너편 앞산의 나무 풍경, 아버지의 나무 철학이 관심을 불러일으킨다. 열매를 맺는 나무들이 많이 보인다. 사과나무, 배나무, 이게 진짜 나무인 줄 알았다. 그런데, 아버지, 정색을 하고서 그게 진짜 나무가 아니라 한다.

일그러지고 보기 흉한 팥배나무, 은사시나무가 진짜라는 것이다. 나무, 열매보다 향기가 더 중요하다. 아버지의 나무 철학, 신선한 반향을 불러일으킨다. 한량 아버지에게서 저런 인생철학이 있다니⋯, 관객, 의아함을 주체 못한다. 관객은 어느 순간 사유극의 묘미에 젖기 시작한다.

22

이는 경숙의 대학
졸업식 장면에서 절
정에 이른다. 아버
지가 졸업 선물을
사 오셨다. 신발이
다. 신발, 홀로 유랑
하는 삶에 대한 상
징은 아닐까. 아버
지는 신발 선물을

극단 골목길의 〈경숙이, 경숙 아버지〉
(박근형 작 · 연출, 2006)

남겨 놓고 떠나려 한다. 아버지와 살았던 시절이 싫다. 아버지를 붙잡고
울부짖어 본다. 아버지가 밉다. 투정을 부려본다. 아버지가 인생 관조자
의 모습으로 다가온다. 딸 경숙이를 오히려 격려한다. 인생은 모진거라.
모진 인생길이지만 각자 스스로 개척해 나가야 한다. 아버지는 이를 일깨
워 줄 요량으로 오신 것이다.

　공연 마지막 무대는 경숙의 출산 현실이다. 가족들 모두 아기를 보고
즐거움을 주체 못한다. 아기가 아버지를 닮았다는 둥 하면서 말이다. 새
로운 가족 탄생을 축하하는 분위기, 경숙의 눈에 선명하게 떠오르는 자가
있다. 모두에게 힘들고 서러움을 안겨주었던 그 아버지다. 실종되었다는
소문, 죽었다는 불확실한 소문을 친척들은 전한다. 갑자기 경숙에게만 아
버지가 보인다. 아버지가 막 출산한 아기를 안고 춤을 춘다. 그 아기에게
도 한량기, 유랑기를 물려 줄 속셈일까…

　철이 덜 들었을 때 보았던 아버지, 속없이 춤추던 아버지, 무책임한 한
량 아버지만 보였다. 철이 들어 보니 아버지의 신발 철학, 아버지의 나무
철학, 그 깊은 의미가 절절하게 다가온다. 아버지의 철학은 시인의 철학
이다. 방랑과 기다림이 나의 삶의 전부인가. 이를 일깨워 준 아버지, 무대

는 어느 순간 경숙의 회상 공간으로 급전된다. 경숙의 내면 그림이 무대 중앙에서 펼쳐진다. 아버지가 아기를 안고 춤추며 노래를 부른다.

　　"눈보라가 휘날리는 바람찬 흥남 부두에……"

아기를 보고 즐거워하는 가족들의 현실이 무대 오른쪽에서 펼쳐진다. 내면과 외면 그림이 동시에 무대화된다. 회상 그림으로 다가오는 아버지, 그를 향해 경숙이 외친다.

　　"아부지!"

표현주의 공연 작법이 멋지게 실현된다. 이게 예술이고 미학이다. 놀이 쾌감, 해방 쾌감이 있다. 그 극점에서, 그 끝자락에서 사유의 쾌감이 우러나온다. 회상과 불러보기 쾌감이 극에 달한다.

코미디 놀이 재미를 맛보게 하면서 진정한 실존 회복의 가능성을 일깨워 준 극예술 작법, 이게 우리시대 엔터테인먼트 시대의 연극 철학은 아닐까.

2. 동화 코드와 패러디 코드의 종합성과 합일성, 그 창의적인 응용 작법

21세기에 요구되는 연극적 상상력과 창의성

엔터테인먼트 시대에 요구되는 연극적 상상력과 창의성은 무얼까. 동화적 상상력, 여기에 패러디 코드와 서정적 상상력을 융합시켜 창의적인 놀이극 메뉴가 빚어지게 할 수는 없을까.

극단 황토의 〈오장군의 발톱〉(박조열 작·박병도 연출, 전국연극제 대통령상 수상작, 전북예술회관, 1989년)은 동화적 상상력이 얼마만큼 감상층의 내면세계를 풍요롭고 아름답게 빚어줄 수 있는가, 더 나아가 우리네 유토피아가 지금, 이곳의 삶 속에서 무궁무진하게 펼쳐질 수 있음을 보여주고 있다.

인간이 소와 이야기를 나눈다. 사물이 인간처럼 생각하고 반응한다. 소가 인간처럼 사랑의 정서에 목말라 한다. 소가 별리의 아픔을 감당치 못해 목 놓아 운다. 까치골 감자밭을 갈며 살아가는 오장군 가족의 이야기를 다룬 이 연극에서 사물의 의인화는 연극적 상상력을 증폭시킨다. 감자밭 밭갈이에 이골이 난 일소 먹쇠가 잠시 게으름 피우려 한다. 이웃 마을 꽃분이네 소 장쇠가 다른 마을 처녀 소에게 장가간다. 먹쇠를 골탕 먹이기 위해 꾸며낸 말이다. 이를 사실처럼 받아들인 먹쇠의 반응은 가관이다. 의욕을 잃은 채 시무룩해 하는 반응, 그러다가 농담임을 알아차리고 생기를 되찾는다. 보름 동안만 열심히 일하라. 장쇠에게 시집 보내주겠다는 제안에 신바람이 난다. 동화 소재의 무대에 코미디 색조의 그림이 덧입혀진다.

시집갈 때가 되었다는 말에 먹쇠의 반응은 가관이다. 자신의 젖가슴이 커졌다고 뽐내는 모습, 관객의 폭소는 그칠 줄 모른다.

동화적 상상 유발 전략이 코러스 놀이 매체와 만나면서 연극성은 무한대로 확장된다. 징집영장을 들고 와 생전 처음 편지를 받았다고 자랑하는 오장군, 그러나 그 편지는 내일 당장 군에 입대해야 하다는 내용을 담고 있다. 그럼에도 오장군은 기쁨에 젖어있다. "나는 군대에 가면 커다란 대포알에 맞아 죽을 거야." 심각한 현실을 인지 못하는 어리석은 행동이 과장, 희화된다. 관객은 우월 정서를 주체 못한다. 조롱, 조소의 희극 쾌감이 우러나온다.

꽃분이는 그런 약혼자의 태도에 울음을 터트린다. 당장 결혼해야 한다. 동쪽나라와 서쪽나라가 전쟁 중이다. 약혼자의 미래를 장담할 수 없다. 지금 당장 애기 씨를 받아야 한다. 나무 아래에서 당장 사랑을 나누자는 꽃분의 제안에 오장군은 어리둥절해 한다. 약혼자를 끌고 가려는 꽃분, 유치원 아이처럼 끌려가지 않기 위해 저항하는 자, 주먹으로 곧 가격할 듯한 꽃분의 제스처, 순진하고 우직하기 이를 데 없는 오장군의 행동, 관객은 또 다시 폭소를 금치 못한다.

동화적 상상력을 토대로 빚어
진 익살 희극, 여기에 코러스 놀
이가 추가된다. 나무들이 춤을
춘다. 이는 코러스 배우들이 대
신한다. 신랑 신부가 마주하여
혼례를 올리는 상황이 상징 마임
으로 펼쳐진다. 서로 마주보고
화답하며 미소 짓는 그림, 교차
하고 되돌아보는 자들, 멋진 동
심원이 그려진다. 춤추기 퍼포먼
스가 코러스 배우들에 의해 아름
답게 연출된다.

극단 미추의 〈오장군의 발톱〉
(박조열 작·손진책 연출, 1988)

코러스의 춤 그림, 춤 퍼포먼
스는 동화 놀이의 아름다움으로 이어진다. 풍성한 볼거리와 들을거리가
연출된다. 춤을 통해 관객 모두는 진정한 자아와의 만남을 갖는다. 춤 퍼
포먼스를 통해 관객은 동화적 유토피아 세계를 만끽한다. 이는 동화적 코
드와 코러스의 상상력이 만나 앙상블을 이룬 쾌거다. 이게 연극이다. 이
게 상상력의 예술이다.

연극 〈오장군의 발톱〉은 동화적 상상력과 코러스 놀이의 창의성이 엔
터테인먼트 시대의 문화 창작 코드임을 다시 한 번 극명하게 일깨워주고
있다.

사물의 의인화 작법에 시적 발화 작법이 가세하면서 동화 세계의 아름
다움과 감동이 우러나온다. 오장군의 유해 전달 장면, 이를 놓고 가족들
이 벌이는 반응 그림은 가장 동화적이면서도 연극적이다. 문제 세계가 패

러디 그림으로 변용된다.

오장군은 마지막 죽을 때까지도 사랑했던 가족 이름을 부를 뿐이다. "엄니", "꽃분아", "먹쇠야!" 애국심이나 군인 정신은 그와는 너무도 거리가 멀다. 그러나 적의 사령관은 이를 가짜 속이기 전략 언어로 받아들인다.

> 사령관 (참모A를 돌아보며) 그는 죽음까지도 연기로 장식했다. (흉내) 엄마야아, 꽃분아아…… 아무리 무식한 시골뜨기라도 그보다 더 시골뜨기를 닮을 수는 없을 거야.
> (사령관, 오장군에게 경례를 한다. 모두 그를 따른다.)

서쪽나라 사령관은 오장군을 적의 유능한 첩보 장교로 오인한다. 죽어가는 상대를 그는 조롱, 조소한다. 모든 문제 상황을 다 알고 있는 관객, 우월적이고 냉철한 관점에서 이들의 비틀린 반응을 마주한다. 전쟁놀이에 빠져드는 자들, 고급 두뇌 전략가라는 자들, 그들의 실수와 무지가 오히려 조롱 대상이 된다. 패러디 놀이극 쾌감이 몇곱절 확장된다.

이런 패러디 놀이 전략은 전사 통지 장면에서 또 다시 반복된다. 영현 장병들의 추모 열병 퍼포먼스가 장중하고 경건하게 펼쳐진다. 그러나 이 모두 유족을 속이기 위한 가짜 놀이 전략이다. 영현 하사관이 전사통지서를 읽는다.

> 영현하사관 (전사통지서를 읽는다) 나, 동쪽나라 제5야전군 사령관은 더할 수 없는 슬픔으로 육군일등병 오장군의 장렬한 전사를 통지합니다. 오장군 일등병은 그 애국심과 군인정신에 있어서 온 동쪽나라 군인의 으뜸이었습니다. 오장군 일등병이 남긴 유언은 단 한마디 〈동쪽나라 만세에!〉였습니다.

군인들은 오장군의 유해가 없음에도 마치 실제 유골을 가지고 온 것처럼 행동한다. 엄숙과 경건으로 포장한 가짜 퍼포먼스가 펼쳐진다. "동쪽 나라 만세에!", 이는 꾸며낸 말이다. 이들의 속보이는 행각이 조롱 대상이 된다.

전사 통지 순간, 노모와 꽃분은 할 말을 잃는다. 충격을 금치 못한 채 모두가 제자리에서 꼼짝 할 수 없다. 이 때 눈여겨볼 그림이 바로 먹쇠다. 일소인 먹쇠 역시 이들 가족들처럼 정서적 반응을 보인다. 그 역시 할 말을 잃고 움직이지 못한다. 동화적 상상 세계에 가능한 그림이다.

유해 상자를 받아 든 노모, 오열을 터트린다. 그러나 터트림은 절제되어 있다.

> 엄 마 (유골상자의 뚜껑을 열어본다) …… (그 속을 들여다보는 자세대로
> 움직이지 않고) 오오 장군아, 내 아들아아…….
> 꽃 분 (배를 만지면서 꼿꼿이 선 채) 장군아아, 우리 애기 아빠야아…….
> 먹 쇠 (하늘을 쳐다보며 숨이 다할 때까지 길게 길게) 뫼에에에에…….

가족 상실의 아픔이 시적 외침으로 변용된다. 죽은 자에 대한 외침 언어가 인물 간의 관계 정서 차이에 따라 약간씩 달라진다. "장군아" 불러보지만 반응이 없다. 그러자 "내 아들아" 하는 노모의 떨린 음성이 이어진다. "장군아", 불러보다가 결국 "우리 애기 아빠야아…" 하고 불러본다. 역시 반응이 없다. 뱃속의 아기를 대신하여 불러보는 작법, 호소력은 무한대로 확장된다. 별리의 아픔을 주제 못하는 노모와 꽃분, 그들을 향한 동정과 연민 정서가 증폭된다.

여기서 중요한 것이 먹쇠의 의인화 전략이다. 이 동화적 발상은 이 연극의 매력이자 압권에 속한다. 먹쇠가 인간처럼 슬픔을 토로한다. "뫼에

에에에에…" 그런데 그가 가족을 위로하는 행동을 벌인다. 노모와 꽃분을 다독거리는 행동이 설계된다. 이는 현실적으로 있을 수 없다. 작가가 동화적 상상 코드로 승부를 걸었기에 가능하다. 가족 사랑의 아름다움이 절절하게 다가온다. 동화적 상상력을 토대로 연극 놀이의 감동과 매력이 무한대로 확장된다.

연극 전체를 조망하여 볼 때 동화 놀이 처방, 패러디 전략 그리고 시적 발화 작법이 유기적 조화를 이룬다. 연극 놀이의 쾌감에 감동이 가세한다. 패러디 작법을 통해 놀이 재미와 비판적 성찰 쾌감이 동시에 우러나온다.

연극 〈오장군의 발톱〉은 동화 놀이 코드와 그 응용 전략이 엔터테인먼트 시대의 상상력 유발과 창의력 배양 작업에 너무도 중요한 창작 화두임을 극명하게 일깨워 주고 있다.

3. 연극 놀이, 상상 코드, 그 응용, 개발, 확장

1) 글로벌 시대의 상상 코드와 놀이극 코드

글로벌 시대, 엔터테인먼트 시대를 살아가는 우리에게 가장 보편적인 극설계 작업 코드는 무얼까. 놀이를 즐기고 나눔은 인간의 원초적 본능이다. 민족 간의 장벽, 국가 간의 장벽을 뛰어 넘어 세계 만민을 풍요로운 놀이 세계로 끌어들이는 전략은 무얼까.

놀이 본능을 건드리는 넌버벌 연극 메뉴가 필요하다. 인종간의 차이에도 불구하고 누구나 공감할 수 있는 놀이 무언극 메뉴가 필요하다. 세계화 시대에 걸맞도록 모두에게 공감이 가는 엔터테인먼트 놀이 매체가 체계적으로 창작, 탐구되어야 한다.

창의적인 놀이 무언극의 성공 사례로 극단 초인의 〈기차4〉(극단 공동 구성·박정의 연출, 발렌타인 1관 소극장, 2005년) 공연을 들 수 있다.

이 놀이극은 아비뇽연극제와 에딘버러 예술축전을 찾은 세계 모든 남녀 노소 관객들에게 마술 놀이의 아름다움과 동화 놀이의 풍요로움을 무궁무진하게 경험케 한 바 있다.

기차표를 잃어버린 마술사 노부부의 이야기, 기차표와 관련된 갖가지 희극적 해프닝이 공연 초반 관객을 즐겁게 해준다. 기차표 분실로 인해 티격태격 싸우는 과정, 노인들이 유치한 어린애로 전락되는 과정은 실소의 묘미를 자아낸다. 기차표 마련을 위한 전략, 앵벌이 아이들처럼 구걸 흉내를 내야 하는 상황, 이 과정에서 벌어지는 우발적인 실수와 어수룩함이 과장, 희화된다. 익살 및 상황 희극의 묘미가 우러나온다.

앵벌이 아이들이 포주에게 착취당하는 사연이 잔혹극 그림으로 펼쳐진다. 포주와 그 일당들이 벌이는 잔인한 린치와 가학 행위, 공연장은 일시에 충격과 전율 그리고 긴장감을 주체할 길 없다. 생기를 잃어버린 아이들, 어떻게 저 아이들을 위로하여 줄까. 마술사 노부부의 눈에 아이들이 가엾은 이웃으로 다가온다. 아이들을 위로하기 위한 전략, 드디어 마술 놀이극이 펼쳐진다.

이 공연의 매력은 극적인 마술 메뉴가 선보여 관객을 감동시켰음에 있다. 풀릴 듯 풀리지 않는 마술, 기대와 갈증이 고조된다. 안타까움이 최고조에 달할 때 노부부의 마술은 성공을 거둔다. 마술 놀이는 그 자체로서 스릴과 서스펜스를 자아낸다. 마술은 아이들에게 행복감과 희열을 선사한다. 마술 놀이를 접한 아이들, 생기를 회복하기 시작한다. 그 극점에서 선율 연주가 시작된다. 마음속 아름다웠던 지난 시절이 떠오른다. 마음속 꿈꾸던 미래의 그림이 보이기 시작한다.

마술사 노부부와 아이들이 마술과 선율에 취해 함께 춤추고 함께 뛰놀기 시작한다. 관객은 마음속으로 꿈꾸던 유토피아를 접한다. 시간은 다가오고 또 흘러간다. 포주가 올 시간, 기차를 타고 가야할 시간, 그 시간은

극단 초인의 〈기차4〉(공동 창작 · 박정의 연출, 2005)

어김없이 다가온다. 그러나 이들이 꿈꾸는 유토피아의 시간은 영원불변하다. 무대 뒤편 높은 곳에 장난감 시계가 걸려 있다. 시계 바늘은 늘 그대로다. 이는 실존의 시간, 유토피아 시간을 상징할 수 있다. 이를 일깨우는 상징 오브제 설정 작법은 이 극의 품격을 격상시키는데 기여한다.

앵벌이 아이들과 포주의 학대 상황, 이들을 구원시키려는 비전과 가로막는 악의 세력, 이 두 영역 사이의 줄다리기 과정은 긴장과 스릴의 묘미를 자아낸다. 마술사 노부부의 가세와 더불어 이들의 줄다리기는 어느 순간 놀이와 익살 그림으로 변용된다.

이 작품은 글로벌 시대에 창의적인 극코드의 전형이 무엇인가를 극명하게 보여주고 있다. 이 작품은 무언극이면서도 음악극이고, 놀이극이면서 마술극이다. 동시에 이미지극이면서 상징극의 색조를 띠고 있다. 언어의 장벽을 뛰어 넘을 수 있는 극기호 설계 해법, 세계 모든 관객 누구에게나 놀이적 즐거움과 동화적 아름다움을 맛보게 한 작품, 연극 〈기차4〉는 우리시대 보편적이고 우주적인 놀이극 설계 작법이 무엇인가를 극명하게 보여주고 있다.

동화적 상상과 놀이 익살 메뉴가 조화를 이루어 공연성을 성공적으로 확장시켜 나간 사례로 2007년 아비뇽연극제 참가작이자 2008년 영국 버로우 극장 공연 예정작인 〈선녀와 나무꾼〉(박정의 작·연출, 학전블루 소극장, 2007년, 극단 초인 제작)을 들 수 있다.

사물의 의인화 작법은 동화 놀이의 기본 코드다. 사물이 인간보다 한수 위의 인지능력과 정서능력을 소유한다. 사슴이 방황하는 나무꾼 가족을 안내한다. 이런 동화적 발상은 선녀의 인간화 과정으로 구체화되면서 익살 놀이 묘미가 새롭게 우러나온다.

선녀의 인간화 과정에서 재미와 익살이 넘치는 집짓기 그림이 펼쳐진다, 버팀목 기둥을 붙잡지 않으면 안 되는 극놀이 상황, 이를 통해 선녀는 집짓기 작업에 동참한다. 인간 삶의 문법을 알지 못하는 자, 그로 인해 벌어지는 어이없는 해프닝 및 엉뚱한 반응 행각, 객석에서 폭소와 실소가 쏟아진다.

며느리 문법을 알지 못한 자, 따라서 시어머니 앞에서 엉뚱한 사랑 행각이 벌어진다. 고부간의 유치한 싸움이 벌어진다. 아기자기한 익살 희극의 재미가 창출된다.

노모로부터 호미질 밭갈이를 강요당하는 상황 역시 익살 놀이의 재미를 만끽케 한다. 화가 치민 선녀의 호미질이 유치원 아이의 반응으로 변용된다. 호미질 놀이가 절정에 달하면서 예기치 않는 엉뚱한 변신 놀이가 펼쳐진다. 경쾌한 음악 선율과 더불어 호미질은 경쾌한 몸놀림으로 뒤바뀐다. 화난 자가 어느 순간 노동의 재미, 그리고 놀이의 묘미에 빠져든다.

이런 익살 희극 그림은 동화적 상상 놀이에 대한 탐구가 전제되기에 가능하다.

빨랫감을 머리에 이고 가는 상황 역시 익살 희극의 재미를 자아낸다. 노모에게 강요받아 빨랫감을 이고 가야하는 선녀, 화를 주체할 수 없지만 마음대로 움직일 수 없는 상황, 이는 익살 재미를 자아낼 뿐만 아니라 스릴의 놀이 묘미마저 자아낸다. 노모에게 공손치 못한 선녀가 낭패당하도록 유도하는 상황, 관객은 우월적 희극 쾌감을 주체 못한다. 예측 불허의 반응 행각, 이는 코미디 색조의 놀이 묘미를 확장시키는데 기여한다. 선녀가 집 한 바퀴 돌아온다. 어느 순간 능수능란한 몸놀림 유희자로 돌변해 있다. 예측 불허의 변신 놀이에 관객은 폭소를 터트린다. 이런 창의적인 익살 처방은 동화적 상상 코드와 접목되면서 놀이의 해방감을 무한대로 확장시킨다.

이 연극의 미덕은 관객을 단순한 놀이 유희자로 머무르게 하지 않고 능동적 성찰자가 되도록 유도함에 있다. 놀이는 어느 순간 익살 색조에서 패러디 색조로 전환된다. 병들어버린 현대 문명, 이를 거리를 두고 성찰케 할 요량으로 공연은 패러디 처방을 활용한다.

살육과 사냥을 피해 더 깊은 산골로 피해 살아가는 나무꾼 가족에게 문제가 발생한다. 전쟁이 터진 것이다. 나무꾼은 억지로 사격 훈련을 받아야 한다. 총 쏘기를 피해 달아났지만 다시 한 번 총을 잡아야 한다. 권총을 들이대는 강압 환경이 무대화된다. 결국 총 쏘기 훈련에 가담한다. 나무꾼은 서서히 총 쏘기에 익숙해져 간다. 이를 환영하는 가짜 축제 분위기가 펼쳐진다.

패러디 퍼포먼스가 펼쳐진다. 군대 사령관이 나무꾼의 사격 행동을 지휘, 조종한다. 나무꾼의 총 쏘기가 익숙해진다. 사령관은 교향악단 지휘

자로 등장, 악기를 연주한다. 총 쏘기 훈련이 성공을 거두면서 교향악단의 연주가 멋지게 울려 퍼진다. 사령관의 지휘 그림은 더욱 신명난 그림으로 변용된다. 전쟁으로 얼룩진 세계, 전쟁을 조장하려드는 병든 문명 세계, 작가는 이를 교향악 연주 그림으로 희화시켜 나간다. 교향악의 달콤한 선율로 이들은 문제를 은폐시키려 할 것이다. 관객은 이제 이 모든 주변 상황을 냉철하게 조망하고 비판하게 된다.

〈선녀와 나무꾼〉은 세계 만민이 즐겨 보는 놀이 무언극의 정수를 극명하게 보여준다. 여기에 동화적 상상과 삶의 철학을 집어넣어 우리가 어떻게 유토피아를 빚어갈 것인가, 이를 어떻게 즐기고 나누며 성찰할 것인가를 일깨워준다. 그런 측면에서 이 무언 놀이 동화극은 엔터테인먼트시대에 요구되는 놀이극 창작 철학과 메뉴 개발 확장 가능성을 분명하게 보여주고 있다.

2) 창의적인 코러스 설계 처방

코러스 처방은 엔터테엔먼트 시대에 요구되는 창의적인 극예술 설계의 히든카드이면서 동시에 최고의 놀이 미학 전략이다.

코러스 놀이 카드는 이미지 변환 및 상황 변화를 위한 필수 매체다. 무대 공간은 본래 시간 제한, 인원 제한 그리고 공간 제한이란 취약점을 안고 있다. 이 문제를 해결할 수 있는 처방이 코러스 전략이다. 다양한 인물 변신, 상황 변환 작업 과정에서 관객은 0.5초를 기다리려 하지 않는다. 순간 인물 변신, 순간 상황 변환, 이를 위해 코러스 활용은 필수적이다.

극단 황토의 〈사로잡힌 영혼〉(이상현 작·박병도 연출, 전북예술회관)의 공연 도입부에서 코러스 배우들이 제주도 양마장의 말 역할을 한다.

서권기문자향을 터득하려한 장승업이 양마장의 말을 달리게 하면서 자연의 샘솟는 생명력을 맛본다. 이 때 금부도사가 나타난다. "어명이다", "네 놈은 양마장 어승마를 놀래게 했으니 참형감이다." 이 때 달리던 말 역할의 코러스 배우들이 재빨리 인물 변신을 한다. 그들은 일시에 장승업을 체포할 태세다. 코러스 배우들은 말 역할에서 벗어나 재빨리 체포 군졸 역할로 변신한다. 체포당할 위기에 처한 장승업이 어찌할 바를 모른다. 이 때 또 다른 금부도사가 무대 우측 전면에 등장한다. "어명이다", "장승업은 듣거라. 금일부로 도화서 종6육 도제조에 명한다." 삼현육각 선율이 울린다. 코러스 배우들이 정 반대 인물로 변신한다. 어명 하달을 돕는 자들, 그에게 관복을 입혀주며 축하해주는 인물로 변신한다.

분위기가 전혀 다른 세 장면, 세 캐릭터 집단 설정 문제가 코러스를 통해 자연스레 해결된다. 코러스 배우들이 탈 놀이를 펼쳐 보인다. 다양한 볼거리와 들을거리가 빚어진다. 관객은 코러스 놀이와 탈 놀이를 동시에 만끽한다.

순천시립극단의 〈맥베드〉(셰익스피어 작·최영화 각색·연출, 순천문화예술회관, 2002년)의 경우 코러스 활용은 자연 숲 그림의 변화 및 스펙터클한 전쟁 상황 연출에 기여한다.

버어남 숲 전투씬에서 움직이는 숲 그림이 연출된다. 나무들의 움직임이 연출된다. 코러스 배우들이 나뭇가지 소품을 들고 퍼포먼스를 벌인다. 이 나뭇가지 퍼포먼스를 향해 맥베드가 반응을 보인다. 적을 마주한 것처럼 그가 외친다. 커다란 북소리에 맞추어 행진 퍼포먼스가 커지자 맥베드의 반응 그림 역시 커진다.

북소리에 맞추어 공격 및 진격이 완료된다. 무대 중앙 전면의 맥베드, 적병 역할의 코러스 배우들이 그를 에워싼다. 다시 좌우 행렬로 도열한

순천시립극단의 〈맥베드〉(셰익스피어 작 · 최영화 각색 · 연출, 2002)

코러스, 나뭇가지 춤을 춘다. 코러스 배우들이 좌우 각자 순서에 따라 맥
베드를 공격한다. 나뭇가지로 내려치는 그림이 연출된다. 맥베드 배우 서
수현이 서서히 절규하며 반응을 보인다. 이게 코러스 극예술의 묘미다.
이게 현대 코러스 놀이의 진수이자 매력이다.

　연극은 상징 예술이다. 연극은 약속된 놀이 기호 예술이다. 약속된 상
징 기호 및 코러스 기호가 상상력의 불을 지피면 연극 공연은 성공이다.
이 연극은 코러스가 놀이성 확장 및 상상력 확장의 키워드임을 극명하게
입증시켜 준다.

　〈맥베드〉의 'I'll follow him' 이란 장면은 패러디 묘미가 코러스를 통
해 자연스레 빚어짐을 보여주고 있다. 신하들의 이중성, 교활성이 패러디
된다. 코러스 배우들이 탬버린을 흔들며 춤추고 노래 부른다. 처음엔 장
중하고 정중하다. 진지한 노래가 울려 퍼진다. 뒤이어 경박함과 교활성이
연출된다. 코러스 배우들이 상반된 이미지를 빚어간다. 가짜의 삶, 음흉
한 속내를 감추며 살아가는 삶, 이게 절묘하게 패러디된다.

극단 진달래피네의 〈몽연〉(김정숙 작 · 최영화 연출, 2003)

　우리시대 창의적인 코러스 활용 작법이 얼마나 극의 품격을 드높이는
가, 그리고 볼거리, 들을거리를 다채롭게 빚어가는가, 그 탐색 작업이 오
늘날 현대 우리네 연극 창작의 주요 길 중의 하나라 볼 수 있다.
　공연 설계자는 이를 위해 늘 관조자의 입장을 취해야 한다. 문제된 사
회, 몰가치한 현실, 이를 다양한 각도로 조망, 관찰하는 작업 태도가 필요
하다. 심지어 사물의 내면으로 들어가 주변 세계를 되돌아보는 성찰 태도
가 필요하다. 외면을 보면서 동시에 내면을 떠올려내는 작법, 전혀 상반
된 이미지를 연이어 일시에 표현하는 공연 설계 작법, 현대 연극은 이를
자유자재로 구사할 코드가 필요하다. 코러스 매체는 현대극 예술 설계 과
정에서 상상력 확장을 위한 필수적인 기호 코드다.

　〈몽연〉(김정숙 작 · 최영화 연출, 광주연극제 최우수상 수상, 광주문예
회관 소극장, 2003년)에서도 동일 복색의 코러스들이 등장, 다중의 상황
을 빚어놓는다. 코러스는 이 작품에서도 객관적 성찰자, 관조자, 분신 이
미지, 엿보는 자, 분위기 메이커 등 그 역할과 의미가 다양하다.

천국의 이상 세계, 은하수 길을 따라 항해하는 천사들이 등장한다. 죽은 남편을 잊지 못해 몸부림치는 주인공의 여러 분신도 등장한다. 결혼 축하 피로연 하객들, 결혼 초야 엿보는 자들도 등장한다. 이런 다양한 역할 및 다양한 이미지가 코러스의 활용을 통해 자연스레 빚어진다.

단 한 순간의 암전이 없다. 단 한 순간 무대 움직임에 틈새나 휴지부가 없다. 어둠과 밝음, 무거움과 밝은 놀이 상황이 자연스레 이어진다. 코러스들이 각 상황 및 분위기를 자연스레 빚어간다. 외부 세계가 내부 세계로 급전된다. 꿈의 세계가 현실 세계로 뒤바뀐다. 대중가요 선율이 터지면서 요란한 결혼잔치 분위기가 형성된다. 변화된 상황에 대해 코러스 배우들, 일사불란한 반응 기호를 빚어간다. 소품 이동으로 인한 빈틈이 전혀 허용되지 않는다.

공간의 무궁무진한 변용 가능성, 코러스 전략은 이를 효과적으로 수행케 하는데 지대한 기여를 한다.

코러스는 인물의 내면 심리를 극대화시켜주기도 한다. 코러스 배우들은 인물의 내적 자아 내지 내적 분신 역할을 톡톡히 해낸다. 죽은 남편이 있는 피안 세계를 향해 나아가려는 여인의 몸부림, 드디어 경계가 무너진다. 그러나 피안의 남편은 괴로운 반응을 보인다. 얼마 후 그는 또 다시 현실로 되돌아가야 한다.

이 장면에서 코러스가 활용된다. 이들 부부는 만나지 못한다. 그 아픔을 코러스 배우들이 표현한다. "내 남편 내놔!" 하면서 절규하는 아낙, 드디어 무대 휘장이 해체된다. 갑자기 전인권의 '사랑한 후에' 선율이 울려 퍼진다. 그 선율에 맞추어 코러스들이 격렬한 내적 고통을 춤으로 표현한다. 코러스는 또 다시 별리의 아픔으로 몸부림치는 이들 부부의 분신 역할을 톡톡히 해낸다.

코러스 배우들은 남편을 사모하는 여인의 분신 역할을 하여왔을 뿐만 아니라 막판엔 남편의 분신 역할마저 담당하기까지 한다. 이를 통해 극적 반전의 묘미가 우러나온다. 코러스는 내면과 외면을 동시에 경험코자하는 문화가 사람들의 취향을 감안할 때 이에 효과적으로 대처할 수 있는 가장 중요한 극놀이 처방이라 할 수 있다.

〈오장군의 발톱〉(박조열 작 · 박병도 연출, 전국연극제 대상, 전북예술회관, 1989년)에서도 나무 역할의 코러스들이 사랑을 나누는 인물들을 대신하여 춤을 춘다. 코러스는 이 순간 두 주인공의 분신 역할을 대신한다. 이를 통해 이들의 사랑 장면이 아름답게 변용된다. 코러스들의 춤은 결혼하려는 자들의 기분 좋은 내면을 효과적으로 표현해 주는데 기여한다.

나무 역할의 코러스들이 오줌 싸는 오장군을 향해 반응을 한다. 배우들이 나뭇가지를 흔들어 섬세한 떨림 이미지를 빚는다. 나무가 인간처럼 전율의 감정을 드러낸다. 오장군이 빈대에 물린 자신의 성기를 보고 놀란다. 먹쇠에게 이를 알리려 한다. 이 때 나무 역할의 코러스 배우들이 고개를 내밀어 오장군의 성기를 본다. 코러스 배우들이 인간처럼 반응한다. 웃는다. 코러스의 반응을 통해 동화적 상상력이 확장된다. 코러스 놀이와 동화 놀이가 앙상블을 이루는 대목이다.

코러스 놀이는 연극적 상상과 아름다움을 빚어준다는 측면에서 우리 시대 가장 중요한 극예술 창작 코드라 할 수 있다.

3) 뒤집기 연극성과 놀이성

연극 놀이의 묘미는 뒤집기 내지 업어치기 묘미라 할 수 있다. 뒤집기 구성 전략은 연극성 고양의 기본 키워드다. 극의 막판까지 관객을 속이는 전략이 필요하다. 그 동안 추구하고자 했던 비전, 사모했던 우주가 엉터리였음이 막판 드러난다. 또한 선이라 여긴 세계가 정반대 세계로 판명난다. 가장 반동적 인물이라 여겼는데 오히려 그 인물로부터 의로운 도움을 받는다. 예기치 않는 결말, 반전 작법, 이는 현대 연극의 기본 문법에 속한다.

〈뼈와 살〉(이강백 작·김철리 연출, 서울연극제 희곡상 수상작, 아르코예술극장 대극장, 2001년)에서 효식의 씨를 밴 영자가 문제 인물인 것처럼 보인다. 주인공 문신의 입장에서 볼 때 영자의 행동은 도저히 용납하기 힘들다. 그런데 막판 문제 발생의 장본인이 다름 아닌 문신 자신임이 드러난다.

창의적인 극적 반전을 위해 공연 후반부에 사용할 숨은 정보 카드, 이에 대한 사전 동기 설정 전략이 필요하다.

연극 〈태〉(오태석 작·박병도 연출, 전북예술회관, 1989년)에서도 뒤집기 묘미가 이루어진다. 문제 인물 세조가 거꾸로 사육신 박팽년의 대 이어가기를 허락한다. 사육신 가족들을 멸족하라고 어명을 내린 자가 막판 정반대의 입장을 취한다. 극의 성패는 세조의 인물 변신, 그 당위성을 설득력 있게 그려내느냐의 여부에 달려 있다. 세조는 조카 단종을 살리려 몸부림쳤지만 결국 실패하고 만다. 혈육 단종을 죽게 한 자책감이 극에 달한다. 작가는 죄책감에 몸부림치는 세조 앞에 박팽년 후손 아기를 안고 온 남종을 등장시킨다. 남종, 이것을 살려주시고 어명을 어긴 자신은 죽여 달라고 한다.

"어명을 어기고 이것이 태어났네! 이것의 손이 떠오르는 해옥 같으니 일산이라 하라!"

이를 통해 깨닫기 묘미가 우러나온다. 핏줄 이어가기 삶이 얼마나 중요한 실존적 함수인가, 더 나아가 우리네 민족 심상의 원형이라는 사실을 성찰하기 시작한다.

연극은 이처럼 인물 변신 과정을 설득력 있게 그려나가는 작업이다. 연극의 성공 여부는 극적 반전을 면밀하게 준비하는 작업 여부에 달려 있다. 연극 놀이 묘미는 창의적인 반전의 극구성 놀이 묘미라 할 수 있다.

뒤집기 구성 묘미는 〈행복한 가족〉(민복기 작 · 정진권 연출, 문화영토 소극장 판, 2006년)의 말미에서도 멋지게 실현된다.

노인이 자식들을 향해 독재자 이미지로 등장한다. 그러나 공연 막판에 노인은 가장 힘없고 나약한 독거노인임이 드러난다. 효성이 지극한 자식들 역시 아내의 제삿날 돈 주고 대여한 용역회사 직원들임이 판명된다. 관객을 막판까지 속이는 작법, 이를 통해 가족 해체 및 가족 상실의 문제가 비판적 성찰 대상이 된다.

〈희한한 한 쌍〉(닐 사이몬 작 · 반무섭 연출, 광주 궁동예술극장, 2007년)에서도 뒤집기 묘미가 우러나온다. 플로렌스는 가장 연약하고 보호가 필요한 인물로 등장한다. 남편 이혼 요청으로 인해 그녀는 곧 죽을 것 같다. 동정과 연민의 대상이 되었던 그녀가 극의 말미에서 정 반대 인물로 변신한다.

올리브와 다투다가 가출한 그녀를 친구들은 모두 걱정한다. 그러나 그녀는 독립적인 인물로 변신하여 돌아온다. 아무도 예상치 못한 상황, 친구들은 기절할 정도다. 예측 불허의 행동 및 황당한 인물 변신 행위를 접하면서 관객은 코미디극의 재미를 만끽한다.

친구들은 잔소리꾼으로 변신한 올리브를 보고 또 한 번 놀란다. 황당한 상황이 두 번씩 벌어지면서 관객은 인생의 깊은 진리를 조망하기 시작한다. "상황이 존재를 결정할 수 있다." 코미디 색조에 이어 사유하는 쾌감이 우러나온다. 가장 대중적인 코미디 극 소재임에도 뒤집기 구성 전략은 이 공연이 사유극의 품격으로 거듭날 수 있음을 극명하게 보여주고 있다.

4. 일깨움의 예술 매체, 그 코드의 다변화

1) 연극성과 서정성의 조합
시적 울림과 공명을 통한 연극성 고양

좀처럼 변화되지 않는 세계, 이를 진정 변화시켜 나갈 힘은 뮤즈의 은총, 즉 감동의 예술 체험이라 할 수 있다. 연극은 볼 수 없는 세계, 보이지 않는 세계를 볼 수 있게 만들어야 한다. 볼 수 없는 자에게 보는 힘을 부여하는 작업, 이 처럼 숭고하고 귀한 예술적 비전은 없을 것이다. 극예술의 품격을 제고시킬 마무리 감동의 극 코드는 어떤 것이 있을까.

연극성을 빛깔 좋게 마무리시켜 나갈 처방으로 서정 코드를 들 수 있다. 극의 최 정점에서 시적 외침이 설계된다. 시적 울림과 공명은 침잠 및 관조 작업을 유도한다. 서정 코드를 통해 감동을 일구어낸 작품으로 극단 황토의 〈사로잡힌 영혼〉(이상현 작 · 박병도 연출, 국립극장 극본공모 당선작, 전북예술회관, 1990년)을 들 수 있다.

장승업은 자신이 그린 말들이 움직이지 않는다며 몸부림친다. 껍데기 그림과 도둑 그림만 그리게 한 문제투성이의 눈을 그는 스스로 자해한다. 앞 못 보는 자가 되어 그는 자신만의 서권기 문자향의 예술 세계를 찾아 멀리 떠나가려 한다. 앞 못 보는 상황임에도 그는 내면의 눈이 열림을 토로한다.

> 애들아, 지금까지 보이지 않던 것이 보이기 시작하구나. 보이지 않는 풀 향기가 보이고, 들리지 않는 종소리가 들리고, 종소리를 날줄로, 풀 향기를 씨줄 삼아 노을은 물을 들이니, 삼라만상이 이 어찌 아름답지 아니 하느냐…

주인공 장승업의 황폐한 삶의 노정이 예상된다. 그러나 그는 진정한 예술가로서의 눈뜸을 시도하고 있다. 시적 독백 언어가 침잠의 맛을 자아낸다. 풀 향기와 종소리를 보고 들을 줄 아는 경지, 시적 외침을 통해 진한 울림과 공명의 묘미가 우러나온다. 의로운 예술 세계 추구를 위해 황폐한 삶이 여정을 마다하지 않는 지, 관객은 그에게 진한 연민의 정서를 주체 못한다. 연민 정서가 고조될 무렵 시적 외침은 감동을 극대화시키는 데에 기여한다.

시적 외침으로 마무리하는 작법, 이는 연극성 고양과 더불어 극의 품격 제고에 지대한 기여를 한다.

시적인 부르짖음은 〈뼈와 살〉(이강백 작·김철리 연출, 서울연극제 희곡상 수상작, 아르코예술극장 대극장, 2001년) 공연에서도 극의 품격 제고에 기여한다. 뱃사공이 인생의 관조자 겸 시인이 되어 있다. 그는 호수를 떠나지 못한다. 사랑했던 양조장 집 딸 미연, 그는 죽은 미연을 잊지 못한다. 그는 호수에서 회상 속 물거울 그림을 보며 살아왔다. 그런데 최영감 부친 묘에 암장된 할아버지 유골 문제가 발생했다. 효식의 씨를 임신한 아내 영자 문제로 문신은 더욱 혼란스럽고 고통스럽다. 이런 고민에 싸여있는 한 문신은 호수라는 회상 물거울에서 아무 것도 볼 수 없다.

그런데 모든 문제의 발단이 자신의 이기적 욕심에서 비롯되었음이 밝혀진다. 그는 결국 아내 영자를 이해하려 든다. 할아버지 유골 문제는 자연스레 해결된다. 모든 게 자신의 육신적 욕망 때문에 벌어진 것이라니… 이제 문신 역시 호수 수면 아래에서 회상 속 그림을 보기 시작한다. 뱃사공의 시적 외침으로 극은 마무리된다.

> 수천수만의 뼈들이
> 살을 벗고
> 살을 입고
> 옷을 벗고
> 옷을 입고

피아노 선율이 점차 고조된다. 일상의 대화체 언어는 막판 독백 시어로 대체된다. 살과 옷, 그 입는 것과 벗는 것의 철학, 이를 깨달아 가면서 인생을 관조할 줄 아는 경지, 이게 시적 외침 언어로 표현된다.

창의적인 서정 코드 활용 작법, 이는 극의 품격 제고에 지대한 기여를 한다. 관객은 어느 순간 시인되고 철학자가 되어 있다. 철학적 사유 쾌감이 시적 침잠의 맛과 조화를 이룬다. 울림과 일깨움의 맛이 오랫동안 계속 된다.

2) 부조리 놀이와 그로테스크 설계 전략

병든 현대 문명, 이를 깨닫지 못한 자, 대중들의 불감 증세를 치유할 극 예술 처방이 필요하다. 엉뚱함, 부조리함, 예측 불허의 무책임한 행각, 실수투성이의 행각이 반복, 축적된다. 그렇다면 이를 위한 처방, 다시 말해 대중들의 눈을 뜨게 할 부조리 극 처방이 필요하다. 부조리 세계를 올바로 인식토록 유도하기 위해 그로테스크 처방이 도입된다. 몰가치한 행동 및 부조리 사연이 기이하고 섬뜩한 이미지로 표현된다. 이를 통해 이질감과 거리두기 조망 태도가 유발된다. 능동적 관찰 및 비판적 성찰 작업이 뒤이어진다.

〈선착장에서〉(박근형 작·연출, 올해의 예술상 수상작, 광주 5·18 기념문화센터 민주홀, 2006년) 공연은 그로테스크 이미지를 통해 부조리극 놀이 묘미와 그 정수를 보여주고 있다.

사촌누이를 집단 강간한 자들이 막판 소풍 놀이를 떠난다. 이는 바람직한 결말일까. 아니다. 규회가 이들의 부조리, 불합리를 질타하려 했지만 오히려 그는 문제 인물로 낙인찍힌다. 규회는 인질극을 벌이다 죽는다. 그의 모친 역시 규회의 진실을 알아차리지만 이단아 내지 문제 인물로 낙인찍힌다. 선착장에서 미친 듯 소리를 질러보고 난동도 부려보는 모친, 그러나 아무런 변화가 없다. 집단 범죄를 저질렀던 자들, 아무렇지도 않은 듯 소풍을 떠난다.

삶의 부조리, 이를 그로테스크 코드로 변용시켜 나가는 작법은 〈노부인의 방문〉(뒤렌마트 작·안상철 연출, 전북예술회관)이나 〈황혼녘에 생긴 일〉(뒤렌마트 작·임홍석 연출, 광주궁동예술극장, 2007년)에서 구체화된다.

기괴성 이미지는 집단의 부조리한 행태를 고발하기 위한 전략이다. 귈렌 도시 사람들은 자신들의 경제적 편리를 위해 지도자 '일' 이란 인물을 집단 공모 살해한다. 이들의 집단 부조리가 고발 대상이 된다. 리얼리티 약화, 그 빈틈은 섬뜩함과 기괴성이 강할수록 자연스레 희석된다.

〈황혼녘에 생긴 일〉에서도 살인 작가가 끝까지 진실한 척한다. 작가 코르베스는 연쇄 살인자다. 그의 살인 행각을 알면서도 대중들은 이를 묵인하려 든다. 이는 묵인, 허용하는 행동은 그 자체로서 기이하고 부조리하다. 집단 모두가 미쳐 있는 상태, 그러나 그 누구도 그 미침을 깨닫지 못한다. 살인자는 정중한 신사 어법으로 막판에 또 다시 관객을 기만한다. 기가 막히다. 부조리의 극치다.

이런 부조리 극작법 전략은 〈그린벤치〉(유미리 작 · 이성렬 연출, 극단 백수광부, 올해의 예술상 수상작, 한국소리문화의 전당 명인홀, 2006년)의 작품성 고양에 기여한다.

변화되지 않는 우리네 세태, 그게 치유 불능 상태로 치닫고 있다. 이를 향한 섬뜩한 충격 처방으로 기괴성 코드 및 부조리 극작법 전략을 조망해 볼 수 있었다. 그로테스크 극 처방, 이는 앞으로 우리네 연극계가 두고두고 탐색해야 할 극예술 과제다.

5. 극장주의 연극 철학과 경영 정신

창의적인 놀이극 메뉴 개발을 위해 지금 우리 시대엔 극장주의 예술 철학이 필요하다. 자체 수극장 무대를 통한 창이저인 실험과 탐색 작업이 필요하다. 매 공연을 통한 피드백 효과 및 반응을 수렴시켜나가는 작업, 이는 재창조 작업에 필요한 중요한 촉매 처방이다. 이를 활성화시켜 나가는 극장주의 예술 정신이 필요하다.

연희단 거리패의 〈시민 K〉(이윤택 작·연출, 바탕골소극장, 1989년)가 크게 히트를 친 이유는 무얼까. 그것은 다름 아닌 부산 가마골이란 자체 소극장에서 끊임없는 실험과 텍스트 재창조, 재변용의 연속 작업을 수행한 결과라 할 수 있다.

카프카의 〈심판〉을 대본화한 뒤 이를 자체 소극장 무대를 통해 탐색과 실험을 계속해나간다. 관객의 다양한 반응 및 드라마투르그의 조언과 창의적인 해석이 매 공연마다 이루어진다. 양질의 재창조 작업이 이루어진다.

이윤택은 이를 위해 〈시인추방〉이란 시극을 실험적으로 무대화하였고 결국 두 실험 공연을 토대로 새로운 작품 〈시민 K〉의 무대화 작업에 성공을 거둔다. 부산 가마골 무대 실험은 지금도 계속되고 있다. 이런 극장주의 탐색 예술 방식은 이제 서울 게릴라극장 및 밀양 연극촌 극장 무대로 확장되고 있다.

이윤택은 매 공연마다 관객의 반응과 참여 그리고 수용 자세를 고려하여 그리고 전문가분들의 조언과 비판을 경청하고자 한다. 극장 자체적으로 새로운 실험과 수정작업을 필수화하여 다음 공연 과정에서 더 나은 대본을 만들어낸다.

관객의 반응, 그 피드백 효과는 더 나은 텍스트 개발의 원동력이며 이에 맞추어 늘 공연 설계 코드는 탄력적으로 달라질 수 있다. 자체 소극장 작업이 허용되는 한 무대의 상상 코드 역시 계속 수정, 보완되어야 한다.

'베를린 앙상블'이란 자체 극장 실험과 탐색을 통해 무대화된 〈서푼짜리 오페라〉 공연 역시 숱한 공연 수정본이 현존하고 있다. 브레히트는 극장을 찾은 관객의 반응을 고려하여 대본 수정 작업을 계속하였고 특히 배우들의 현장 반응을 고려하여 각 언어의 리듬 및 호흡, 템포를 수정하기까지 하였다.

전주시립극단의 〈만인보〉(고은 원작 · 전주시립극단 공동 구성 · 고금석 연출) 역시 집단 창작 메소드가 힘을 발휘한 공연이다. 연습 전에 대본이 확정되어 복사 배포되는 일이 없다. 그 대신 일차 소주제 및 이슈만 제공된다. 배우들은 자체 실습과 소극장 무대 연습 작업을 계속해 나가면서 대본 창작 작업에 몰두한다.

극단 골목길의 〈청춘예찬〉, 〈경숙이, 경숙 아버지〉, 〈백무동에서〉의 경우 대본은 무대 올리기 며칠 전까지도 완성되지 않을 정도다. 작가 박근형이 하나의 주제나 이슈를 내던져주면 단원들은 자체 소극장(연습장) 실험과 탐색을 통해 그에 걸맞은 창의적인 아이디어를 낸다.

아비뇽연극제 참가작인 극단 초인의 〈기차4〉 공연은 8개월 기간 이상 자체 연습 및 실험을 계속해나간 성과물이라 할 수 있다. 첫 공연인 〈기차1〉 실험 작업과 관객의 반응을 토대로 〈기차2〉 공연 작업이 이루어진다. 1~2년의 공연 실험과 탐색이 전문가의 조언 및 관객의 반응을 중심으로 이루어진다. 그리하여 〈기차3〉, 그리고 막판 최종 버전인 〈기차4〉가 완성된다.

이를 위해 역량 있는 드라마투르그의 참여와 조언은 필수적이다. 이를 능동적으로 받아들이려는 공연 설계자의 연극 철학이 필요하다. 특히 수용자들의 반응에 귀 기울이는 낮고 겸허한 탐색 자세, 이를 변증법적으로 토론, 수용하려는 거시적인 연극 정신이 필요하다.

끊임없이 변화하는 현실 세계, 이에 능동적으로 대처할 창의적인 상상 코드가 필요하다. 이를 치열하게 빚어가고 설계할 작업 정신 역시 필요하다. 이는 자체 극장주의 탐색 철학을 통해 생성되고 확장된다. 엔터테인먼트 시대에 추구해야 할 연극 창작 과정의 본질, 이는 상황 변화에 맞추어 해당 이슈를 탄력적으로 재탐색해나가는 치열한 예술 철학을 통해 실현될 것이다.

제2장
동화적 상상력, 만화적 놀이성,
뒤집기 희극성

1. 동화적 상상력과 놀이성:
극단 초인의 〈기차 4〉

1) 폭력의 세계, 그 잔혹극적 처방

연극은 아름다워야 한다. 이 아름다움이란 따뜻함을 경험케 하는 감동 창출에 있다. 감동을 통한 변화, 그 궁극의 귀결점에 인간 구원이라는 멋진 이상향이 내재해 있어야 한다. 아비뇽 국제연극제 및 에딘버러 연극축전 참가작으로 유럽 관객들을 열광케 한 극단 초인의 연극 〈기차4〉(공동 창작 · 박정의 연출, 발렌타인 1관 소극장, 2005년, 순천문화예술회관 대극장, 2006년)는 바로 이를 향한 우리시대 가장 따뜻한 연극 체험을 선사하고 있다.

이 연극은 공연 초입 폭력 세계의 섬뜩함을 잔혹극적 처방으로 펼쳐 보이고 있다. 포주(김주연 분)에게 가학을 당하는 어린 남매(이상희, 최은화 분), 폭압 환경은 좀처럼 수그러들지 않을 분위기다. 그 어디를 둘러보아도 그들 자신을 위한 피난처나 구원 영역을 찾기 힘들다. 스산하고 음험한 분위기, 어둠으로 가득한 주변 공간, 매섭고 차가운 바람소리만이 그들 주위를 맴돌 뿐이다.

가끔 세차게 후려치는 채찍, 신음소리마저 제대로 낼 수 없는 남매들, 관객은 공연 초반부터 잔혹극적 공연 설계에 압도된다. 주변에 사람들이 없는 것은 아니다. 역무원, 매표원, 기타 지나치는 승객들이 있다. 그러나 이들과의 만남에서 그 어떤 인간적인 만남, 가슴 열린 참다운 만남을 찾아보기 힘들다.

그들의 얼굴 표정은 알아볼 수 없다. 반투명 망사로 가려진 얼굴, 게다가 선글라스에 청회색 제복이 전부다. 이들의 움직임, 걸음걸이, 그 어디에서도 인간다운 숨결, 인간만의 따뜻한 기운을 찾아볼 수 없다.

이들과의 만남에서 경험할 수 있는 것은 무얼까. 기차표가 없는 승객들에게 이들은 냉정하기 이를 데 없다. 귀청이 찢어들 듯한 호루라기 소리, 일정 규범에서 벗어나지 말라는 신호인가. 호루라기 소리는 노인 부부 승객을 오금 저리게 만든다. 무표정의 역무원 제복, 호루라기 소리는 폭압적인 전쟁 산물에 대한 상징으로 다가온다. 이들의 움직임은 명령에 따라 움직이는 마리오넷 이미지를 방불케 한다. 이들은 그 어떤 인간적인 호소에도 결코 반응하지 않는다.

첫차가 들어오고 승객들은 바삐 발걸음을 재촉한다. 승차권이 있는 자, 이들에게 깍듯한 예우, 그러나 승차권이 없는 자들에게 매표원은 친절한 안내자가 결코 아니다. 가차없이 가해지는 폭압자 이미지로 역무원들은 일순간 변신한다.

이들과의 만남에서 따뜻함, 생명 회복, 구원 회복의 가능성을 찾아보기 힘들다. 왜 이들은 이토록 변해 있는 것일까. 인간이 인간이기를 거부하는 분위기, 이를 도발시킨 함수는 도대체 무엇일까.

문제를 제기하라. 연약한 자에게 가학을 허용하는 사회, 기괴한 이미지로 살아가는 구성원들, 이런 비정상적인 관계 체계가 허용되는 사회, 이게 정상일까. 관객은 공연 초반부터 의문에 휩싸인다. 강한 도발의 연극성이 공연 초입부터 창출되고 있다.

효과적인 문제제기에 이 공연은 일정량 성공을 거두고 있다. 폭력적 상황으로 내팽개쳐진 어린 남매, 이들을 구하는 문제, 그 해결책은 무엇일까. 관객은 강한 기대감을 갖고서 그 다음 장면을 기다린다. 구원의 천사가 있디면 누굴까. 극작 공부를 하는 이들에게 항상 다가오는 인물 설계 탐색의 화두이다.

2) 구걸 경쟁의 희극 놀이

연극의 매력은 줄다리기에 있다. 관객을 줄다리기 상황으로 자연스레 끌어들이는 흡인력, 이게 연극 고유의 맛이자 아름다움이다.

폭력을 가하는 자와 폭력으로 고통을 당하는 자, 이 두 영역 사이의 줄다리기가 이 공연에서 다양하게 펼쳐진다. 관객은 늘 가학을 당하는 인물을 향해 동정의 정서를 갖는다. 포주에게 고통을 당하는 앵벌이 남매, 역무원에게 쫓겨나는 노인 부부, 이들을 향한 연민 정서가 이 공연의 주요 대립 축을 이루고 있다.

기차표를 잃어버린 마술사 노부부(권오현, 안미정 분)의 딱한 상황이 펼쳐진다. 갑작스레 내팽개쳐지는 두 개의 트렁크, 기차표 분실로 인해 노인들은 역무원(이종훈 분)에게 퇴짜를 당한다. 돌아오는 대답은 싸늘한 반응, 귀청이 찢어들 듯한 굉음, 제복 입은 자의 냉정한 거부 반응뿐이다. 전쟁, 궁핍, 기아, 이런 황량한 주변 분위기, 그 어디를 둘러보아도 구원처가 없다. 노인 부부, 구원처를 찾기 위한 처절한 몸부림을 시작하여 본다.

지나가는 행인들, 군인들, 피난민들, 이들에게 도움을 청할 수 있지 않을까. 지금은 전쟁 중, 모두가 어렵다. 공포, 폭력을 상징하는 음험한 바람소리가 공연장을 가득 메운다. 바람 음향과 더불어 노인들은 반응 연기를 한다. 쓰러질 듯한 몸통, 고통스러워하는 표정, 그 어디에도 이들의 구원처는 없단 말인가. 노부부의 딜레마는 어떻게 해결해야 하는가.

지나치는 행인들을 향해 도움을 받을 수는 없는가. 동전 몇 닢 도움 받을 수 있는 자들, 기차역 광장에 이미 기득권을 누리려는 자들이 있다. 포주의 노예로 전락한 앵벌이 남매, 이들의 구걸 행각은 노련한 달인의 경지에 도달해 있다.

눈물을 자아낼 소년의 동정 유발 연기, 소녀의 관능적인 노출 유혹 전략, 구걸을 향한 갖가지 처방이 군인들을 향해 펼쳐진다. 앵벌이 남매의 능수능란한 전략에 노인들은 매번 골탕을 먹는다.

커다란 여행용 트렁크에 의지해 구걸 행각을 벌여보려 했던 노인 부부의 구걸 작전은 매번 난관에 봉착한다. 노인 부부는 앵벌이 남매(이상희, 유경희 분)의 멋진 구걸 플레이를 모방하여 보지만 이 역시 먹혀들지 않는다. 늙은 여자 노인의 남자 유혹 전략이 패러디되면서 폭소가 터진다. 그 전략이 성공할 리 만무하다. 화를 주체 못하는 노부부, 어린 앵벌이 남매가 밉다. 구걸 쟁탈전, 형이하학적인 육탄 전쟁, 무대는 일순간 아수라장이요 요지경 마당으로 전락한다.

눈치 보기, 상대 속여보기, 잽싸게 움직여보기, 갖은 페인트 모션, 그러나 매 상황마다 노인 부부는 구걸 전략에서 패하고 만다. 행인들이 던져주는 동전, 이를 받아 보려는 유아적 놀이가 펼쳐진다. 노인들과 어린애

극단 초인의 〈기차〉(공동창작 · 박정의 연출, 2005)

들의 구걸 행각을 모방하여 본다. 한마디로 가관의 풍경이 펼쳐진다. 앵벌이 남매보다 더 치졸하고 유아적인 행각, 이를 기획하는 노인 부부의 어눌함, 도저히 있을 수 없는 어리석은 행동 모방이 배우들의 다양한 신체 놀이 언어로 펼쳐진다. 쫓고 쫓기기, 감추고 도망가는 그림, 트렁크 가방이란 오브제, '한 푼 줍쇼'라는 구걸용 팻말 오브제, 이게 공격과 방어, 속이기와 추적하기를 향한 기제가 되어 무대를 요지경으로 만든다.

어리석고 유치한 행동의 반복, 변조, 우월적인 입장에서 관객은 문제 상황의 희극적 공연 처방에 폭소를 터트린다. 공연 초반 이런 희극적 릴리프 처방은 잔혹극적 섬뜩함과 멋진 조화를 이룬다.

3) 선율의 서정성, 마술과 춤의 유희성

기차표라는 구원 처방을 간절히 원하는 자들이 있다. 그러나 더 깊은 심연으로 내팽개쳐져 진정 실존적 인간 구원이 필요한 자들이 있다. 이 공연의 매력은 이들의 만남을 다양한 색조로 비틀려 놓음으로써 예측 불허의 희비극적 묘미가 우러나옴에 있다.

구걸 행각에서 승리한 앵벌이 남매(이상희, 유경희 분)의 기쁨도 잠시, 그들의 뻥땅 전략을 눈치 챈 포주로부터 가혹한 학대와 구타가 시작된다. 눈동자가 풀릴 정도로 두들겨 맞는 어린 남매, 온 몸뚱이가 찌들어 거의 파지가 되어버린 상태, 구타하는 자들은 어린 남매의 호소나 아픔을 아랑 곳하지 않는다. 숨겨놓은 돈이 다 나올 때까지 구타는 계속된다. 복면으로 가려진 포주 일당(김주연, 이종훈, 이은성 분)의 얼굴, 우리 시대의 특징은 폭력 주체의 참 모습을 알길 없음에 있다. 도무지 그 형체를 알길 없는 가학자들, 검정 색조의 반투명 망사로 얼굴을 가린 채 이들은 살인 청부업자 내지 폭력 청부업자 이미지를 방불케 한다. 잔혹의 강도가 점차 강해진다.

두 손을 묶인 채 공중에 매달린 어린 남매, 실제 고문 형태의 구조물이 없음에도 불구하고 관객은 가학 상황을 밀도 있게 경험한다. 섬세하게 계산된 배우들의 움직임, 세련된 마임 기호가 연극성을 빚어가고 있다. 무형의 무대 구조물, 이에 대한 탄력적인 반응 연기가 상호 총체적인 앙상블을 얻어낸다. 부딪침, 방어, 도피, 추적을 향한 이미지 빚어가기 작업이 자연스럽다. 집단 아크로바틱의 기예와 마임 예술이 절묘하게 앙상블을 이루며 힘을 발한다.

노부부(권오현, 안미정 분)의 시선이 달라진다. 미움의 감정은 사라지고 남매를 향한 동정과 연민 정서가 꿈틀거리기 시작한다. 위로 받지 못해 애절해 왔는데 이제 그럴 수 없다. 위로 받으려 했던 입장에서 이제 위로하려는 자로 입장이 뒤바뀐다. 어쩌면 이게 진정 자신들이 구원받을 수 있는 길은 아닐까.

노부부의 직업은 마술사다. 재빨리 플룻 연주(조선형 음악)가 이루어진다. 감미롭다. 따듯한 기운이 감돈다. 그 기운이 어린 남매를 향해 나아가기 시작한다. 언어가 다하는 곳에 선율이 시작된다. 시들어버린 남매의 몸뚱이, 이들을 향한 위로의 정서가 서서히 전달되기 시작한다.

어린 남매의 눈에서 서서히 생기가 돈다. 빛을 발하기 시작한다. 서로가 친구이자 이웃이라는 정서를 느끼기 시작한다. 플룻 연주에 흥겨워 누군가가 춤추기 시작한다. 춤은 무얼까. 자아와의 동질감이 우러나올 때 춤은 시작된다. 가면, 위장, 가짜를 벗어버리는 순간이 춤추는 순간이다. 가장 순수해지고 진솔해지는 순간, 너와 내가 하나 되는 실존적 엑스터시의 순간이 창출된다. 노인들과 남매들이 하나 되어 즐겁게 춤을 춘다.

하늘에서 한 송이 눈이 내린다. 하늘, 구원 영역의 상징은 아닐까. 하늘나라의 선물, 이를 더 많이 받게 할 수는 없을까. 마술사 노부부, 오랫동안 시도해 보지 못한 눈송이 만들기 마술을 펼쳐 보이려 한다. 마술은 좀처럼 풀리지 않는다. 애가 타는 사람들의 숫자는 늘어만 간다. 애타는 상황이 최절정에 도달할 무렵 드디어 마술이 풀리기 시작한다. 앵벌이 남매를 위로하려는 그 따스한 마음, 노인의 손에서 종이 눈송이가 만들어진다. 공중으로 솟구치는 종이 눈송이 꽃, 그 퍼포먼스가 이채롭다.

소년, 소녀의 얼굴에서 웃음꽃이 활짝 핀다. 마술 연기의 볼거리, 노인들의 위로 전략, 객석에서도 박수소리 그칠 줄 모른다. 성공이다. 처음 시도한 마술, 실패와 성공의 갈림길, 이는 인간 구원의 갈림길로 이어진다는 점에서 관객은 마음을 졸인다. 그 마음졸임, 그 극적 강도가 컸기에 환희와 행복감 역시 최고조로 확산된다.

진정한 이상향, 진정한 구원 공간, 바로 이들의 열려진 가슴 안에서 찾아볼 수 있지 않을까. 배우와 관객 모두 공유하는 판타지 마술 처방, 그게 속임수 마술일지라도 마음 열기와 감동을 경험케 함은 이 연극의 최대 매력에 속한다.

4) 떠남과 별리의 아름다움

잃어버린 줄 알았던 기차표가 노인의 신발 속에서 발견된다. 이로 인해 또 다른 위기 국면이 발생한다. 마술사 노부부, 안심하고 떠나려 했는데…… 앵벌이 남매 역시 노인들의 따뜻함이 그립다. 은밀한 탈출 전략이 시도되지만 이를 알아차린 포주의 방해 공작이 시작된다. 악랄한 포주, 검은 복면의 포주, 어린 남매를 향한 가학과 구타를 또 다시 시작한다.

세 번째 기차 경적 소리, 막 떠나려는 노부부, 남매들의 위기 상황을 방관할 수 없다. 남매의 위로 전략이 수포로 돌아갈 국면이다. 이제 정말 이들을 구출해야 한다. 무대는 난투극으로 뒤범벅이 된다. 노인들과 포주 일당간의 싸움, 여기에 어린 남매들까지 가세하면서 열세 상황은 새로운 국면으로 전환된다.

노인들과 남매의 기지와 재치로 포주 일당은 골탕을 먹는다. 오랫동안의 난투극 상황, 승자도 패자도 없이 모두가 기진맥진한 상태다. 무대에 쓰러져 있는 자는 누굴까. 포주다. 낭만주의 동화극에서나 가능한 발상이다. 포주 역시 전쟁이 남긴 비극의 산물이요 우리시대 일그러진 초상이다. 이제 노인들은 정말 떠나야 한다. 별리의 아픔, 그 아름다움은 어떻게 무대화되는 걸까.

드디어 마지막 기차, 네 번째 기차의 경적 소리가 울려 퍼진다. 기차표를 내밀자 이전과 달리 기계적으로 깍듯이 인사하는 역무원(이종훈 분), 이제 이곳을 빠져나가면 저 불쌍한 남매들과 이별이다.

처음으로 인간의 정, 인간적 따스함을 베풀었기에 참다운 구원의 의미를 알게 해준 이웃들, 기차표가 없었기에 이들과의 참다운 만남이 있을 줄이야.

기차의 불빛, 경적 소리, 역무원의 인사, 이 모든 게 빨리 올라타라는 제스처다. 불빛이 무대 오른쪽 뒤편 사이드에 비추어온다. 노부부, 기차를 향해 달려가려 한다. 그들의 눈길에 들어오는 자가 있다. 무대에 쓰러져 있는 포주다. 얼굴 표정마저 상실하여 알아볼 수 없다. 부상당한 포주, 그의 망가진 구두는 아무렇게나 내팽개쳐져 있다. 포주의 구두마저 수선해주려는 남자 노인, 시간 없다며 재촉하는 여자 노인, 기차 경적 소리가 커진다. 일련의 스릴감을 경험케 하면서 결국 그들은 떠나간다. 멀리서 지켜보던 앵벌이 어린 남매, 노인들을 향한 간절한 눈빛, 아픔을 억누르려 하지만 주체할 길 없다. 별리의 절정에서 애절한 색조의 음악 선율이 울려 퍼진다.

　어린 두 남매, 아쉬움 속에서 새로운 구원 희망에 젖어 있는 것은 아닐까. 이미 그들 바로 앞에 눈물 흘리는 포주가 힘없이 기대어 앉아 있다. 그 포주 역시 전쟁이 남긴 불행의 산물은 아닐까. 어린 남매가 포주 뒤에 말없이 서있다. 서로의 연약함, 허물과 상처를 고이 쓰다듬겠다는 무언의 표정들인가. 무대 천장에서 종이 꽃 눈송이가 떨어져 휘날린다. 마음속에 구원 영역이 이루어졌기에 그러는 걸까. 남매의 시선이 머무는 곳, 진정한 열린 공간, 참다운 하늘나라 공간이 빚어졌기 때문일까.
　선율(조선형 음악)이 울려 퍼진다. 선율은 내면에 분명 빛을 선사하고 있다. 빛을 선사하는 선율, 이를 통해 따스함의 영역, 참다운 구원 영역이 나와 너의 가슴에 빚어지기 시작한다. 관객 모두 따스함, 감동을 주체 못하면서 공연장 문을 열고 나온다. 우리시대 낭만주의 연극 문법이 대중 연극으로 정착시킬 수 있는 가능성, 극단 초인의 〈기차4〉는 이를 극명하게 입증시켜 나가고 있다.

5) 마임 언어의 무궁무진한 표현 가능성

연극 〈기차 4〉는 마임극 언어의 무궁무진한 표현 가능성을 일깨워주고 있다. 언어로 표현 못할 영역, 그 말 못할 정감 영역을 다양한 육체 기호로 섬세하게 표현한다.

엿보기, 들통 나기, 눈치 보기, 주동적 상황과 반동적 상황간의 줄다리기, 각 호흡이 숨 가쁘게 경우에 따라선 매우 대조적으로 여리고 서정적으로 펼쳐진다. 홀로 내팽개쳐 있는 자, 남겨져 있을 때의 쓸쓸함, 빈 공간과의 만남을 통한 피드백 반응 연기가 모색된다. 배우들 각각의 몸은 위기 국면의 경우 격렬한 태풍 숨결을 빚기도 한다. 마음이 풍성하게 열리는 분위기일 때 따스한 봄바람 숨결이 펼쳐지기도 한다. 그 움직임의 파동이 낭만주의 색조로 채색되기에 공연 무대는 늘 아름답다.

무대 우측에 매표소가 자리한다. 무대 좌측에 사다리 형태의 격자 무대 구조물이 높다랗게 세워져 있다. 상단부 오른쪽에 양식화된 시계 소품이 걸려 있다. 시계 소품은 동화 나라에서 볼 수 있는 장난감 이미지로 변조되어 있다. 왜 그래야 할까. 현실에선 기차역의 시간, 일상의 시간이 중요하다. 하지만 이상향의 나라에서 마음의 눈으로 보는 상상력의 시간이 중요한 것은 아닐까. 이는 마술 속의 시간이요 구원 영역에서 경험되는 시간이다. 동화적 상상 속에서 체험되는 시간, 이는 무상성의 시간에서 벗어난 영속성의 시간은 아닐까. 장난감 시계 이미지는 이를 상징적으로 일깨워내는 소품 전략이라는 점에서 박정의 연출의 탐구 정신을 엿보게 한다.

격자 구조물은 마치 전체 기차 및 객차의 개별 이미지를 상기시킨다. 첫차, 두차, 세차, 네차라고 쓰인 소형 팻말이 사다리 구조물 중간쯤 걸려 있다. 기차 소리 들려오고 불빛이 좌측으로 투사된다. 소형 종을 흔들며 역무원은 팻말을 바꾼다. 그리고 소형 차단기를 올리고 내린다.

그의 동작은 로봇 움직임을 방불케 한다. 상징 연극의 연출 전략으로서 양식 무대의 멋이 재치 있게 우러나온다. 음향 처방, 소리 전략, 양식화 공연 그림, 이 모든 게 주변 발생 상황을 알리기 위한 창의적인 보고 장치 기능 역할을 톡톡히 해낸다.

노인들이 활용하는 중형 트렁크 역시 소품 활용 과정에서 유효적절한 매개체 역할을 해낸다. 트렁크는 여행자 이미지를 상기시킨다. 트렁크는 난투극을 벌일 때 재치 있는 무기로 활용된다. 구걸 행각 경쟁에서 트렁크는 감추기, 눈가림 속이기 전략을 효과적으로 수행하는데 기여한다. 트렁크 안에 마술 소품과 갖가지 인물 변신의 의상 도구들이 담겨져 있다. 마임과 아크로바틱을 수행하는 과정에서 트렁크는 각종 소품의 은신처가 되기도 하고 배우들의 쉼터 기능을 수행한다.

트렁크 활용은 마임 처방, 마술 연극 처방을 입체화 시켜 다양한 볼거리, 들을거리를 빚어가는데 기여한다. 한마디로 박정의 연출은 창의적인 소품 활용을 통해 마임극 기호의 표현 영역을 무한대로 확장시켜 놓고 있다. 우리다운 무언 마임극 문법이 이번 공연을 통해 일정량 개발, 정착될 수 있다는 가능성이 예고된다.

포주가 소년의 얼굴에 강제로 눈물짓기 흔적을 그려 넣는다. 소녀의 입술 주변 역시 빨간 루즈 색깔로 뒤범벅이 된다. 동정 유발을 향한 구걸, 성 매매 유혹을 향한 구걸, 이를 강요하는 제스처, 이에 대한 상징 퍼포먼스가 멋지게 실현되는 처방이다. 겁에 질린 심리, 강압적인 표정, 그 줄다리기 틈새에서 관객은 숨을 죽인다. 공연은 이를 잔혹극 색조와 상징 처방으로 빚어냈다는 점에서 신선한 반향을 불러일으키고 있다.

기차 역 광장에서의 기다림, 그리고 탑승과 떠나감, 이는 우리네 인생살이의 전형이자 한 단면이기도 하다. 그 만남에 아픔이 있고 슬픔이 배어있지만 그들과 함께 참다운 유토피아가 펼쳐질 수 있음을 이 연극을 되새기게 해준다.

"방랑과 기다림이 나의 삶의 전부다"

20세기 유명한 서정시인 라이너 마리아 릴케의 이야기다. 그렇다. 우리는 오늘도 기차를 타고 방랑하는 꿈을 꾸고 있다. 그 방랑 속에서 예기치 않는 만남이 있다. 그게 힘들지라도 역설적으로 우리 자신을 구원시키는 축복의 만남이 될 줄이야. 이를 갈망하는 꿈, 미적 체험의 꿈을 무언극 〈기차 4〉는 자연스레 실현시켜 놓고 있다.

기차 시간, 일상 시간, 무상성 시간이 오늘도 노인 부부를 그리고 우리 모두를 극단의 상황으로 내몰고 있다. 그러나 구원을 향한 마술사의 플룻 연주가 있는 한 미적 체험의 시간은 너와 나를 분명 하나 되게 하면서 영속성을 경험케 해줄 것이다.

고난과 아픔 그리고 황량함마저 유토피아 세계로 변용 시켜내는 낭만주의 상상 세계, 이를 향한 정서와 심리적 괴리, 그 정감 교차의 오묘함을 정밀한 무언극 기호로 빚어냈다는 점에서 〈기차 4〉는 우리 시대 한국 연극 문화계를 주목케 한다.

2. 집짓기의 놀이 미학, 떠남의 연극성: 극단 초인의 〈선녀와 나무꾼〉

1) 연극적 상상력, 놀이의 상상력

연극 속의 시간 길이, 실제 삶 속에서의 시간 길이, 그 차이에도 불구하고 우리는 예술적 리얼리티를 경험한다. 노모가 선녀를 훈련시킨다. 머리에 물동이 이고 물 긷는 작업, 자칫 물동이가 떨어질 것 같다. 지상에서의 삶의 법칙이 쉽지만은 않다. 비틀거리는 선녀의 움직임은 그 자체로서 아슬아슬함을 자아낸다.

선녀가 집 한 바퀴 돌면서 몸놀림이 달라진다. 음악 선율, 경쾌해진다. 물 긷는 움직임이 자연스럽다 못해 달인에 가깝다. 집 한 바퀴 도는 무대 동선 거리는 불과 몇 초의 거리다. 배우의 반응 연기는 며칠 기간의 삶을 상상하게 만든다. 이게 연극적 리얼리티이다. 짧은 시간의 이미지 급변, 관객은 폭소를 주체 못한다. 희극성 및 해학성을 향한 익살 이미지 빚어가기, 연극 〈선녀와 나무꾼〉(박정의 작·연출, 학전블루 소극장, 2007년)

은 우리시대 극 창작의 화두가 다름 아닌 놀이 기호와 상상력 작업임을 극명하게 상기시킨다.

우리시대만의 놀이극 코드와 우리 고유의 패러디 처방, 동시에 연민과 비장미 유발을 통한 서정 작법, 과연 이런 극 문법은 어떻게 실현되어 있는가.

인간 삶의 구조나 사랑 함수마저 알 길 없는 선녀, 바로 그녀가 사랑에 눈뜨면서 벌이는 해프닝, 작가 박정의는 예측 불허의 익살 이미지와 희극 코드를 통해 코미디극의 묘미를 자연스레 빚어간다.

선녀와 나무꾼의 신방 살림, 노모 공양의 예의범절을 알 길 없는 선녀, 이는 신방 살아가기 구조에서 익살 그림으로 펼쳐진다. 사사건건 간섭하는 노모, 선녀의 눈에 노모가 절대적 방해물이다.

비좁은 오막살이 구조물 내부, 신혼 사랑의 맛을 알아가면서 벌이는 해프닝, 신랑인 나무꾼과 선녀, 사랑에 눈멀어 버린 두 형상들, 각자 상대를 뚫어져라 바라보는 두 남녀, 기막힌 나머지 할 말을 잃는 노모, 이들의 사랑 소통 공간에 노모는 방해물일 뿐이다. 간섭, 감시만하는 것처럼 보이는 노모, 재빨리 차단막을 설치하는 자, 차단막을 치우려는 자, 실랑이를 벌이는 두 여자, 차단 막대를 높이려는 선녀, 차단막을 낮추려는 노모, 어린애 장난을 방불케 하는 실랑이 그림은 코미디극의 묘미로 이어지면서 관객의 폭소는 연이어진다. 인간만의 사랑 방정식, 지상에서의 삶의 방정식, 이를 전혀 몰랐던 인물, 엉뚱한 정서와 의외의 반응, 코미디 색조의 상상 놀이, 기발한 익살 이미지 설계 발상이다.

선녀가 옷을 잃고 당혹해하는 그림, 노모에게 이끌려 들어오는 과정, 인간의 옷에 낯설어하고 인간의 집에 적응하지 못해 빚어지는 해프닝, 이

극단 초인의 〈선녀와 나무꾼〉(박정의 작·연출, 2007)

는 집짓기 비유 그림과 맞물리면서도 즐거움, 깨닫기의 묘미를 동시에 경험케 한다.

인간 삶의 문법을 익히도록 요구하는 어머니(고재경 분), 거부와 당혹스러움을 주체 못하는 선녀(이상희 분), 옷 입기, 남자인 나무꾼 바라보기, 집안에서 적응하기, 호미를 들고 일하기, 물동이를 이고 물을 긷기, 적응을 강요하는 자, 낯설어하는 자, 그 줄다리기 작업, 그 길항 연극성, 예기치 않는 반응과 선녀다운 엉뚱함, 답답해하며 무너지는 노모, 실소와 해학의 재미가 우러나온다.

인간 삶 살아가기 방식에 낯설어하는 과정, 이는 집짓기 그림에서 구체적인 연극성을 얻어낸다. 집짓기 작업에의 동참, 이는 인간 삶 살아가기에 대한 비유이다. 낯설어함, 어이없음, 뜬금없는 정서와 반응이 이어진다. 익숙해하는 자, 낯설어하는 자, 그 사이, 그 틈새에서 빚어지는 어이없음은 희극성 창출의 동력이 될 줄이야.

각목 세우기, 석가래 올리기, 휘장을 둘러치기, 이런 집짓기 과정에 낯설어하는 선녀, 일시적 디딤돌, 예기치 않는 버팀목 역할을 강요당하는 과정, 거부하려 하여도 너무도 급박한 작업이기에 저항의 틈새마저 보이지 않는다. 어느 순간 두 팔을 벌려야 하고, 이를 포기하면 거의 다 완성된 집은 무너질 것 같다. 거부와 와해의 길항 정서 구조, 이는 그 자체로서 재미와 스릴 그리고 희극적 묘미를 자아낸다. 거부 정서를 펼칠 여유가 없는 급박한 상황, 이를 주도하는 노모, 울며 겨자 먹기 식으로 적응해야 하는 선녀, 익살과 희극 놀이의 아기자기함이 펼쳐진다.

두 개의 방으로 나누어진 오막살이 좁은 공간, 아들 없는 노모의 실존은 무의미하다. 달콤한 신혼 재미, 지나칠 정도의 밀애 그림, 이를 지속시키려는 자들, 이를 말리려는 자, 그 줄다리기 그림이 놀이 그림으로 펼쳐진다. 아들을 빼앗길 것 같은 분위기, 당혹스러움을 주체 못하는 노모(고재경 분), 잠자는 아들의 손발만이라도 만져보고 싶다. 며느리인 선녀가 재빨리 아들을 빼앗아 간다, 아들의 발끝이라도 잡고서 잠자고 싶은 심정, 이 역시 선녀가 허락하지 않는다. 이들의 실랑이, 유아적인 반응과 정서 교차, 익살 이미지극의 묘미가 우러나온다.

노모의 복수가 시작되는가. 중천의 뜬 해, 젊은 신혼부부, 방에서 나올 줄 모른다. 휘장을 걷어치우는 자, 아들에게 지게질을 강요하는 노모, 며느리에게 호미질과 물 길러오기를 강요하는 자, 반발 정서로서 호미질 그림, 그 규모와 강도가 점차 커져간다.

시간이 흘러 선녀는 아기를 출산하고 인간이 되어 간다. 새 가족 탄생, 이상향의 세계가 펼쳐지는가. 그러나 전쟁이 터지면서 새로운 위기 상황이 발생한다.

2) 모성애의 위대함과 그 구원성

인간과 자연사물이 공존하고 서로 교감이 가능한 세계, 숲속 동물을 친구로 여겨 목숨 걸고 그들을 구해주는 관계, 이런 동화 색조의 스토리, 그림자 이미지로 펼쳐진다.

검은 의상, 가면 쓴 배우들이 사슴 인형을 조종한다. 노모와 나무꾼의 삶, 위기에 처한 그들의 삶, 사슴이나 자연사물의 정서적 반응, 이게 꼭두놀이로 펼쳐진다. 그림자 이미지를 향해 배우가 무대에서 반응한다. 그림자 극 속의 세계와 무대극 안에서의 세계가 자연스레 하나가 된다.

이런 이상향의 세계에 어느 날 문제가 발생한다. 효과적인 문제 제기 장치, 이는 인간의 탐욕에서 비롯된 폭력이다. 사냥꾼의 폭력, 이는 총소리로, 그리고 그림자 이미지 놀이로 변용된다. 총소리와 더불어 사슴이 꼬꾸라진다. 푸른 색 조명이 붉은 색으로 뒤바뀐다. 섬뜩함이 상기된다.

사슴을 구하려는 나무꾼, 예기치 않는 살상을 한다. 두려움, 죄책감, 피범벅이 된 아들 나무꾼, 위로하려는 노모, 치맛자락으로 아들을 감싼다. 핏물 옷을 빨아 그 흔적을 없애려는 몸부림, 누군가 뒤쫓는 것 같은 느낌, 손놀림 동작은 점차 빨라진다. 함께 몸부림치는 노모의 애타는 심경이 상기된다. 그러다 갑작스레 동작을 멈추는 노모, 망설이는 노모, 고뇌하는 노모, 결심의 표정, 작정의 표정, 아들 살리는 길은 무얼까. 더 깊은 오지로, 더 깊은 산골로 들어가는 것뿐이다.

험하고 힘든 삶의 여정, '가자'라는 선율이 울려 퍼진다. 무거운 세간살이, 집 기둥과 짐 보따리를 등에 짊어지는 자, 앞으로 움켜잡고 비틀거리는 자, 세찬 바람에 쓰러질 듯 허우적거리는 이미지, 정처 없이 터벅터벅 걸어가는 자, 탈 마스크를 쓴 코러스 배역들이 지친 행렬 이미지를 빚어가는 데 일조한다. 선율을 통해 고난, 고단함의 강도는 더욱 커져간다.

진한 동정과 연민이 우러나온다. 새로운 안식처는 어디일까. 낯선 산골 조형물, 이에 대한 반응 연기로서 배우들의 몸말 반응 기호가 일품이다.

가족 공동체의 이상향, 자연 공동체로서의 이상향, 더 깊은 산골에서 가능한 것일까. 사슴이 안내하는 곳, 사슴 인형을 코러스 배역이 조종한다. 사슴과 인간의 만남, 그들만의 대화, 일상인이 범접하기 힘든 소통 기호, 선율이 이를 절묘하게 창출해낸다. 말을 건네는 표정, 끄덕거림, 코러스 배우, 꼭두 인형 사이의 움직임이 선율과 정교한 앙상블을 이룬다. 바로 그 곳에서 예기치 않는 축복의 선물, 선녀를 만날 줄이야.

선녀와 가족을 이루고 아이가 탄생하고 그 알콩달콩한 삶은 전쟁으로 인해 오래가지 못한다. 포성 소리, 폭음 소리, 무대는 잿빛 색조로 바뀐다. 전쟁 놀이, 총 쏘기, 대량 살상 작업, 이를 강요하는 군인들, 권총의 위협에 못 견디면서 나무꾼은 총 쏘기 살상에 가담한다.

사령관이 지휘하는 오케스트라 연주음, 그 달콤함, 그 환상의 선율은 즐거움의 절정으로 이어진다. 대단한 상징이다. 기발한 패러디 착상이다. 전쟁, 폭력, 이게 달콤한 연주음으로 포장된 채 우리를 유혹하고 있다. 우리는 그것도 모른 채 오늘도 그 폭력을 은폐시킨 연주음에 매료되어 환성을 지른다. 병들어버린 현대 문명, 헝클어질 대로 헝클어져 해법이 상실된 오늘의 문명 구조에 대한 놀라운 패러디 착상이다.

전쟁, 포연, 대량 파괴, 대량 죽음, 이는 환상적인 연주 행위로 변용된다. 나무꾼은 징집되어 가족들 곁을 떠나 있다. 완전히 쓰러져 있는 오두막집, 폐허로 변한 집 안팎 여기 저기, 극도의 가난, 궁핍, 기근이 몰아닥친다.

어린 갓난아이마저 굶어 죽을 것 같다. 선녀, 땅 속 풀뿌리를 캐 씹어 본다. 그걸 어린 아기 입에 넣어주려 하지만 여의치 않다. 절망한 선녀,

실망과 낙심을 주체 못하며 내뱉는 절규 언어, 그러나 어찌하랴. 이제 아기의 아비만은 찾아 살 궁리 모색해야 한다. 군인들이 있는 곳을 향해 가자. 집안 가재도구들, 기둥 오브제를 들쳐 메고 떠나야 하는 상황, 애절함, 애처로움 속에서 '가자'라는 선율이 또 들려온다.

군부대 철조망 주변을 어슬렁거리는 선녀, 정욕에 굶주린 군인들, 그녀를 가만 놓아둘 리 만무하다. 보초를 서는 군인들, 어느 순간 폭행자로 돌변한다. 스타킹으로 빚어낸 익명 이미지의 군인들, 선녀가 군인들에게 폭행당한다. 기다란 장대, 들려 올려진 선녀, 또 다른 장대가 기겁해 하는 선녀의 가랑이를 관통한다. 인격과 정서가 송두리째 망가져가는 상황, 이를 목격한 노모, 재빨리 총을 쏘며 방어하려 하지만 또 다른 군인 총에 의해 노모, 어이없는 죽임을 당한다.

어머니의 자식 사랑은 모든 장해물을 뛰어 넘는가. 노모의 자식 사랑이 익살스레 펼쳐져 왔다. 극 후반부에선 선녀의 자식 사랑이 애절하게 펼쳐진다.

망신창이가 되어 돌아오는 선녀, 맨발과 속옷 차림, 흐트러진 동공, 과연 어찌해야 할까. 장총을 목 아래에 놓고 방아쇠를 당기려는 선녀, 누군가가 만류하는가, 누굴까. 바로 어린 갓난아기가 아닌가.

아, 저 어린 핏덩이를 어찌해야 할꼬……. 저 아이를 놓아두고 차마 죽을 수 없다. 저 어린 혈육을 위해 이제부터라도 무언가를 해야 한다. 과연 선녀의 생존 해법은 무엇이란 말인가. 선녀의 고민은 관객 모두의 고뇌로 전이, 확산된다.

암전된 무대, 성냥 불빛, 그리고 담뱃불이 붙여진다. 조명 들어오고, 담배를 피워 물고 있는 선녀가 클로즈업된다. 맨발 차림, 속옷 차림, 그녀 주변 여기저기에 홍등가 푯말 창娼이 세워져 있다. 창녀 생활로 연명해야 하는 삶, 이게 선녀의 방책이다. 기가 막히다.

몸 파는 영업, 손님이 군인이 그녀에게 다가선다. 손을 내미는 선녀, 동전이 건네지고 텐트 안에서 그 짓이 연출된다. 짐승 소리를 방불케 하는 집단 괴성, 섬뜩하다. 소리를 듣는 어린 아기, 눈물짓는다. 어미가 어린 자기 자신을 먹여 살리기 위해 몸을 판다는 걸 알고 있었을까. 우화이기에 가능하리라.

울먹거리는 아기, 세상에, 이런 일이 있을까. 픽션, 허구의 틈새, 고발성 비유 메시지가 강할 때 리얼리티 약화 틈새는 자연스레 메워진다. 비유 메시지가 살아 있기에 서유의 힘, 연극성의 힘은 오래 지속된다. 이게 이 작품의 미덕이자 성찰극 색조의 품격이다.

몸을 팔고 나온 선녀, 땀과 눈물로 뒤범벅이 된 선녀, 그녀 앞에 어린 아기가 손짓한다. 그녀의 표정은 어찌해야 할까. 환한 미소, 두 팔을 크게 벌려 환호하는 선녀, 아, 바로 이게 모성애의 위대함이다. 여성성, 모성애, 이게 구원의 첩경이요 위대함의 원천이리라.

3) 동화, 우화, 패러디

노모, 죽었지만 그녀의 혼령은 사랑하는 가족 곁을 떠날 수 없다. 어린 손자 곁을 떠나지 못하는 노모의 혼령, 그렇다면 이 혼령은 어떻게 무대화되는 걸까. 죽음, 껍질 벗기기, 탈복의 동작, 노모는 자신의 산골 늙은 아낙 의상을 벗는다. 느린 동작, 차분함, 저고리를 벗어 바닥에 눕힌다. 치마를 벗어 그 아래에 놓는다.

며느리인 선녀가 속옷 차림, 맨발 차림으로 걸어온다. 며느리가 안쓰럽다. 며느리를 위로하고 싶다. 흐느적거리며 들어오는 선녀, 비틀거리는 며느리, 이제 그녀를 껴안아주어야 한다. 달려가는 노모, 그런데 이 일을 어찌하랴. 껴안기가 되지 않는다. 자신은 이미 죽은 자가 아닌가. 달려가 안아줄 거라는 예상, 그런데 비껴가기만 있다. 아쉬움, 허전함을 달래야 한다. 그 가슴앓이와 더불어 죽은 노모, 혼령이 되어 사랑하는 손주와 며느리를 지켜주고 싶다.

　몸을 팔아야 연명이 가능한가. 노모는 그저 지켜 볼 뿐이다. 안타까움 속에서 어린 손주를 안아본다. 그러나 이 역시 그저 그림자되어 뒤따르는 행동에 불과하다. 이 때 놀라운 사건이 발생한다. 손님을 기다리던 선녀, 남편이 손님으로 나타난 것이다.

　노모의 혼령이 놀라 먼저 바라본다. 손을 내밀어 동전을 받으려는 찰라, 상대를 확인하려는 순간, 아, 숨 막힐 지경, 말할 수 없는 지경, 상대가 남편이라니……, 이런 기가 막힌 일이 또 어디 있을까. 신뢰해 왔던 인물, 가장 사랑했던 상대, 그에 대한 신뢰가 무너지는가. 혹 잘못 보았을까. 다시 확인하여 본다. 분명 확실하다. 놀람, 당혹스러움, 서로를 알아보는 순간, 불꽃이 튄다.

　얼굴을 들 수 없는 자, 상대를 노려보는 자, 눈을 마주치려는 자, 상대의 눈을 회피하려는 자, 남편의 등 위에 올라가 감정을 터트려 내본다. 등을 두들기고 소리를 질러본다. 분노의 정서를 터트려 본다. 그러나 소용없다. 남편은 군인 신분이다. 남편은 이미 되돌아올 수 없는 강을 건넌 듯 다른 인간이 되어 있다.

　선녀의 남정네이기를 거부하려는가. 아기의 아비 노릇을 거부할 수밖에 없는 상황인가. 양심이 있었던 탓인가, 눈을 똑바로 마주치지 못하는 남편이다. 그를 회유하려는 작전이 시작된다. 남편을 붙잡으려는 노력, 상대를 놓치지 않으려는 몸부림, 도망가려는 자와 붙잡으려는 자, 두 사람의 실랑이가 숨 가쁘게 전개된다. 아, 저토록 인간이 구원 불능의 상태로 돌변해 버릴 수 있단 말인가.

이제 해법이 없다. 어딘가를 갑자기 다녀온 남편, 그에게 무언가가 소중하게 들려져 있다. 나무꾼 남편 역시 이제는 진지하다. 선녀에게 건네지는 그 물품, 마지막 선물인가. 그런데 그게 다름 아닌 선녀의 날개옷이다. 노모가 선녀를 붙들기 위해 훔친 바로 그 옷이다.

이제 이 날개옷을 입고 본향인 하늘나라로 올라가라는 뜻이다. 그렇다면 그 동안 쌓아온 인간 정리는 무엇이란 말인가. 그 동안 인간 삶의 문법을 알아가면서 알콩달콩 아기자기한 재미도 있었는데……, 그런데 이제 이 세상과 작별을 하라 한다.

남편과의 별리, 선녀, 그에게 무명 목도리를 걸어준다. 삶의 때, 일해 왔던 때, 희로애락의 흔적이 배어있던 인간으로서의 삶, 이게 이제 이 모든 것과 작별이다.

어린 아이를 안고 선녀는 이 세상을 떠나간다. 실수투성이의 인간 삶, 연약함 투성이의 인간 삶, 모순과 폭력으로 가득한 문명 세태, 이를 뒤로 하고서 선녀는 지상을 떠난다. '가자' 선율이 또 다시 울려 퍼진다. 선녀가 이 세상에서 사람들과의 가족 공동체를 펼쳐 보려는 이상향, 이는 불가능하단 말인. 이는 그 옛날이야기로 그쳐야 하는가.

관객은 질문을 던진다. 이런 몰가치한 세계, 선녀가 마음 편하게 살아가도록 하기 위해, 무엇이 변해야 할까. 그 변화 당사자가 관객 스스로임을 자각하면서 그들은 공연장 문을 연다.

기존 동화 색조, 여기에 우화적 상상력이 가세한다. 우화적 상상 이미지, 기존 캐릭터들이 비틀려진다. 군인이란 꼭두로 전락한 나무꾼, 모성애를 주체 못하는 노모, 모성애를 주체 못하는 선녀, 몸을 파는 선녀, 작가 박정의는 기존 민담 버전을 창의적으로 변용시키는데 성공을 거둔다.

기존 익숙한 소재, 기존 흔한 사물, 관조의 눈길, 창작의 눈길을 쏟아내는 작업, 이런 관조 작업에 너무도 인색한 것은 아닐까. '병들어버린 현대 문명, 어떻게 살아가야 할 것인가', 이런 착상을 발아시키기 위해 작가는 '선녀와 나무꾼'이라는 기존 민담 소재 모판에 참 실존의 모종을 뿌린 것이다.

브레히트 역시 모순과 실수로 가득한 세계, 믿음 상실의 시대를 고발하고 있다. 오늘익 이 현실에서 인간에 대한 믿음을 갖고 살아가는 게 너무도 어려운 일이 되어 버렸다. 병든 문명 세계, 그 꼭두로 전락한 남편, 따스한 가슴과 인격마저 잃어버린 자, 즉 사물로 전락한 인간 남편, 그에게 끝까지 기대하려 하였지만 선녀는 그 뜻을 이루지 못한다.

전쟁, 대량 살상은 오늘도 계속된다. 선녀를 떠나게 한 이 세계, 과연 해법은 무얼까. 하늘나라의 딸인 선녀, 인간과 살을 맞대며 살아가려 했던 선녀, 모성애를 알아가면서 참다운 구원 의미를 실현하려 했는데……, 그게 정말 어려운 것일까. 믿음, 너무도 어려운 화두 언어, 이 믿음 상실의 시대에 이 연극은 이런 실존성 질문을 관객 모두에게 그리고 감상층 내면 깊숙한 곳에 던지고 있다.

4) 집짓기의 놀이 미학, 떠남의 연극성

이 연극은 집짓기의 미학을 빚어낸다. 집짓기 작업에서 떠남과 헤어짐의 연극성이 우러나온다. 집짓기 작업과 인간 삶 살아가기의 비유가 절묘하게 맞아 떨어진다. 집짓기와 집 허물기, 그 교차 과정이 만남과 떠남의 인생 함수를 상기시킨다.

안식처로서 집, 가족 공동체 공간으로서 집, 바로 그 집에서 사랑하고 부대끼며 함께 살아간다. 집을 짓는다는 것, 이는 희망이 있기에 가능하다. 집을 허무는 행위, 그리고 집을 버리고 떠나는 행위, 이는 생존 위협과 관련성이 있다. 폭력, 살상 위협, 죄책감과 두려움, 노모는 아들의 불안감을 덜어줄 요량으로 과감히 옛 집을 떠난다. 집은 해체된다. 그리고 떠난다.

전쟁, 기근, 그래서 또 다시 집을 버리고 떠나야 한다. 그 동기는 모성애, 즉 어머니의 자식 사랑에 기인한다. 정들었던 집, 이를 해체하는 과정에서 아픔 정서가 구현된다. 연극은 정서 촉발의 예술이다. 이런 오브제를 통해 인물의 내면 정서가 자연스레 구현된다.

선녀가 막판 지었던 집, 이는 정상의 집이 아니다. 안식처가 아니다. 몸을 팔아 살아가야 할 곳이다. 인격 파괴, 인권 무시를 감수하는 공간이다. 인간을 성매매 도구로 전락시키는 공간이다. 집으로서, 참 안식처로서의 기능을 상실한 거처, 오늘의 삶이 바로 이런 문제 공간에서 삶이 영위되는 것은 아닌가.

작가는 집이라는 오브제를 통해 관객 모두를 철학적 성찰자로 만들고 있다. 그 동안 문제된 집, 그래서 "이제 집이 없는 사람은 더 이상 집을 짓지 않습니다"라는 시가 나오지 않았던가. 집이 권력 상징의 매개물, 계급 높낮이의 매개 수단으로 전락하고 있다. 이를 허용한 몰가치한 현 문명, 작가는 이 역시 집 오브제를 통해 사유 연극의 묘미를 빚고 있다.

집이 안식처로서 기능을 상실한 시대, 이를 허용한 헝클어진 오늘의 세태, 작가는 관객 모두로 하여금 이 문제를 비판적 입장에서 성찰케 한다. 선녀는 이런 몰가치한 세계, 희망 없는 세계를 보며 세상을 떠난다. 그녀의 하늘나라로의 비상, 이는 씁쓰레함을 불러일으킨다.

이미 〈기차 4〉로 아비뇽 연극제 관객들을 깜짝 놀라게 한 극단 초인의 저력, 그에 걸맞게 〈선녀와 나무꾼〉은 무언극적 판타지, 서사극으로서의 교훈 효과를 절묘하게 빚어낸다.

이 연극은 이야기극이다. 이 연극은 이미지극이다. 이 연극은 문제투성이의 사건을 냉철하게 조망, 성찰케하는 사유극이다. 그리고 교훈극이기도 하다. 문제된 상황의 반복, 변조를 통해 저래서는 안 될 텐데 하는 관극 반응을 유도하는 상황극 색조마저 드러난다. 이를 자연스레 하나로 꿰어냈다는 점은 극단 초인의 극예술 창작 내공에 기인한 것으로서 문화가 사람들을 주목케 한다.

마임이스트 고재경, 아들을 업는 자와 업히는 자, 그 관계가 절묘한 마임 예술기법을 통해 뒤집힌다. 관객석에서 탄성이 쏟아진다. 노모와 아들이 함께 자는 씬, 노모, 아들, 선녀가 함께 자는 장면, 상대의 손발, 상대의 두 팔, 상대의 몸통, 이게 상호 유기적인 호흡과 콤비를 이룬다. 마임 언어가 빚어내는 비주얼 이미지가 멋지게 실현된다. 엄마 품에 안기어 포근하게 잠드는 나무꾼, 아들의 잠든 얼굴을 만족스런 미소를 머금으며 감싸는 노모, 엄마의 배를 두 손으로 움켜잡고 잠자는 아들, 감자를 놓고 서로를 챙기는 모자간의 행복과 익살, 소형 텐트 모양의 산골 오두막집 구조물, 그 안에서 펼치는 퍼포먼스, 열려진 집 밖 무대에서 펼쳐지는 생명력 넘치는 연희 그림, 정서 유발 전략은 놀이를 통한 재미 촉발 전략과 맞아 떨어진다.

선녀와 노모 사이의 가벼운 실랑이, 점차 확장된 감정싸움, 집짓기 기둥이나 칸막이 도구가 감정 표현의 매개물이 된다. 노모의 높은 인격과 정서 기준, 아들을 빼앗기지 않으려는 몸부림 과정에서 그녀는 일시에 유아적 행동을 한다. 노모의 유아적 행동, 어리석은 듯한 행동 빚어가기, 능청과 익살 그리고 골계미가 우러나온다. 상황 희극 빚어가기 작법, 멋지고 훌륭한 극 창작 소재다.

조선형 작곡의 선율은 무한한 교감 구조, 언어 영역을 뛰어넘어 교차하는 정감 심리를 농밀하게 실현시켜 놓는다.

'가자' 라는 선율, 그와 유사하게 반복, 변조되어 나타나는 라이트 모티브 선율, 암담함 속에서, 암울한 여건에서도 새로운 이상향을 잃지 않으려는 비전, 그들 가족공동체 구성원의 아픔과 비애, 이를 농밀하게 실현시키는데 기여한다. 특히 이 선율은 암담한 미래 상황과의 만남 영역, 말 못하는 사슴과의 교감 영역, 그 폭과 깊이를 확장시켜 놓는데 톡톡히 제 몫을 담당한다.

단순한 민담이나 무의미한 것처럼 보이는 사물, 이를 새롭게 재해석하고 재창조해나가는 작가 정신, 우리는 이런 놀라운 상상력과 관조 작업의 결실을 눈여겨보아야 한다. 여성성과 모성애, 이게 모든 장벽을 뛰어 넘을 수 있는가, 이런 희망 가능성마저 열어 보인 연극, 놀이와 익살, 서정과 서사가 날·씨줄 되어 공연으로서 입체성을 살려낸 명작 무대, 무엇보다도 감동의 묘미와 일깨우기의 힘을 동시에 창출시켜 나갔다는 점에서 이 작품은 한국 이미지 서사극의 새 지평을 열어 놓고 있다.

강호의 극작가들이여. 강호의 습작을 꿈꾸는 자들이여, 관조란 놀라운 창작의 발아임을 기억하자. 흔히 있는 사물, 일상의 무의미한 사물, 이게 관조를 통해 그리고 통찰과 상상력 탐색 작업을 통해 의미 깊은 예술 사물로 변용되지 않았던가. 연극 〈선녀와 나무꾼〉은 상상력과 창의적인 관조 작업을 통해 극창작 예술의 보석이 무한하게 발굴될 수 있음을 극명하게 보여주고 있다.

3. 동화 색조의 신비, 무대 놀이의 현장 활력: 극단 미추의 〈벽속의 요정〉

1) 김성녀의 모노드라마, 배우 예술의 판타지

김성녀의 모노드라마 색조는 어떤 것일까. 마당 놀이에서 보아왔던 질펀한 추임새, 우리 고유의 소리와 연희의 더늠 효과, 무한한 신명과 해방감 창출, 이를 향한 육체 언어 표현의 무궁무진함에 있지 않을까.

그런데 김성녀 표의 연희 코드, 연극 색조를 새롭게 조망한 공연이 있어 화제다. 우리는 마당 놀이 등에서 김성녀 특유의 연희성 및 놀이성 스펙트럼을 익히 접하여 왔다. 연극 〈오장군의 발톱〉이나 방송드라마 〈추천석전〉을 통해 진양조 색조의 소리 맛깔, 이를 유려하고 정밀하게 변용시켜 나가는 김성녀의 연기 정신에 감상층은 경탄을 금치 못한 바 있다.

늘상 소리꾼으로서 연극을 빚어갈 거라는 일련의 선입견, 이는 특히 모노드라마 공연의 경우 그 선택 폭이 아주 좁을 수밖에 없다. 소리꾼이 아닌 순수 연희자, 연기 공력을 쌓아나간 순수 배우예술가로서 김성녀의 진가를 확인시켜 준 공연이 있어 화제다.

2005 올해의 예술상, 한국연극평론가 협회 올해의 연극 베스트 3, 동아 연극상 연기상 등을 수상한 극단 미추의 〈벽속의 요정〉(후쿠다 요시유키 원작·배삼식 극본·손진책 연출, 예술의 전당 자유소극장, 2006년)은 배우 예술의 판타지와 그 표현 영역의 무한성을 일깨워주면서 동시에 소중하고 아름다운 삶의 본질을 시적인 정감 구조와 동화적 코드로 변주해 놓고 있다.

이 공연에선 마당 놀이 식의 질펀함, 우리 고유의 색조인 판소리 장단, 비장미 고조를 향한 중머리 장단의 묘미나 판타지를 향한 소리꾼의 면모를 찾아보기 힘들다.

그렇다면 실패할 수 있을 터인데 이 모노드라마 공연은 엄청난 호응과 반향을 얻어낸 바 있다. 손진책 연출은 전형적인 리얼리즘 연극 코드로 승부를 걸었다. 그렇다면 문제가 생길 수 있으련만 거의 두 시간에 가까운 공연에서 관객은 단 한 번도 지루함, 식상함을 느끼지 못한다. 함께 웃고 울고 떠들고 보다 보니 공연 시간이 다 지나간다. 그리고 그 판타지를 잊지 못해 자리를 뜨지 못하는 관객들로 공연장 객석은 가득하다.

전체적으로 에피소드 극 구성임에도 스릴과 서스펜스 묘미가 군데군데 힘을 발한다. '저게 무얼까' 하는 궁금증이 간헐적으로 유발된다. 도망 다녀야 하는 가족 상황, 정체를 늘 감추며 살아가야 하는 상황, 긴장 포인트를 살려나가는 연출 전략이 가세하면서 아슬아슬함의 묘미, 긴장극의 탄탄함은 이 공연의 품격 제고에 크게 기여한다. 여기에 시적인 정감 구조가 가세하면서 긴장미와 서정미의 조화가 살아 숨쉬기 시작한다.

한 배우가 스물여덟 개의 역할을 두 시간 동안 해내기란 거의 불가능하다. 자칫 엉성함이 노출되면서 극의 품격이 떨어질 수 있다. 김성녀는 이런 역할 변신을 자연스레 소화해내고 있다. 어떤 경우 호흡이 너무 가빠 정말 맛깔스럽지 못할 위험이 있음에도 전혀 틈새가 보이지 않는다. 거의 달인에 가까운 경지, 그럼에도 끊임없는 연습과 자기 탐색은 계속된다.

관객 없는 모노드라마는 불가능하다. 관객은 늘 파트너이자 극중 역할을 위임받기까지 한다. 계란 행상 장면에서 마당 놀이 연출 공력의 진가가 유감없이 발휘된다. 관객과 함께 즐기고 나누는 상황이 다양하게 연출된다.

계란 장수 놀이, 관객은 어느 순간 정면액자 무대의 경직성에서 벗어나 있다. 이들은 무대와 객석을 휘젓고 다니는 김성녀의 감칠맛 나는 화술에 자연스레 휘말려든다. 김성녀가 농을 걸면 관객도 따라서 맞받아친다. 예기치 않는 농담 연희극이 실현된다. 텅 빈 계란 바구니, 마임으로 건네는 그림, 그러자 마임으로 건네는 관객, 일순간 즉흥적인 애드립이 설정된다.

> 워메, 가짜로 돈을 주시네……
> 계란 값은요?
> 아, 카드로 지불할게요!

객석에서 폭소가 터진다. 이층 얼굴 크고 안경 쓰신 멋진 남자 분, 계란 몇 개 드려요? 농담의 색조가 강하면 반응 색조 역시 강해진다. 관객은 즉흥성 놀이극에 합류하는 쾌감에 젖는다. 폭소의 쾌감은 무한대로 상승한다.

각 장면, 각 상황의 정조는 늘 노래 연주와 선율 설계로 증폭된다. 상반된 분위기의 정조, 그 충돌 상황 역시 작창자의 유장한 연주 능력으로 자연스레 희석된다. 관객은 전혀 그 이질적 틈새를 눈치 채지 못한다.

그렇다면 이 공연이 다루는 소재는 무엇일까. 우리를 감동케 하는 삶의 숨은 비밀은 또 어떤 것들일까. 다양한 그림 및 상황임에도 그 틈새를 매끄럽게 넘나드는 타고난 연희 연주자로서 김성녀의 끼, 그가 실현시켜 나간 감동의 소재, 일깨움의 근간을 이제 살펴보기로 하자.

2) 전쟁의 상처, 가족의 딜레마!

전쟁 상흔, 이는 흔히 있는 문학적 소재, 연극적 변용의 문제다. 육이오 전쟁, 이데올로기 갈등, 그 틈새에서 내쫓기고 스스로의 정체를 감추며 살아가야 하는 딜레마, 살아있지만 이름을 상실해야 하는 아픔, 친 가족에게도 정체를 밝힐 수 없는 상황, 이런 말 못할 상흔, 그 비애가 모노드라마 그림으로 무대화된다.

어느 날 아낙에게 문제가 발생했다. 남편이 억울하게 도망 다녀야 하는 신세가 되었다. 수배 중인 남편, 쫓겨 다녀야 하는 신세, 과연 이를 어찌해야 할까. 남편은 육이오 때 부역을 한 죄로 도망 다녀야 한다. 마음씨 좋은 남편은 목숨 걸고 이웃과 지인들을 살려냈었다. 그러나 세상이 바뀌면서 오히려 도움을 받았던 자들이 남편을 찾아내 죽이려 한다.

세상에 이럴 수가 있을까. 과연 이런 세상이 허용될 수 있을까. 모노드라마 〈벽속의 요정〉 공연의 주요 이슈는 이런 남편을 둔 아낙의 가녀린 삶을 주요 화두로 삼고 있다.

억울하게 벽 속에 갇혀 지내야 하는 남편의 비애, 아픔이 먼저 드러난다. 남편을 달래려는 아낙의 심경, 그녀의 딜레마 역시 관객 모두에게로 자연스레 전이된다.

호적정리 기간, 사망 신고를 할 수밖에 없는 딜레마, 남편은 이름마저 완전 삭제 당해야 한다. 살아있지만 그는 죽어있는 인물이다. 내용과 형식의 불일치, 대단한 역설이자 아이러니다. 이름 상실, 이는 현존의 근거가 송두리째 무너짐을 의미한다. 그 누구도 당사자의 아픔을 이해할 수 없다. 인내력이 많았던 남편이건만 결국 더 이상 참지 못할 태세다. 존재를 인정받지 못함도 분한데 이제 이름마저 상실해야 한다. 도저히 견디기 힘든 상황, 막판 바깥 세계로 나가 박해자들과 담판을 짓겠다는 남편, 결연한 행동 촉발 의지, 그 누구도 꺾을 수 없을 듯하다. 좌우 이데올로기의 대립, 서슬 퍼런 현실에서 이는 죽음을 자초하는 길이

극단 미추의 〈벽속의 요정〉(후쿠다 요시유키 원작·배상식 극본·손진책 연출, 2006)

다. 아낙은 이를 익히 잘 알기에 남편을 만류한다.

남편의 실존 상실, 아낙에게 아픔 이상으로 다가오는가. 위로하려 드는 아낙, 그 위로에도 불구하고 뛰쳐나가려는 남편, 두 사람 사이의 실랑이가 극적인 위기로 이어진다. 아낙이 울먹이며 그를 위로한다. 위로할수록 남편의 울분 역시 커진다. 강렬한 부딪침, 그 에너지 발산, 그것은 각자의 가슴속으로 파고 들어가기에 관객 역시 그 가슴앓이를 함께 할 수밖에 없다. 그 절정에서 선율이 흘러나오면서 시적 정감 구조가 배어 나온다.

> 내 눈물이 당신의 뺨을 적시고 있어요.
> 용기 내요.
> 지내왔던 날들.

살아있다는 건 소중한 것.

그렇다. 살아있음은 분명 소중하다. 사망 신고된 남편이지만 그는 분명 자신이 보는 두 눈 앞에서 살아 숨 쉬고 있다. 위로하려 드는 아낙, 그녀의 언어 역시 값지다. 언어가 다하는 곳에 선율이 시작된다. 위로하려는 자, 그의 심정이 선율로 변용된다. 선율은 더욱 위대한 힘을 발하며 시적 정감 구조를 증폭시킨다. 아픔과 위로가 날·씨줄로 상호 교차한다.

아내와 남편, 가슴과 가슴, 그 사이에 사랑이 배어 있다. 선율로 상대를 달래는 아낙, 김성녀, 가슴앓이 정서를 구현해 나가는 과정에서 눈길 건네기와 회피 움직임, 그 강약 숨결 포인트를 놓치지 않는다. 적재적소에서 판소리의 비장미 대목을 터트려 내듯 김성녀는 눈빛, 선율, 목소리 톤, 색조, 신체 언어, 공간 방위선 빚어가기 작업에서 정밀한 반응 언어를 빚는다. 맞받아치기 기호, 그 부딪침과 교차를 통한 극 공간 창출 작법, 이를 배면에서 감싸는 서정적 어조, 관객은 그의 매끄러운 육체 언어 활용 작법에 자연스레 매료된다.

3) 에피소드와 선율의 심미적 조화

김성녀의 〈벽속의 요정〉은 에피소드와 선율이 만나 절묘한 연극성을 발한다. 한 가족 이야기, 그게 다양한 파편 조각처럼 보이지만 선율과 만나면서 가족 드라마의 색조와 품격이 살아난다. 좌우 이데올로기의 대립 상황으로 풍비박산이 된 가정, 그들만의 눈물겨운 사연, 인간적인 가족사랑 이야기가 극화되어 감상층의 심금을 울리고 있다.

이 공연은 언뜻 사회극적 색조로 진행될 공산이 크다. 그러나 정작 문제된 사회 이슈나 갈등 상황은 축소되거나 배제된다. 거꾸로 그와 관련된 가족 구성원의 아픔과 딜레마, 상처를 이겨내기 위해 서로를 보듬고 아끼고 배려하려는 몸부림 상황이 공연의 주조를 이룬다.

이 드라마는 잘 짜여진 극 구성이라기보다는 가족사에 대한 에피소드 구성 형식을 취하고 있다. 갇혀 지내는 남편의 억울한 상황, 이를 곁에서 돌보아야 할 아낙의 수난사가 주요 뼈대를 이룬다. 여기에 어린 딸의 성장 과정이 낭만주의 색조와 동화적 스펙트럼으로 변용 되면서 공연은 다양한 볼거리와 들을 거리를 빚어 놓는다.

정통 리얼리즘 극작술 관점에서 틈새가 드러나는 것처럼 보이지만 연극성은 좀처럼 희석되어 있지 않다. 가족 부양 에피소드, 그 희비 곡선이 행상 하는 아낙의 시선으로, 더 나아가 베 짜는 아낙의 시선으로 펼쳐진다. 화재로 남편이 위험하지만 남편이 저 벽 속에 있다고 말하지도 못하는 그 가슴앓이 사연, 불이 벽 가까이 옮겨 붙는다. 긴박감은 더욱 고조된다. 벽 속의 아버지를 요정이라 여기며 친구처럼 이야기 나누는 어린 딸의 이야기 역시 동화적 품격과 낭만적 아름다움을 선사한다. 치근거리는 장터 난봉꾼, 그를 퇴치, 박살내는 작전, 이를 위해 벽 속 남편과의 은밀한 공조 그림 역시 희극성 증폭에 기여한다.

각 이야기들은 상호 충돌, 희석될 수 있음에도 부딪침은 축소되고 대신 연극성은 존중된다. 상호 길항 작용이 일어나지 않는 이유는 무얼까. 에피소드 틈새에서 설정된 노래와 선율 덕이다. 이를 유려하게 소화해낸 김성녀의 화술 및 음악성은 연극성 확장의 일등공신이다. 공연성 확장, 그 표현 영역의 극대화는 김성녀의 탄력적인 신체 반응 언어 및 탁월한 활용 능력에 기인한다.

밝음과 어두움, 희극적 활력과 비극적 판타지, 놀이의 활력, 침잠의 오묘함, 그 교차 포인트 역시 정교하게 계산되어 있다. 이는 배우와 연출,

스텝진의 상호 원활한 콤비 작업이 전제되기에 가능하다.

4) 동화 색조의 신비, 불러보기의 감동

이 연극엔 동화 색조의 신비가 깔려 있다. 어린 딸과 요정의 만남, 동화 같은 만남, 그런데 요정의 정체가 훗날 아빠임이 드러난다. 아빠! 하고 불러보는 그 감동, 이런 동화성 삽화가 낭만과 신비로움을 더해 주었다면 막판 결혼식장으로 달려가기 직전 불러보는 언어, '아빠'는 뭉클한 감동을 불러일으킨다. 동화 세계로의 여행, 이는 노래와 꼭두 그림을 통해 실현된다. 무대 스크린에 투영된 영상, 이를 구수하고 정감 넘치는 언어로 진행하는 작업, 극중극 상황을 실감나게 연기하는 배우 김성녀, 관객은 이야기 나라의 아기자기함에 빠져든다.

영상 그림자극의 맛깔을 접하면서 감상층은 볼거리 쾌감에 젖는다. 해설과 극중극 인물, 그 넘나들기를 위해 익살 연기를 힘을 발한다. 해학 넘치는 민요가 민족 심상의 원형을 자연스레 자극한다.

어느 날 어린 딸에게 신비한 소리가 들려온다. 아무도 없는 집안, 어머니도 행상을 나가 늦게 들어오는 상황, 어머니의 귀가가 늦는 날이면 무섭다.

벽 속에서 들려오는 소리의 주인공은 누굴까. 자신을 요정이라 소개하는 자, 무섭기보다는 친구 같은 분위기, 그가 들려주는 동화 같은 이야기, 구수하고 아기자기한 노래, 관객 또한 어린 딸처럼 요정의 이야기, 요정의 기분 좋은 노래 선율에 빠져든다.

가뭄으로 모두가 힘들어하는 상황, 농부가 요정들로부터 지팡이를 얻어 축복을 받는다는 이야기, 김성녀의 재치, 재담, 익살스런 목소리, 무대 스크린에 투영된 소형 꼭두 그림자 영상, 이에 걸 맞는 노래 연주가 빚어지면서 유머와 해학의 맛깔이 빚어진다.

이야기가 끝나지도 않았는데, 어머니가 오실 시간이다. 어린 딸과 요정 간의 은밀한 만남, 그 스릴, 그 아기자기함을 관객 역시 어린 딸과 더불어 만끽한다. 내밀한 자기만의 공간, 자기만의 고유 영역을 갖고 싶어 하는 어린 소녀, 요정과의 만남, 요정이 들려주는 이야기, 이를 통해 로맨틱 극의 묘미와 동화적 상상력이 자연스레 유발된다.

그렇다면 요정은 누구일까. 그의 정체는 아낙익 이야기 진행 과정에서 자연스레 밝혀진다. 한국전쟁, 살벌한 좌우익 대립, 벽 속에 스스로의 몸뚱이를 감추고 짐승처럼 지내야 하는 남편, 그럼에도 어린 딸을 향한 사랑을 주체할 수 없다. 결국 딸 사랑을 위해 아버지가 가짜 요정 노릇을 해 온 것이다.

장성한 딸이 결혼식장에 가는 장면, 이 공연의 하이라이트라 해도 과언이 아니다. 소녀는 커가면서 벽속 요정이 아버지임을 알아차린다. 그러나 발설할 수 없다. 누구에게도 말해서는 안 된다. 상대를 아버지라 부를 수도 없다. 이미 아버지는 사망 신고를 한 상태다. 딸이 결혼을 하게 되었다. 아버지는 밤중 은밀하게 딸의 웨딩드레스를 빚는다. 아버지가 만들어 준 드레스, 결혼식장으로 달려가는 딸, 그런데 아버지가 떠오른다. 예식장에 갈 수 없는 아버지, 벽 속에 숨어 있어야 하는 아버지, 지금까지 상대를 요정이라 불렀지만 이제 처음으로 아빠를 부르고 싶다. 떨리는 심정, 감격적인 순간이다.

"아빠, 거기 있어?"

과연 아빠가 반응할까. 떨림의 순간이다. 한동안의 침묵, 그런데 반응하기 시작한다. 이 얼마나 불러보고 싶은 단어였던가. 이 얼마나 듣고 싶은 언어였던가. 솟구치는 감동, 일순간 얼어붙은 언어 체계, 그러나 불러주는 자, 듣는 자 모두 이미 꽃이 되어 있다.

> 내가 그대 이름을 불러 주었을 때
> 그대는 이미
> 한 송이 꽃이 되어 있었다.

아버지를 아빠로 단 한번 불러 드리지 못한 이 불효, 벽 속에서 은밀하게 반응하는 아빠, 이 감격, 정적을 통한 긴장, 그리고 뜨거움, 눈물을 주체 못하는 부녀, 어둠 속의 아버지, 이제 내가 어둠 속 당신에게 드릴 수 있는 것, 햇빛이 담긴 꽃잎이리라. 햇빛을 머금었던 나뭇잎이리라.

햇빛을 발하는 초록 잎새, 초록빛 잎새와 꽃잎, 딸은 아버지 손에 양지 세계의 화사함을 건네준다. 햇빛을 모르고 살아오신 아버지, 손과 손의 만남, 이름 불러보기를 통한 감격의 만남, 마음과 마음으로 나누는 만남, 아버지를 향한 딸의 사부곡 선율, 그 절정에서 관객 역시 눈물과 감동을 주체하지 못한다. 아, 이게 참다운 가족 사랑이지 않는가.

5) 희극성의 날줄, 놀이의 씨줄

무겁고 어두운 색조가 주조를 이루기에 자칫 쳐질 수 있는 스토리텔링 작법, 그런데 공연은 일정 장면에서 밝고 활력이 넘친다. 왜 그럴까. 비극성 고양을 향한 대조 전략이다. 순간, 순간 놀이와 오락 그리고 우스꽝스런 희극 그림, 이는 늘 비극 그림 색조를 강조하기 위한 치밀한 전략에 속한다.

계란장사 그림, 경쾌한 놀이와 노래, 즉흥 애드립이 상호 절묘한 조화를 이룬다. 갑자기 돌진하는 자동차 음향, 이를 피하려다가 박살나는 계란 바구니, 섬세한 반응 연기 그림, 일순간 어둡고 무거운 분위기가 이어진다. 행상 아낙의 비애, 괴로움, 고단함이 어둡고 여린 선율 색조로 변주된다. 찬물을 끼얹는 충격 요법, 긴장미는 강화된다. 감상층은 오금 저리며 꼼짝 하지 못한다. 비극적 톤이 선율로 변주된다. 밝음은 일시에 어둠으로 전환된다. 가벼움은 일순간 무거움으로 교체된다. 밝은 희극 그림 뒤의 충격적인 낭패 상황, 관객은 진한 연민과 동정을 주체 못한다.

비극 그림과 희극 그림의 적절한 안내와 균형은 이 연극의 최대 미덕이다. 연출은 희극 그림 설계 과정에도 치밀한 계산을 하고 있다. 남편이 밤마다 나타나 베를 짠다. 벽 속에 갇혀 지내는 답답함, 이를 이겨내려는 몸부림, 그 일환으로 아낙의 일을 도울 수 있는 일석이조의 상황, 그러나 남이 알면 큰일이다. 여장 분장을 한 남편, 머리에 수건까지 두르고서 베를 짜는 그림, 상상만 해도 배꼽 잡을 일이다. 지식인이었던 그가 베틀에 앉아 아내보다 더 멋지고 섬세하게 베를 짠다. 그런 남편을 대견해하면서도 우스워 어쩔 줄 모르는 아낙, 아낙의 남편 흉내 내기 그림이 과장, 희화된다. 희극성은 최절정에 이른다.

6) 삶에서 죽음으로, 죽음에서 부활로!

그토록 바깥 세계를 동경했던 남편, 세월이 흐르자 결국 그도 사면이된다. 그리고 자신의 이름마저 되찾는다. 바깥 세계를 가족과 함께 거닐어 본다, 경찰서로 자신의 신분을 신고하러 가지만 무언가 두렵고 떨리기만 하다. 몇십 년을 어둠 속에서 견디어낸 그 지독스러움, 그런데 갑자기 남편은 어린애가 되어 있다. 어린애처럼 불안해하는 모습, 우월감에 겨운 시선, 반 흉내 내기 그림이 펼쳐진다. 관객 역시 과장, 희화 작업에 자연스레 동참한다. 아낙과의 공범 의식에 젖은 감상층, 가벼운 실소의 묘미를 만끽한다.

그토록 함께 하고 싶었던 남편, 세월이 흘러 그 역시 죽음의 시간을 맞는다. 바깥 세계에서의 자유, 얼마 누리지도 못하고 죽어가야 하는가. 신앙인 인 아낙, 마지막 남편의 영혼 구원을 해야 할 듯싶다. 하나님 영접, 이를 권하지만 임종을 맞으면서도 남편은 끝까지 거부하려 든다. 잠시 침묵이 흐른다. 긴장감이 맴돈다. 다시 정적이다. 말없는 남편, 그러다 숨을 거두기 직전 그가 말하기 시작한다.

> 나는 인간의 사랑을 믿습니다.
> 인간의 사랑에 하나님의 사랑이 나타나는 거예요.
> 나는 하나님한테 용서를 구하지 않아.
> 사람들……
> 당신한테 용서를 구할 뿐이지……

마지막 순간까지 남편의 영혼 구원을 위해 몸부림치는 아낙, 그런데 남편은 꺼져 가는 음성으로 아낙에게 용서를 구할 뿐이다. 아낙의 안타까움은 관객 모두의 안타까움으로 전이, 확장된다.

한동안의 정적, 침묵, 그러다 결국 눈물을 펑펑 쏟아내는 아낙, 삶, 생명, 살아있음은 소중한 것인데, 살아있음은 정말 아름다운 것인데…… 배우 김성녀의 노래 선율이 감상층의 심금을 다시 한 번 울린다.

> 내 눈물이 당신의 뺨을 적시고 있어요.
> 용기 내요.
> 지내왔던 나날들

살아있다는 건 아름다운 것.

　그토록 소중하게 여겼던 남편, 그리고 가족, 이들과의 별리는 어쩔 수 없는가. 무대는 다시 어린 아기를 달래는 여인, 그에게 요정 이야기를 들려주는 상황으로 끝을 맺는다. 결혼한 딸이 출산하여 갖게 된 어린 아기, 그 아기를 달래며 대화를 나누고 있는 그림, 그 옛날 벽 속의 요정 모습으로 아버지가 자신에 들려주었던 그 이야기를 그녀 또한 어린 딸에게 재미있게 펼쳐주고 있다.

　동화에 심취된 아기의 영혼, 천진함이 되살아난다. 띠 없이 맑은 영혼끼리의 만남과 나눔, 딸은 아버지의 사랑을 잊지 못한다. 이제 제 2의 벽 속 요정이 되어 동화 나라를 펼쳐 가는 꿈, 그 꿈을 꾸는 한 사랑하는 가족, 사랑하는 아버지는 부활할 것이다. 자신의 가슴 깊은 곳에서 그리고 천국에서.

　관객 역시 그 꿈꾸기를 향한 판타지에 젖어 객석을 떠날 줄 모른다. 객관의 해설 작업, 극중 일루전 창출을 향한 감정이입, 이를 통한 인물 변신 과정, 그 넘나들기 호흡이 경우에 따라 매우 가쁘다. 길어진 숨결, 가파른 숨결, 그 급박한 교체, 내공 깊은 배우라도 이를 소화해 내기가 어려울 정도다. 그런데 김성녀는 이를 거뜬히 해내고 있다. 그는 자연스럽다 못해 그 상황을 즐기고 있는 듯하다. 문제된 거친 숨결, 이를 자신의 호흡으로 변조시켜 나가는 그 공력, 관객 모두 마침내 기립 박수를 보낸다. 흠모의 눈길을 주체 못한다.

　주동 인물과 반동인물 간의 만남, 부딪침, 이를 위한 상반된 호흡 흐름과 색조, 간헐적으로 객관의 해설 기호가 설정된다. 객관의 호흡 세계, 주관적 숨결 흐름, 그 넘나들기 과정이 유연하고 유려하다. 난봉꾼 등장 상황이 빚어지는 그림, 섬세하다 못해 능청스럽기까지 하다. 마당 놀이에서 연단 된 흔적, 배역을 손바닥 위에 올려놓고 자유자재로 변용 시켜 나가는 김성녀의 연기 역량에 관객의 찬사는 그칠 줄 모른다.

몇 번의 기립 박수, 세 번에 걸친 커튼 콜, 두 시간이 순식간에 지나갔다는 공연 체험, 삶을 따뜻하게 보듬어내는 유머와 익살, 여운을 느끼기 위해 말을 아끼는 자기 절제, 이 모두 배우, 연출가, 작가, 공연 무대 설계진의 멋진 팀웍에 기인한다.

밝음과 어둠의 자연스런 교차와 대조, 즉흥 애드립과 흉내 내기의 섬세함, 거리 두기 작법과 일깨우기의 맛, 공연성 고양을 향한 연기 철학과 걸출한 음악성에 대한 이해, 이런 공연 미덕이 자연스레 실현되었다는 점에서 〈벽속의 요정〉은 한국 배우예술사 및 모노드라마 공연사에서 오랫동안 회자될 수 있을 것이다.

4. 동화적 상상과 꿈꾸기의 마술:
극단 한울림의 〈도서관 가는 길〉과
전주시립극단의 〈춤추는 모자〉

1) 동화적 상상 놀이와 풍경 비유

제7회 영호남연극제 하이라이트 〈도서관 가는 길〉(이소연 작·정철원 연출, 대구 극단 한울림, 경남문화예술회관 야외 공연장, 2006년)은 예측불허의 풍자와 풍경 비유, 패러디 작법으로 대중적 놀이극의 묘미와 아기자기한 희극 쾌감을 자아내준다. 이 작품은 아동극에 대한 기존 통념을 완전히 뒤집어 놓는다. 모든 연령대의 관객이 대중적 재미, 동화적 아름다움, 신선한 발견의 쾌감을 주체 못한다.

아파트 지하 창고에 버려진 책들의 시선으로 일그러진 현대인의 삶을 조망한다는 발상이 기발하고 흥미롭다. 몰가치한 인간들의 행태, 책 읽기를 외면한 채 진실과 순수를 잃어가는 상황이 다양한 패러디 색조로 무대화된다.

햄릿, 신데렐라, 무협지, 요리 책, 선데이 서울 등의 책들이 자신만은 사람들에게 환영받으며 읽혀질 거라 장담한다. 무대는 사실과 반 사실, 구체와 추상 그림이 적절하게 배합되어 있다. 헌책이 쌓인 무대 우측 전면, 거지 맹인 여인이 쪼그려 앉아있는 무대 좌측 후면, 그리고 각 책의 비전과 꿈을 살린 의상, 춤, 움직임, 음성 기호가 코러스를 통해 다채롭게 펼쳐진다. 점자책 읽기, 맹인 거지의 어눌한 음성이 연출된다. 책들은 답답함과 고통을 주체 못한다.

지하 창고 문을 열고 누군가가 조심스레 들어온다. 주변을 두리번거리는 몸짓, 구석에 쌓여있는 책들과의 조우가 이루어질 것인가. 한동안의 탐색전, 책들은 자기 자신만은 반드시 읽혀질 거라 확신한 바 있다. 내기 게임을 벌이는 책들, 우격다짐하는 모습, 개구쟁이의 소꿉 놀이나 병정 놀이를 방불케 한다. 과연 저 사람은 책을 사랑하고 읽어줄까.

검정 복면을 쓴 좀 도둑, 관심을 끌고 싶어 하는 책들의 몸부림, 한참을 바라보다 내팽개치는 반응, 또 다른 책을 향한 관심, 다시 나동그라지는 책들이다. 애태움의 강도는 더해만 간다. 냄새난다고, 먼지가 가득하다고 책을 향해 발길질마저 자행하는 도둑, 기가 막혀 말을 잃어버린 책들, 절망과 가슴앓이를 주체 못하는 책들, 기발하고 재미 넘치는 발상이다.

두 번째 등장하는 사람, 교수다. 교수는 책을 가까이 하고 좋아할 자다. 책들의 희망 섞인 반응과 기대, 기분 좋은 속삭임이 고조되지만 기대는 송두리째 무너진다. 불륜을 저지르기 위해 교수는 이곳에 들어온 것이다. 술집 여자와의 은밀한 정사, 관능의 그림이 무대화된다.

숨 넘어가는 소리, 이를 엿보는 책들, 휴대폰 벨소리, 아내의 전화다. 거친 숨소리가 들린다. 따지는 상대 목소리, 재빨리 시치미 떼며 둘러 부치는 교수, 책들은 망연자실해 한다. 사람들의 비천함과 어리석음은 기상

극단 한울림의 〈도서관 가는 길〉
(이소연 작 · 정철원 연출, 2006)

천외한 방향으로 확산된다. 파렴치하고 무자비한 아파트 사람들의 행동은 더욱 확장된다. 도둑맞은 물건을 찾기 위해 혈안 되어 있는 자들, 긴박감 넘치는 사건 진행 구조, 패러디 색조는 추적 및 깨닫기 유발 작법과 만나면서 공연의 품위와 격조는 자연스레 우러나온다.

　노트북을 향한 열광적인 관심, 책들은 아연 실색이다. 책들의 아픔은 주변 부조화 상황으로 전이, 확산된다. 성폭행 당했던 거지 임산부 여인, 반지로 인해 그녀는 도둑으로 오해받는다. 갖은 욕설과 집단 구타, 집단 린치와 가학을 당한 맹인 거지 여인, 억지 출산, 즉 조산이 이루어진다. 여인이 진통으로 인해 괴로워한다. 그녀의 절규 음성이 지하 공간을 가득 메운다. 책들 역시 소외 상황을 비관하며 낭패, 절망의 반응으로 일관한다. 풍경은 내면 심리, 내면 정서에 대한 비유다. 주변의 불안정 상황이 효과적으로 연출되면서 책들의 정서, 절망의 정서에 대한 비유 이미지가 자연스레 실현된다. 멋진 연극성, 심미성이 우러나오는 대목이다.

　고통의 극점에서 아기 울음소리가 들린다. 거지 여인, 결국 도둑으로 몰려 그곳을 내쫓겨나듯 사라져야 한다. 유일하게 책 읽어주었던 자, 그녀의 부재, 텅 빈 공간, 한동안의 침묵, 한동안의 말 없음, 이제 희망을 찾아볼 수 없는가. 소외된 자, 커다란 힘에 눌림을 당하는 자, 그녀를 향한 연민과 동정이 우러나온다. 텅 빔은 나눔 부재, 소통 부재를 상징한다. 이는 죽은 사회, 절망의 사회다. 이는 병 들어버린 사회. 이 비유 풍경은 이에 대한 철학적 성찰을 유도하면서 공연의 품격을 살려내는데 기여한다.

늙은 경비 아저씨 역시 공범으로 몰려 쫓겨난다. 단수로 열려진 수도꼭지, 망각한 인간들, 수도꼭지 물이 쏟아지면서 지하공간의 책들이 비명을 지른다. 책들의 신음 소리, 숨 넘어가는 소리, 그 소리에 반응하는 자, 아무도 없다. 반응 없음은, 그 소리를 들을 수 없음은 분명 비극이다. 사람들은 거지, 도둑이 사라졌다고 좋아라 한다. 기가 막혀 쓴웃음이 나온다. 치유 불능의 희비극 처방이 진한 페이소스를 야기 시킨다.

공연의 압권은 막판 서정적 동화 그림 장면에 있다. 수레에 실려 가는 책들, 쫓겨난 경비 아저씨가 어린 소녀를 싣고 어딘가로 향한다. 마음의 고향, 책들이 가장 편하게 있을 수 있는 곳, 도서관을 향해 가는 길이리라.

조산한 아기, 소녀로 성장, 경비 아저씨와 이야기 나누는 동화적 발상, 무대 천장으로부터 눈송이 소품 가루가 떨어진다. 수레 위로, 그리고 마음속의 눈을 뜬 자들을 향해 휘날린다. 진정한 이상향의 세계, 꿈의 세계가 마음의 눈을 떠가는 관객에게까지 펼쳐진다.

사물의 의인화 작법, 활력 넘치는 패러디 작법은 이 공연의 최대 미덕이다. 사물을 의인화시켜 나가고, 대신 인간들을 형이하학적 동물로 격하시켜 나가는 작법, 이를 통해 예측 불허의 희극성이 창출된다. 관객 역시 책들과의 공모 의식에 젖어 우월적 정서로 풍자와 패러디 쾌감을 주체 못한다.

노인과 어린 아이가 수레를 끌고 가면서 나누는 대화, 가장 동화적이고 서정적이다. 잔잔한 감동이 밀려온다. 낭만주의 극예술 색조, 시공 경계를 뛰어 넘는 무궁무진한 상상의 날개 펴기, 감상층은 무한한 활력과 해방감을 경험한다. 비유의 힘이 오래 지속되기에 인과성의 틈새는 자연스레 희석된다.

공연장 곁 남강 물불 그림자, 마음속 눈뜸의 경지가 우러나오면서 관객은 행복한 사유 발걸음을 옮긴다. 남강 변 밤 산책길이 오늘따라 도서관 가는 길로 보이는 이유는 무얼까.

2) 꿈꾸기의 마술, 깨닫기의 연극

사진 액자를 앞에 두고 우린 추억 속에 젖어본다. 사진 액자 속의 인물들, 그들과의 아름다운 만남, 고통스런 만남, 그 애절한 사연, 그것을 선율로 표현하는 작품들, 회상극의 묘미는 이런 액자틀 구성의 경계를 자유롭게 넘나드는 데에 있다.

이런 액자틀 깨기의 구성 방식 중 동화적 상상력을 빌려 관객을 즐겁게 해주는 연극이 있다. 전주 시립극단의 〈춤추는 모자〉(파울 마르 원작·전주시립극단 공동구성·고금석 연출, 전주덕진예술회관, 2001년) 공연은 액자 가두기와 삶의 틀 깨기를 통해 동화적 상상력과 패러디의 묘미를 무궁무진하게 교차시켜 놓는다.

명령어로 일관된 일상, 이는 소통불능의 일상이자 재미없는 죽은 삶인지도 모른다. 죽은 체험, 일방 통행식의 멋없는 삶에서 이제 해방될 수는 없을까. 친정집 식구 모두가 무언가의 마술에 걸려 있다. 사진 액자틀 속에 갇혀 꼼짝 못하는 식구들. 앞집에선 '월드컵 전주' 노래 연습 소리만이 시끄럽게 들려온다. 친정아버지마저 이를 까맣게 잊은 채 그 노래연습에 동참하고 있다.

이삿짐 쌓다가 만 어수선한 집안 분위기, 흐트러진 가재도구들, 아무리 불러도 사진 액자틀 속의 가족들은 대꾸를 하지 않는다. 이런 기가 막힐 사건이 있을 수 있단 말인가.

수수께끼 풀어가기 재미, 화두풀이의 연극 묘미가 공연 서두부터 경험된다. 문제의 핵심은 춤추는 모자이다. '춤추는 모자', 어떻게 모자가 춤을 추는가. 이 집 가장의 모자 즉 아빠의 모자가 모두를 춤추게 만들 줄이야. 모두에게 마술적 힘을 발휘할 줄이야.

낚시 떠나려 했던 할아버지(이덕형 분)의 필요에 따라 우연히 모자가 바뀐다. 우연히 이 집 가장의 모자를 바꿔 쓴 앞집 똘이 아빠, 그 앞집 가족들은 현재 '월드컵 전주' 노래연습에 몰두해 있다.

무대 후면 호리존트 상단에서 합창 연습이 신나게 이루어진다. 어린이의 동화 놀이, 이를 방불케 하는 배우들의 피에로식 움직임, 흑백의 대조를 기묘하게 만들어간 의상 설계, 검정 실루엣 이미지로 변용된 지휘자, 마치 무언가에 홀린 듯한 이미지로 노래하는 합창 구성원들, 정지와 움직임, 침묵과 노래, 실루엣의 익명성과 표정의 구체성, 이런 대조의 묘미가 극의 초반부터 우러나온다.

앞집의 노랫소리는 그칠 줄 모르고, 이에 화난 엄마(정경선 분)의 신경질적인 대응은 극에 달한다. 그런데 이에 대한 재 반응 언어가 마술의 힘을 발휘할 줄이야.

"시끄러워서 잠을 잘 수 있나? 저것들 어디다 콱 가둬버렸으면 좋겠네"

모두가 그 마술의 힘에 걸려 사진 액자틀 속에서 꼼짝 못하고 있다. 사진 액자틀에 갇힌 가족들은 고모의 도움으로 해방된다. 고모(정경림 분)가 바로 그 '춤추는 모자'를 되찾아왔기 때문에.

원작자 파울 마르가 통찰한 점은 바로 권위 모티브를 상징하는 모자에 있다. 강요로 일관해 있었던 우리시대의 아버지, 이로 인해 가족 간의 소통은 상실된다. 닫힌 세계, 재미없는 일상, 이에 대한 패러디성 연극함수를 파울 마르는 떠올려 낸 것이다. 강력한 힘을 지닌 아버지, 이에 대한 패러디로서 그 아버지의 모자에 마술적 힘을 부여한 것이다. 신선하고 기발한 발상이다. 예상을 뛰어넘는 동화적 상상력이다.

말 안 듣는 문제 자녀들, 속 썩이는 행동, 뒤이어지는 꾸지람 언어와 잔소리, 무관심과 냉소, 지향세계가 색다르기에 티격태격의 상황은 그칠 줄 모른다. 이를 어떤 연극적 마술로 뒤집어엎어 놓을까.

소통 불능으로 일관한 가족 구성원들, 이들의 행동은 모자 마술을 통해 정반대의 재미 양상으로 돌변한다. 마술의 힘을 알아차리지 못하기에 가족 간의 반응 구조는 기상천외한 양상으로 치닫는다. 엉망진창의 언어 반응과 혼돈 체험, 이를 통해 가족 구성원들은 상대의 입장을 알아차리기 시작한다. 대립과 충돌 양상은 제어불능의 괴이한 맹종 구조로 뒤바뀐다.

도대체 그 비밀은 무얼까. 갸우뚱하면서도 모두들 그 마력에 휘말린다.

마술의 힘을 지닌 모자, 혼돈에 가까운 희극적 반응, 그 묘미는 도둑 침입 과정에서 절정에 달한다. 도둑과 가족들의 대치 상황은 모자를 누가 썼느냐에 따라 그 희비 상황이 달라진다. 숫사의 열세, 겁먹은 도둑(안세형 분), 불안의 이미지, 그런데 어이없는 맹종의 반응이 우러나온다. 자신의 말 한마디에 모두가 주눅든 듯 꼼짝 못하고 있지 않는가.

다양한 해프닝이 벌어지면서 제압하는 자와 제압당하는 자의 관계가 수시로 뒤바뀐다. 낭패당하는 도둑 그림이 각 구성원들의 기호와 맞물려 다채로워진다. 그럴 때마다 희극적 페이소스의 체험은 깊어져 간다. 모자의 비밀을 알아차린 사람들은 가족들과 관객들이다. 공모의식에 휩싸인 관객들, 이때부터 다양한 동화 놀이, 서커스 색조의 유희가 공연장 전체로 확대된다.

모자를 객석으로 날려 보내자 그걸 잡기 위해 아우성치는 관객들, 관객 역시 마술 놀이에 동참한다. 도둑과의 게임성 대치 과정에서 물총이 객석을 향해 분사된다. 물을 피하는 관객, 야유하는 관객, 환호하는 관객, 반응은 다양하다. 다양한 놀이 매체들이 동원되면서 관객은 마술, 게임, 놀이의 주인공이 된다. 과자 빼앗아 먹기의 아기자기함은 장난감 물총 놀이의 아슬아슬함으로 전환된다.

도둑 잡기 게임은 연극 안의 시간으로 머무르지 않고 연극 밖의 시간으로 확대된다. 연극 속의 사건은 일시에 꿈속 사건으로까지 확대된다. 꿈속에서 할머니(전춘근 분)를 만나는 할아버지, 바다 속 물고기들(서유정, 안대원 분)이 의인화된다. 꿈의 향연이 이루어진다. 마술의 세계는 피안의 세계, 꿈의 세계로 확대된다.

수많은 겉 만남이 있지만 각기 다른 지향 세계로 인해 꿈과 현실의 일치는 요원하기만 하다. 그 요원한 틈새를 놀이의 공통 함수로 메꾸어 낸다. 사진 액자틀 속에 갇힌 가족들의 시간, 이는 명령어에 따라 살아가는 기계적인 시간, 즉 정지된 시간에 대한 상징이다. 죽어있는 시간에 대한 희화로 격상된다. 꿈의 시간, 마술체험 공유 폭이 넓어지면서 활력의 연극성은 계속 이어진다.

모자 바꿔치기는 마술의 속사연이 깨닫게 되기까지 희극적 페이소스로 이어진다. 마술 모자놀이를 통해 인생의 숨어있는 비밀이 일깨워진다.

죽은 시간과 참 삶의 시간, 그 변별적 체험을 통해 우리네 실존 양상이 달라질 수 있다.

마네킹(최경식 분)의 움직임을 정교한 판토마임 기호로 변용시켜 놓는 과정, 이는 단순히 볼거리 재미 탐닉에 그치지 않고 감추기와 숨기기의 대조와 교차를 멋지게 실현시키는 데에 기여한다. 모자 마술에 휩쓸려 가는 움직임, 특히 자석의 흡인력에 휘둘리는 과정, 넌버벌 유희의 묘미를 만끽케 하는 집단 배우예술, 그 집단 육체언어의 기하학이 극적 판타지 공간을 넓혀준다.

집안 수족관에서 낚시질하는 할아버지의 엉뚱함, 미용사와 치어걸의 꿈을 버리지 않는 아름(홍지예 분)과 다운(국영숙 분), 아마추어 무선사의 비전을 실현시키고자 노력하는 하늘(백민기 분), 자녀 공부 병에 걸려 몸부림치는 엄마(정경선 분), 지금까지 그 꿈들은 한낱 개인플레이로 그치고 말았다. 그러나 모자의 마술이 경험되면서 서로의 역할과 공동체의 소중함이 깨달아진다. 꿈꾸기의 연극, 상상의 마술 체험이 계속되는 한 우린 비틀린 일상, 재미없는 일상에서 벗어날 수 있다.

'월드컵 전주'라는 집단 코러스(고조영, 염정숙, 최균, 서형화 외에 다수)와 춤, 박제된 명령 이미지를 일깨워내는 실루엣 그림 설계, 오늘도 우리 모두 스포츠의 도시 꼭두로 살아가야 하는가.

이런 깨닫기와 꿈꾸기의 순환이 계속되는 한 연극적 소통은 참 생명의 에너지로 승화된다. 그리하여 지금 바로 여기의 너와 나를 우리답게 해줄 것이다. 동화적 놀이 세계를 만들어갈 줄 아는 자만이 진정한 이 시대의 주인공임을 전주시립극단의 〈춤추는 모자〉 공연은 확연하게 일깨워 준다.

5. 뒤집기 놀이의 희극성과 성찰 미학: 여우회의 〈희한한 한 쌍〉과 극단 현장의 〈행복한 가족〉

1) 공모와 반전의 희극 놀이

연극에 반전이 없다면, 뒤집기가 없다면 그 극적 생명력은 상실될 수밖에 없다. 반전의 연극성을 코미디 색조의 인물 변신과 익살 기법으로 빚어나간 공연이 있어 화제다. 노련한 작가일수록 무거운 소재를 살짝 비틀어 희극적 관심과 패러디 대상으로 변용시킨다. 삶의 무게와 찌든 때는 우월적 정서 촉발 전략을 통해 자연스레 해소된다.

여우회의 〈희한한 한 쌍〉(닐 사이먼 작·반무섭 연출, 광주 궁동예술극장, 2007년)은 품격 높은 코미디 묘미와 실존의 아우라를 다양한 줄다리기 극 코드로 실현시켜 놓고 있다. 가족과 남편을 위해 일평생 헌신해온 플로렌스(류지영 분)에게 문제가 발생했다. 이혼 요구, 청천벽력과 같은 사건, 그녀는 무너지기 일보 직전이다. 공연 초반, 그녀를 구원시키려는 전략이 다양한 공모 놀이를 통해 펼쳐진다.

펭귄 섹스 횟수를 놓고 게임을 즐기는 자들, 스포츠 게임의 주인공 이름은 누굴까. 어찌 보면 가장 유유자적하고 윤택한 놀이 그림이다. 불안과 초조의 이미지가 그들 사이로 끼어든다. 흐느적거림의 이미지, 초점을 잃어간 눈빛, 사

여우회의 〈희한한 한 쌍〉
(닐 사이본 작 · 반무섭 연출, 2007)

물과의 만남에 의미를 부여하지 못하는 여인, 이에 반해 상대인물의 허점을 익히 알고 있는 공모 집단들, 여유를 갖는 자, 여유를 모르는 자, 우세자와 열세자 사이의 줄다리기가 아기자기하게 펼쳐진다. 공모꾼들만이 아는 속 내용, 그 속보이기 행동이 과장된다. 관객 역시 공모의 희극 쾌감에 젖어든다.

공연의 묘미는 공모극의 주체와 객체가 뒤바뀐다는 데에 있다. 담합해 나가려는 자들, 어설픈 공모 놀이, 그 속보이기 행동이 들통 난다. 속이려는 주체들이 희화 대상으로 전락한다. 태연한 척 하면서 게임에 몰두하려는 연극 전략은 와해되기 시작한다. 창가로 다가서는 플로렌스, 혹 투신자살의 징조는 아닐까. 욕실로 들어가는 플로렌스, 혹 동맥을 끊으려는 것은 아닐까. 과도한 상상과 추리, 결국 자신들의 꾀에 빠져 스스로 무너지는 상황이 발생한다. 과도한 걱정, 오버센스 행동이 빚어진다. 닐 사이몬 특유의 희극 전략이 힘을 발휘한다. 예측 불허의 희극성이 터져 나온다.

공연 후반부는 정반대 상황이 연출된다. 올리브는 플로렌스를 자신의

거처에 살도록 배려해준다. 두 사람의 동거 생활, 구원과 안정이 빚어졌을까. 식탁보가 말끔한 하얀 천으로 바뀌고 거실 분위기 역시 밝아진다. 모든 게 깨끗한 분위기로 바뀐다. 털털하고 자유분방하게 살아왔던 올리브, 집안 가재도구를 제멋대로 늘어놓으며 자유를 만끽하며 살아왔던 올리브의 생활 패턴에 제동이 걸린다.

과도한 결벽증, 거실 바닥에 쓰레기는 물론이고 먼지 한 톨 있어서는 안 된다. 모든 집안 살림 도구들, 늘 제자리에 정돈되어 있어야 한다. 소파, 의자, 변기 공간 주변에서 줄곧 청소만 하는 여자, 고결한 매너를 중시하는 행동이 벌어진다. 약속된 퇴근 일정, 약속 시간을 어겼다며 울부짖는 여자, 징징대고, 울부짖고 잔소리하는 플로렌스, 올리브는 제대로 숨 쉴 수 없는 지경이다.

올리브의 인내, 한계점에 도달하는가. 올리브, 이웃에 살고 있던 스페인 남자들과의 데이트 약속이 있다. 그들을 초대하기 위한 파티, 우아한 여미복을 입고 들떠 있는 올리브, 데이트 환상에 젖어 올리브, 이에 반해 플로렌스(류지영 분)는 정반대의 반응을 보인다. 혹 시어머니에게 눈총 받는 것은 아닐까. 사랑하는 아들과 딸이 혹 자신의 데이트 행각을 보고 있지는 않을까. 남편이 자신을 보면 얼마나 한심하게 여길까. 그녀는 힘들어한다. 기존 인습, 기존 가족 의존형 정서에서 그녀는 벗어나지 못한다. 이혼 상태라는 것을 순간 잊고 있는 플로렌스다. 이런 어이없는 강박관념에 빠져 안절부절하기 시작하는 플로렌스, 이로 인해 드디어 초대 분위기 및 데이트 상황은 망가지기 시작한다.

드디어 초인종이 울린다. 스페인 남자 형제가 문을 열고 들어온다. 유유자적하게 그들을 맞이하는 올리브, 그러나 플로렌스는 초인종 소리에 놀라 몸을 숨기려 한다. 상대 남자들과 마주 앉아 유연하게 대화를 나누는 자, 그들 앞에서 심호흡과 억지웃음을 연출하여야 하는 자, 절묘한 대조의 연극 묘미가 우러나온다. 손가락 마디마디를 떨면서 불안 초조해하는 그림, 겁 많은 철부지 소녀의 유아 행각을 방불케 한다. 관객은 코미디 묘미에 흠뻑 빠져든다.

데이트 분위기가 망가지자 갈등이 폭발한다. 결별 선언, 플로렌스, 갑자기 쫓겨나는 신세가 된다. "어허, 큰일 났네", 그 다음 어떻게 될까? 식탁 위에 가방이 던져진다. 나가라는 신호, 무대 공간을 장악해나가는 올리브, 울부짖음과 어리광으로 대응하려는 플로렌스, 그러나 그녀의 전략은 더 이상 통하지 않는다.

결국 파국의 상황이 이어지는가. 친구 플로렌스를 향한 애초의 연민, 그녀를 구원시키고자 하였던 열망은 산산조각 깨뜨려지고 만다. 이렇게 끝이 나는가. 이 연극의 백미는 이 때부터 시작된다. 친한 이웃이자 불쌍한 친구를 내쫓은 자, 오히려 마음이 편치 않다. 울먹이며 쫓겨나가는 자가 더 당당하다. 가엾은 플로렌스, 혹 어디서 방황하는 걸까. 이런 상상으로 인해 올리브의 속앓이는 계속된다. 묘한 삶의 아이러니가 우러나온다. 두 여인의 문제된 관계, 어떻게 해결되는 걸까. 극적 서스펜스가 점차 고조된다.

2) 시소게임과 깨닫기 묘미

연극은 시소게임이다. 올라가는 자가 있으면 내려가는 자가 있다. 힘을 얻어가는 자가 있으면 힘을 상실한 자가 있다. 이런 상관 역학, 시소게임 구도가 이 공연의 품격 살리기에 기여한다. 인물 사이의 관계, 힘을 가진 자, 구원의 힘을 필요로 하는 자, 그 관계가 뒤집히기 시작한다.

겉은 멀쩡한 데 속은 미숙아인 우리시대 군상들, 닐 사이몬은 그저 흔하게 지나칠 수 있는 이런 일상 인물들의 삶을 예리하게 포착, 어떻게 사물과 만나 극적인 이미지를 빚어갈 것인가에 대한 실마리를 제공하고 있다.

완벽한 외모와 매너를 갖춘 자들이 어느 순간 유치한 행동의 주인공이 된다. 초대받은 이웃집 스페인 남자들(이경진, 박영진 분), 완벽한 남성적 매너, 푹 빠져들게 만드는 그 화려한 색조 어법과 유창한 몸놀림, 그런데 갑자기 이들이 유아로 전락한다. 톡톡 튀는 경쾌한 반응 음성, 과장된 육체 동선, 분방함이 소심함으로 급전된다. 아내의 가출을 호소하면서 완벽함이 유치함으로 전환된다. 멋진 자가 멋없는 자로 전락한다. 매너 있는 자가 매너 없는 자로 전락한다. 쾌남아가 울보로 전락한다. 속보이기 희극 전략, 내용과 형식의 불일치 전략이 더욱 속도를 내기 시작한다. 이를 향한 이경진과 박영진의 콤비 호흡이 관객을 폭소의 도가니로 몰아넣는다.

연극의 압권은 뒤집기 상황에 있다. 관객의 예측을 뒤집는 처방, 주변 인물들마저 어리둥절하게 만드는 인물 변신 작법은 이 공연의 최대 매력이다.

플로렌스, 누군가의 도움이 필요했던 여인, 걱정 대상이었던 자, 그녀가 어느 순간 독립 여성으로 돌변하여 있다. 딩동, 초인종 소리, 스페인 형제가 실내복 차림으로 등장한다. 플로렌스의 옷과 일상용품을 가지러 왔다. 짐을 싸들고 떠난 이후, 플로렌스, 스페인 형제들에게 도움을 청한 것이다. 갈 곳이 없자 사람이 변하기 시작한다. 살아남기 전략, 독자적인 실존 형상이 회복되는 건가. 상대 인물의 시선을 늘 피해왔던 여인, 이제는 상대 인물을 자신에게 바라본다. 심지어 제압해 나가는 그림이 펼쳐진다. 주변 상황과의 줄다리기 양상, 그 변화, 진폭 양상이 예측 불허의 방향으로 터져 나온다.

급전의 연극 묘미를 주도해나가는 자, 이를 통일성 있게 실현시켜나가는 자, 인물 변신을 향한 탄력적인 반응 언어 설계가 관객을 사로잡는다. 연극배우는 이런 맛을 경험하기에 공연 예술 무대를 떠날 수 없다. 류지영과 정경아가 펼치는 인물간의 줄다리기 작업, 낮은 자가 높아진다. 힘없는 자가 강자로 돌변한다. 독립형 여인이 연약한 자로 돌변한다. 극도의 의존성, 가정소심형의 캐릭터가 정반대의 이미지로 뒤바뀐다. 인간의 삶이란 잠깐의 만남에도 서로에게 영향과 감염을 주고받으며 살아가는가.

서로가 천적이면서도, 서로가 맞지 않다고 비명을 질러왔던 이 두 사람, 어느 순간 서로의 문제된 성격을 닮아가고 있었으니……, 강함이 약함으로, 연약함이 담대함으로 급변할 수 있다니……, 역설과 아이러니, 불일치와 부조화로 얼룩진 우리네 삶을 조망토록 하는 대목, 막판 올리브의 변신 장면은 뒤집기 작법의 백미라 할 수 있다.

3) 인물 변신과 상징의 놀이 전략

올리브의 인물 변신 작법, 어떻게 뒤집기 묘미로 이어지는가. 친구들 앞에서 늘 당당함을 구가해온 올리브, 비록 이혼한 상황이지만 남편의 도움 요청을 뿌리치지 못했다. 공연 막판, 전 남편으로부터 전화가 걸려온다. 그 동안 도움 받았음에 대해 감사한다는 전언, 빌린 돈, 되돌려주겠다는 내용이다. 그러나 이를 뒤집어 놓고 보면 완전한 결별 상황, 완전한 타인 관계로의 정리, 이를 최종 통보하는 전화 내용이다.

올리브, 한동안 말이 없다. 그녀, 무너지고 말 것인가. 작가 닐 사이먼은 올리브의 인물 변신을 통해 공연의 희극성을 깔끔하게 마무리 짓는다. 털털하고 냄새나고 지저분하게 살아도 아무렇지 않다며 오히려 이를 즐기고 호방하게 살아왔던 올리브, 어느 날 그녀가 소심한 인물로 변신한 것이다. 게임을 즐기는 친구들을 향해 그녀가 소리를 지른다. 재떨이를 건네주며 잔소리하는 자, 그 자가 다름 아닌 올리브다. 어이없음과 황당함의 반응, 막판 집단 놀람 이미지, 그 정지 동작이 과장, 확장되면서 공연 무대 조명 아웃된다.

올리브가 잔소리꾼 플로렌스를 닮아가다니…… 역설적인 인물 변신 행동, 묘한 삶의 아이러니가 우러나온다. 우리 자신의 내면에도 이처럼 나도 모르게 변신한 제2, 제3의 올리브가 살아 꿈틀대고 있는 것은 아닐까.

무거운 주제를 가볍게 비틀어 나가는 무대 작법, 익살 색조의 비유 어법과 질펀한 농담 유머로 관객을 편안하게 만들어주는 무대, 동시에 인생의 숨어있는 비밀을 관조하고 성찰토록 유도하는 사유극의 묘미, 이게 예술이다. 이게 진짜 연극이다. 희극성 촉발 매체로 날줄을 삼고, 능동적 사유를 촉발시킴을 씨줄삼아, 이 두 영역을 절묘하게 교지시켜 나가는 극예술창조 작업, 우리시대 공연 설계진들, 특히 극작가들이 도전해야 할 연극적 소명은 아닐까.

깔끔하게 빚어간 무대그림, 이미지 변환과 성격 변환 과정을 일깨우기 위한 의상 색상 및 디자인 설계, 이 공연의 매력이자 품격에 속한다. 주인공의 문제를 부각시키기 위한 친구들의 재치 있는 보고와 반응, 문제된 이슈를 부각시키기 위한 공모 유희 작법, 감추기와 속이기를 향한 대조와 통일성 코드, 이를 맛깔스럽게 소화시켜 나간 여우회 배우들(고난영, 조경란, 김소영, 박선영 분)의 눈물 어린 몸말 언어 설계 노력이 눈에 선하다.

인생은 일정한 룰 속에 진행되는 게임과 같은 것일까. 일정한 시간 안

110

에 답을 내놓아야 하는 법칙, 이는 극중 게임의 룰이다. 이는 이혼 문제를 놓고 고민하는 자들, 남녀 사이의 비틀린 관계, 사귀던 자와의 결별 유무 상황으로 고민하는 무대 인물들 모두의 문제이다. 그들은 이제 어느 순간 안에 이 문제를 스스로 풀어가야 한다. 금속성 벨소리가 공연 내내 정기적으로 들려온다.

불행한 친구를 돕기 위해 자신의 삶의 코드와 법칙으로 다가갔지만 모두가 무너진다. 모두가 그 실존적 한계를 안고서 되돌아서야 한다. 각자는 이제 독자적 사유와 관조 작업으로 각자의 문제를 풀어가야 하는가.

친구들은 다시 올리브의 거실에서 게임을 벌인다. 벨소리 울리자마자 줄다리기가 시작된다. 그것은 인생살이 게임으로 확장된다. 이를 상징적으로 성찰케 하는 벨소리 처방, 창의적 연출 전략이 돋보인다.

연극 〈희한한 한 쌍〉 공연은 드러내기와 감추기의 희극 코드로, 미숙아 이미지의 다채로운 변주 작법으로 관객의 관심과 흥미를 무한대로 증폭시키는데 성공을 거두고 있다. 전체적으로 코미디극 색조가 주종을 이룸에도 불구하고 배우의 몸 연기 철학과 실존의 사유 묘미가 우러나왔음은 우리네 극예술사에서 눈여겨볼 대목이다.

4) 속도와 이미지 변신의 연극 철학

과장된 공손함, 그 진지함이 잠시 후 경박한 춤 그림으로 급변되어 나타난다. 경쾌하게 흘러간 옛 대중가요 선율이 흘러나오면서 예절의 품격과 차분함의 행동이 경박함과 광란 이미지로 전환된다.

내면과 외면의 불일치, 그 속보이는 행각, 진주 극단 현장의 〈행복한 가족〉(민복기 작·이훈호 연출, 진주 현장아트홀, 2007년)은 속도로 연극적 승부를 걸고 있다. 속도의 차이, 그 변별적 이미지로 연극적 맛깔을

빚어가는 작법, 가장 정반대되는 이미지를 빚어가면서 예측 불허의 희극성을 유발시켜 나가는 작업, 무엇보다도 내용과 형식의 부조화를 통해 고유한 희극성이 빚어졌음은 미래의 희극 작가들에게 신선한 자극과 교훈

극단 현장의 〈행복한 가족〉
(민복기 작 · 이훈호 연출, 2007)

텍스트라 할 수 있다.

데드라인 설정 작법은 긴박감 창출의 일급 메뉴다. 홀로된 아버지, 늙으신 아버지, 그 아버지가 잊지 못하는 분, 사랑하는 배우자의 제삿날이 바로 오늘 저녁이다. 고약하고 성격이 괄괄한 아버지의 성품, 최소 오늘 밤 10시까지 자녀들이 도착해야 한다. 아버지라는 캐릭터에 핵폭탄 정서가 주입된다. 핵폭탄이 터질 것 같은 앞뒤 반응 상황, 이에 걸맞은 동기부여 처방, 극적 텐션 창출에 지대한 기여를 한다.

늙은 부친(고능석 분), 걸핏하면 시간을 묻는다. 노인의 관심을 다른 곳으로 돌리려는 전략, 이를 놓고 몸부림치는 행동, 아들 내외의 임기응변식의 저급 연극 전략, 넘어가는 자, 다시 묻는 자, 혼비백산하는 무리들, 두 영역 사이의 줄다리기 작업이 펼쳐진다. 제삿날 막내아들을 기다리는 노인, 노인을 위로하며 회유하려는 엉터리 처방, 이를 끌고 갈 것인가, 말 것인가, 그 극적 아기자기함에 관객은 재미와 폭소를 주체 못한다.

제사상 퍼포먼스 공연 그림은 속도의 연극 미학을 실감케 한다. 기계적인 로봇 동작, 홍동백서 용어를 사용하면서 지루한 물리적 시간을 상징, 압축시켜나가는 그림, 근엄한 아버지 이미지는 막판 강시 이미지로 급변, 희화된다. 느림은 **빠름**으로 급전된다. 코미디 재미와 익살 묘미가 우러나온다.

목사 사모인 딸, 문제가 발생하자, "아버지!"하는 부르짖음이 이어진다. 육신의 아버지인가, 하나님 아버지인가, 일순간 헷갈리는 자들, 노인은 엇갈린 반응을 한다. 그 엇갈린 움직임에 딸은 제2, 제3의 엉뚱한 행동을 벌인다. 동일 언어 기호 반복, 헛다리짚기, 그 엉뚱함이 어릿광대들의 짓거리로 희화되면서 익살 언어의 희극 묘미는 더욱 확장된다.

노인, 손녀 '봉자'를 찾는다. 자식들, 이 문제를 어떻게 돌파하여야 할까. 고민하는 자식들, 긴장 상황이 벌어진다. 갑자기 택배 용역 사람들의 퍼포먼스가 펼쳐진다. 봉자의 편지 내용이 다양한 시청각 그림으로 무대화된다. 기상천외한 기쁨조 도우미들이 등장한다. 기발한 상상력이다. 화낼 줄 알았던 노인네가 오히려 기뻐한다. 손녀 봉자, 입시생이라 둘러대는 자들, 긴장 국면은 난장과 축제 분위기로 돌변한다. 제삿날인지, 생일인지, 아니면 다른 잔칫날 날인지, 구분하기 힘들다. 무대는 요지경 무대로 돌변한다. 연극 공연, 질펀한 난장 그림의 연속이다. 상상을 뛰어넘는 행동, 코미디 그림이 속도감 있게 펼쳐진다. 속도 연극의 묘미가 관객을 압도하기에 약화된 리얼리티 틈새는 자연스레 해소된다.

제삿날 불참한 자, 편지 언어로 대신하는 가족 문화, 이게 과연 정답인가, 아닌가. 관객은 씁쓰레함을 주체 못한다. 속도의 삶, 정신없는 난장 축하 퍼포먼스, 관객이나 노인 모두 어리둥절할 뿐이다. 재미와 성찰의 이중 묘미가 우러나온다.

5) 뒤집기 연극의 아름다움

이 연극의 최대 매력은 마지막 뒤집기 작법에 있다. 어머니 제삿날, 아버지를 향한 효도, 홀로된 아버지, 효성이 지극한 자녀들인가. 제사를 마치자마자 자식들, 갑자기 언어와 태도가 바뀐다. 영정 사진을 찍는 행동, 자식들 입에서 뜻밖의 언어가 쏟아진다.

> 어르신. 청구서 좀 확인해 주시겠습니까? 보시면요 장소 사용 대여료가 있구요. 제사상 중자짜리 하나.
> 가족 대여가 오인이었는데…… 손녀가 안 왔어요. 이 부분에 대해선 청구하지 않겠습니다.

노인 앞에서 쩔쩔매던 자들의 태도가 왜 변한 것일까. "어르신", 갑자기 웬 날벼락 같은 호칭인가. 희극성 창출을 향한 유아색조의 그림들, 작가는 여기서 화룡점정을 시도한다. 인성 지견의 8 그림, 거기에 눈을 그려 넣는 작업, 이제 용이 살아 꿈틀거리게 하여 감상층을 전율케 해야 한다. 인생의 숨은 비밀을 관조하도록 만들어야 한다. 막판 뒤집기 처방, 관객은 숨을 죽이며 막판 비상하는 용의 움직임, 그 판타지에 말려든다. 놀람과 충격의 강도, 말려들기 강도가 너무 컸던 탓인가. 모두가 숨을 멈춘다.

그들 모두 친자식이 아님이 밝혀진다. 친자식 연극 연기를 주문받은 패밀리21 용역회사 직원들, 아내의 제삿날을 맞이한 홀로된 노인, 그가 주문한 제사 행위, 용역회사 직원들이 이를 연극적으로 대행하였음이 드러난다.

사랑했지만 이미 죽은 아내, 제삿날마저 오지 않는 자식들의 현실, 그 소외와 고독, 이를 극복하려는 노인의 몸부림, 작가는 막판 예측 불허의 상상 그림으로 감상층의 뒤통수를 가격한다. 이를 마주한 관객들, 경악을 금치 못한다.

'아, 저렇게 할 수 밖에 없는 가'.

놀람은 충격으로 그리고 각성으로 이어진다. 씁쓰레함이 유발된다. 막판 요금 청구서를 받아 쥔 노인은 여전히 제사 속 인물과의 만남, 그 판타지에서 벗어나지 못한다. 싸늘한 태도, 냉정한 반응 언어, 돌변하는 용역 회사 직원들의 이미지, 노인은 할 말을 잃는다. 노인의 소외와 아픔, 죽은 할멈 이름을 불러보는 대목, 진한 연민과 동정이 우러나온다. 그 어느 곳에서도 그가 마주할 시선이 없다.

사위   어르신, 여기 보시고요. 자 찍습니다. 하나 둘 셋 수고했습니다.
할배   아가, 상좀 봐와라.
덕문   어르신, 오늘 만족하셨는지 모르겠네요. 예정된 시간보다 30분
         더 드렸는데. 오늘 저희 팀 실수도 많이 하고 (가족을 보며) 저
         사람들이 이런 사람들이 아닌데 허허허 죄송합니다. 오늘 찍은
         테입은 저희가 잘 편집하구요 영정사진도 좋은 액자에 넣어서
         보내드릴게요. 주소가 성북구 석관동 산 1번지 맞으시죠?
장남   네.
덕문   걱정마시고요. 보름 안에 저희가 보내드리겠습니다.
할배   장남, 사위, 아가, 음복은 하고 가야지.
덕문   죄송합니다. 회사 규정상 술은······

"아가, 상좀 봐와라." 그러나 반응이 없다. "장남, 사위, 아가, 음복하고 가야지." 역시 반응이 없다. 노인, 갑자기 힘을 상실한 이미지로 변신한다. 아내를 불러본다. 화답이 없다. 텅 빔, 정적이 이어진다. 아내의 지방이 불로 태워진다. 노인, 다시 홀로다. 그 어느 곳에서도 그를 향한 반응

도 화답도 없다. 메아리도 없다. 연약한 이미지로의 급변, 웃음과 울음이 뒤섞인 표정, 죽은 할멈의 영정을 다시 가방에 챙겨 넣는다. 문을 열고 나가기 전 노인은 제사상이 펼쳐졌던 곳을 돌아본다. 씁쓰레한 웃음, 진한 소외와 고독을 삭이려는 몸부림이 배어나온다. 주변을 압도할 카리스마는 찾아볼 수 없다. 놀람은 충격으로 이어진다. 충격은 도발과 성찰의 연극성을 자아낸다.

패러디 공연 무대는 일순간 품격 높은 사유 연극으로 격상된다. 희극성과 비극성, 던져주기와 되돌아보게 하기, 말초감각을 자극시켜가는 놀이 연극, 철학적 사유를 유도하는 교훈극 묘미, 그리하여 희극성과 교훈성, 이 두 영역이 골고루 유발되었다는 점에서 극단 현장의 〈행복한 가족〉은 우리시대 질 좋은 패러디 사유극으로 기록되어야 할 것이다.

이 작품에서 속도의 연극철학이 빛을 발하다 뒤집기를 통한 반응 속도의 차이, 추궁과 빠져 달아나기의 속도 차이, 우세자의 반응과 열세자의 반응 속도, 그 차이가 공연에 다이내믹한 생명력을 제공한다.

쩔쩔매던 자의 반응 속도는 냉혈한 이미지의 반응 속도와 현저한 대조를 이룬다. 관객, 지금까지 부담 없이 조망하는 우월자의 반응 자세로 일관해 왔다. 난장 패러디를 부담 없이 즐기는 해방된 자의 반응 정서로 일관해 왔다. 이런 분위기가 인물들의 변신, 반응 속도 차이를 통해 완전 뒤집힌다. 움직임 선의 폭과 깊이, 그 반응의 속도, 움직임의 진폭 차이가 공연 색조를 일시에 뒤 바꾸어 놓는다.

제압해나가는 자, 밀리는 자, 제압 연행 공간, 주눅 들어 쫓기는 공간, 이를 위한 시소게임, 탄탄한 줄다리기가 속도 철학과 속보이기 전략과 맞물려 연극성을 배가시킨다. 이런 반응의 속도 미학을 무대화한 고능석의 연기 철학은 주변 공간을 제압해나가는 정밀한 육체 언어 설계 전략과 앙상블을 이루면서 사유극의 품격을 제고시키는데 기여한다.

속이기 연극 게임, 그 줄다리기 끈을 탄탄하게 유지하기 위해 상대를 밀어내고 당기는 전략, 채동석을 비롯한 현장 배우들의 탄력적인 반응 코드 역시 연극성 창출에 기여한다.

이 작품의 또 다른 품격은 창의적 오브제 활용 작법에 있다. 바늘 없는 벽시계, 이는 마음속의 시간, 상상의 시간을 상기시킨다. 빛바랜 할멈의 사진 초상, 마음속에 그리던 님, 죽은 할멈과의 만남, 이를 향한 열망, 이에 대한 상징 의미를 일깨워주면서 공연은 예술성의 깊이와 관조극의 품격을 제고시킨다. 보이지 않는 상상의 시계 바늘은 상상의 시간, 유토피아의 시간에 대한 상징 전략이다. 생략된 시계 바늘 이미지, 이를 향한 배우들의 일사불란한 반응 행동, 예술적 상상력은 공연장 문을 열고 나가면서 더욱 확장되기 시작한다.

경박스러움과 난장 이미지가 다시 한 번 커튼 콜 장면을 장식한다. 커튼 콜 장면 역시 연극의 한 일부다. 제삿날, 인간의 원초 행각을 접할 수 있게 한 연극, 너와 나의 진실을 접할 수 있게 만든 연극, 냉혹한 현실, 그 살벌함마저 인식케 한 연극, 여기에 어린애처럼 뛰놀고 춤추는 이미지가 가세하였으니…… 진정한 유토피아 세계, 진정한 코스모폴리탄의 세계, 어린이 춤 그림을 통해 실현되는 건가. 관객 모두가 꿈꾸고자 하는 이상향의 세계, 이를 일깨워내는 난장 연출 전략은 이 연극의 또 다른 매력이다.

6. 반어와 아이러니, 그 비틀림의 희극성: 극단 골목길의 〈경숙이, 경숙아버지〉

1) 대중 희극의 묘미, 관조의 숨결

대중적 재미가 넘치는 연극이 있다. 관조와 사유의 묘미가 우러나오는 공연이 있다. 이를 동시에 경험케 하기 위한 공연 설계 전략, 기상천외한 희극적 발상으로 관객을 사로잡는 작품, 올해의 예술상, 대산문학상, 희서연극상, 동아연극상 등을 수상한 극단 골목길의 연극 〈경숙이, 경숙아버지〉(박근형 작·연출, 동숭아트센터 소극장, 2006년)에는 재미가 넘친다. 비판의 시선 대신 따스한 연민의 정서가 배어 나온다. 휴머니즘을 바탕으로 요지경 코미디 묘미가 우러나온다.

만날 수 없는 인물을 보는 자가 있다. 출산한 여인의 눈에 아버지가 보인다. 생명 탄생의 은총 때문일까. 아버지(김영필 분)의 환영이 등장한다. 막 출생한 아기를 보고 즐거워한다. 내면 깊숙한 곳에 자리한 인물, 잊을 수 없는 아버지, 모두가 그를 잊어버린 지 오래다. 죽었다고 하고, 실종되

118

었다고 한다. 사람들은 그와의 인연을 잊어버렸는가. 문제의 아버지, 집안 일을 나 몰라 하며 한량 행각으로 세월을 보냈다. 누가 그런 자를 마음속에 간직하고 싶겠는가.

아버지가 아기를 안고 즐거워한다. 노래를 부른다. 춤을 춘다. '굳세어라 금순아', 사연 많은 그 노래를 아버지는 오늘도 부르고 있다. 사람들, 그를 보지 못한다. 그의 흥겨운 노래에 반응할 줄 모른다. 경숙이만 아버지를 본다.

내면세계와 외부 현실이 교차한다. 주관과 객관, 이를 동시에 조망토록 유도한 장면, 연출가들이라면 한번쯤 도전해보고 싶은 장면, 연극 〈경숙이, 경숙아버지〉는 절묘한 표현주의 작법으로 이를 무대화하여 관객의 사랑과 찬사를 얻어내고 있다.

이 연극 무대 어디를 둘러보아도 허름함 투성이다. 극예술의 무게와 품격, 얼핏 찾기 힘든 것처럼 보인다. 통속 코미디 색조, 그 저급성에 함몰될 시선, 이를 말끔히 걷어가는 극 설계 전략, 막판 지적 성찰을 유도하는 공연 그림, 전문 극예술인들 뿐만 아니라 대중극 취향의 관객들까지 사유의 묘미, 공연성의 쾌감과 그 전율을 주체 못한다.

전문가들마저 혀를 내두르게 만드는 막판 뒤집기 성찰 전략, 조소, 조롱의 우월 정서, 관객은 내면의 눈, 관조의 눈을 뜬다. 관조의 눈 작업, 사물의 본질 파악이 시작된다. 경숙에게 아버지는 어떤 인물이기에 그러는 걸까. 아버지의 사연은 무엇일까. 관객은 공연 시간 내내 실컷 웃고 해방감을 맛본다. 어떤 드라마 작법이 선을 보였을까.

전쟁, 모두가 피난 가느라 정신없다. 경숙이네 가족도 피난 준비에 여념 없다. 아버지(김영필 분)는 한량이다. 늘 장구 두드리며 살아가는 것, 이게 아버지 삶의 전부다. 돌아다니며 화류계 여자와 노닥거리는 것, 이게 아버지의 본업이다.

전쟁과 피난, 그 급박함이 연출된다. 짐을 챙기는 아버지, 무대 스크린에 대형 고등어가 그려져 있다. 고등어는 아버지가 좋아하는 일급 메뉴다. 꿈을 찾아 떠나가는 아버지, 전쟁이 시작되었어도 방랑을 포기하지 않는다. 장구채가 없다. 온 집안이 난리다. 아버지의 불같은 성미, 그 성화, 모두가 주눅 든 채 꼼짝 못한다. 장구채 찾느라 정신없다. 한동안의 소란, 마침내 어렵사리 찾아낸다. 피난 준비, 모두가 준비에 열을 올리는데 장구와 장구채, 고등어와 주먹밥만 찾는 아버지다. 가족들의 평강과 안위, 이는 그의 관심 사항이 아니다.

고등어와 주먹밥을 준비하라는 아버지, 어머니(고수희 분)는 아버지 앞에서 꼼짝 못한다. 경숙(주인영 분)도 마찬가지다. 주먹밥이 늦는다. 불호령, 답답한 년들, 주눅 들어 오금을 못 펴는 어머니, 그녀도 딸 경숙처럼 '답답한 년'으로 호명된다.

주먹밥을 어렵사리 챙겨든 아버지, 경숙과 어머니도 함께 피난 갈 채비를 한다. 어이없는 날벼락 반응이 이어진다.

> 아베: 지금 니들 모하고 있노? 시방 니들 와 옷을 입고 지랄 하노?
> 경숙: 아부지! 난리가 났는데 우덜도 짐 들고 피난 가야제.
> 아베: 이년들이 돌았나? 니들 지금 옷 안 벗고 뭐 하노? 빨리 옷 안 벗나? 짐 안 내려놓고?
> (중략)
> 아베: 이년들이 떼로 미쳤나? 그거야 평상시 아무 일 없을 때 그라는 기고 지금은 전시 아닌가? 전시에 식구 챙기다 총 맞고 내 죽으면 누가 책임 질기고. 누가 지 어메 딸 아니랄까봐 또 같은 소리들하고 있네.

위기 상황, 피난 상황, 가족을 돌보아야 할 장본인, 그런데 그는 혼자 살겠다며 집을 떠난다. 피난 준비 하던 경숙과 어머니, 어이없다. 옷을 벗기려는 아버지, 벗어야 한다, 못 벗겠다. 이런 실랑이, 결국 아버

극단 골목길의 〈경숙이, 경숙아버지〉
(박근형 작 · 연출, 2006)

지는 떠난다. 경숙과 어머니, 애원한다. 아버지는 욕설 반응으로 일관한다. "지랄하노", "떼로 미쳤나?" 그런데 진정 지랄한 사람은 누군가. 진정 미친 자는 누군가. 무책임한 짓을 하는 자는 누구인가. 욕설을 받아도 싼 그 당사자, 그의 입을 통해 욕설을 퍼부어진다. 조소와 조롱받기에 충분한 아베, 그가 착한 가족들에게 욕설한다. 가족들은 아버지를 절대 권력자로 인정한다. 아버지의 반응 행동이 비정상적일지라도 모녀는 그의 언행을 절대 가치로 받아들인다. 모녀의 우직함과 답답함 역시 조롱의 대상이다. 희극성은 자연스레 증폭된다.

기발한 희극 언어 전략이다. 어리석음, 그 황당함이 극에 달할 때 관객은 무장해제 당한다. 그리고 그들 보다 한 차원 더 높은 위치에서 그 어이없는 행동을 관극한다. 우월적 희극 쾌감, 무한대로 경험되는 상황, 폭소의 연속이다.

공연은 처음부터 관심과 흥미를 고조시킨다. 문제투성이의 아버지, 예측 불허의 행동은 어떻게 발전할까. 가족은 전쟁 통에 어떻게 연명하며

살아갈까.

> 아베: 꼼짝 마라! 꼼짝 마! 움직이믄 죽어 쁜다. 움직이지마! 그럼 경숙아,
> 전쟁 끝나고 보자! 내 간다!

아버지 언어는 절대 권력자의 언어를 방불케 한다. 이불 속으로 들어가 꼼짝 말고 있어야 한다. 아버지의 명령 언어, 이를 가족 공동체의 신조로 삼고 살아왔던 모녀, 그들의 우직성, 어리석음이 과장, 희화될 때 아기자기한 색조의 희극성이 우러나온다.

2) 의표 찌르기의 희극 전략

박근형의 인물 설계 해법은 늘 의표를 찌른다. 기상천외한 엉뚱함으로 관객을 즐겁게 한다. 전쟁이 끝나고 몇 년 만에 아버지가 돌아온다. 아버지가 돌아온다는 소식에 바삐 움직이며 긴장하는 사람들, 문제가 발생한다.

이불 둘러쓰고 꼼짝 말고 있어야 한다는 엄명, 이를 지키지 않았기에 무슨 큰일이 날 것 같은 반응을 보이는 모녀, 저 멀리서 장구소리 들려온다. 장구소리는 아버지 출연의 상징이다. 장구소리 들려올 때마다 오금을 못 펴는 자들, 과연 이들은 어떻게 살아가야 하나.

재빨리 이불을 뒤집어쓰려고 몸부림치는 경숙(주인영 분), 아버지의 말을 절대시하는 정서, 괴로운 표정을 주체 못하는 두 모녀, 즐거운 재회 상황, 그러나 반가움과 설움을 주체 못하는 자들, 신선한 패러디 전략이다.

> 아베: 깝깝한 년들! 니 아베 왔는데 뭐하노? 편하게 있으라. 편하게.
> 경숙: 그래도 돼요?
> 아베: 하모 전쟁 끝난 지가 언제돼?

"깝깝한 년들"이라는 호칭 언어, 이마저 당연하게 여기는 자, 그 어이 없음, 그 치유 불능의 상황 역시 희극성 창출에 기여한다.

> 어메: (울먹이며 복대에서 집문서 꺼내며) 내가 이 집을 지키라고 집문서도
> 이리 넣어 가지고…… 한번은 밤에 산사람들이 죽창을 들고 내려와
> 가지고 밥을 달라고 하는 기라. 근데 당신이 꼼짝 하지 말라고 해서
> 움직일 수 없어서 채려 먹으라 했더니 우덜을 반동분자라 카면서 때
> 리고…… 어어엉

어메(고수희 분)의 언행이 과장, 희화된다. 선생님 앞에서의 어리광 행동 및 유아다운 반응 행동이 되풀이된다. 폭소가 터진다. 생사를 알 수 없었던 가족, 그 극적인 만남 순간에도 속없는 남편의 말이 최고 가치로 다가온다. 눈물 흘리는 어메, 예측 불허의 희화 행동, 의표 찌르기 행동 설계 전략이 박근형 표의 연극 재미다.

예측 불허의 엉뚱함, 아베라는 인물을 통해 다양하게 반복, 변조된다. 포로수용소에 갇혀 지내다가 알게 된 꺽꺽, 그는 그에게 집문서를 주고 가족 부양을 맡긴다. 그리고 홀로 떠난다. 장구채와 군화 신발, 그리고 한량기가 흐르는 건달 양복, 남편의 옷을 붙잡고 오열을 터트리는 어메, 맨발 차림의 모녀, 군홧발 차림의 아베, 속곳 고쟁이가 치마 바깥으로 드러나는 엉성한 옷차림, 징징거리는 모녀, 깝깝한 년들, 욕설로 몰아치는 아버지, 엉뚱하다 못해 기가 막혀 말이 나올 수도 없는 행동, 너무도 어이없기에 관객은 조롱, 조소의 반응으로 일관한다.

조롱 유발의 행동은 아버지라는 인물로 그치지 않는다. 꺽꺽(김상규 분), 걸핏하면 "흠, 흠흠, 에, 흠흠……" 내용 전달이 중단된다. 결정적인

말이 건네지는 찰나, "흠흠, 에" 등이 쏟아진다. 의성어 소리 이미지가 인물의 성품 및 행동 양상을 좌우한다.

아버지가 떠나자 울부짖는 경숙(주인영 분), 이런 그녀를 달래려는 꺽꺽(김상규 분), 건빵 봉지를 건넨다. 상대를 향한 경계심은 좀처럼 늦추어지지 않는다. 울먹거림 와중에 건빵 하나 먹어본다. 맛을 보는 듯하다, 다시 울먹임이 시작된다. 또 다시 건빵을 먹어보는 어린 소녀 경숙, 서서히 울먹거림의 정도가 낮아진다. 건빵 맛을 알아가는 경숙, 얼마 후 그녀는 정신없이 먹어댄다. 경숙, 조롱의 대상으로 급변한다. 희극성, 활력과 해방감이 경험된다.

인간과 사물과의 만남, 이를 적절하게 비틀려 어리석음의 이미지로 빚어가는 작업, 절묘한 박근형 극 코드 구성 전략이다. 극 설계를 공부하는 문예창작학도, 연극학도들, 탄성과 즐거움을 주체 못한다.

3) 반어법과 시한폭탄, 아이러니와 비틀림

반어법이 시한폭탄으로 작용한다. 반어법은 시한폭탄의 뇌관을 감춘다. 뇌관을 감추는 언어, 이는 관계 비틀리기 전략이다. 시한폭탄, 그 터트림의 시점을 알 수 없기에 긴장은 계속된다. 속내가 비틀리면 언어 역시 비틀려진다. 왜, 언어는 존재의 집이기 때문이다.

학교 다니는 경숙, 모든 게 즐겁다. 꺽꺽 아제, 당장 살기 좋아졌다. 맛있는 비지 밥상, 기타 먹을 것도 풍성하다. 신이 나 있던 경숙, 꺽꺽 아제가 아버지였으면 한다는 발상, "어메도 그랬으면 좋겠지?"

이 때 문제가 발생한다. 어머니가 입덧을 한다. 꺽꺽 아제(김상규 분)의 씨를 밴 것이다. 독재자 아버지, 괄괄한 성품의 아버지, 그가 어메(고수희 분)의 임신 사실을 안다면 큰일이다.

문제의 시한폭탄인 아버지(김영필 분)가 나타난다. 그가 방 한가운데 팔베개 하고 누워있다. 말은 없지만 살얼음판 걷는 분위기, 조금만 건드리면 터져 버릴 것 같다. 탄탄한 긴장 끈이 터질 위기 상황, 폭발 직전의 상황이다. 모두가 조심스러워 그 끈을 잡으려 들지 않는다.

> 아베: 괘안습니더. 형님. 우리 사이에 괘안아요.
> 어메: (흐느끼며) 경숙 아부지!
> 아베: 됐어, 됐다. 괘안타 괘안타.
> 꺽꺽: 흠…… 경숙이 방이 좁아가 불변할 긴데…… 안방으로 가야지 않
> 겠나?
> 아베: 아 여 편합니다. 내 신경 쓰지 마세요. 형님, 경숙이 너 괘안치?

괘안타, 괘안타, 정말 괜찮은 걸까. 아니다. 마음이 뒤틀릴 대로 뒤틀려 있는 아버지, "아, 여 편합니다. 경숙이 너 괘안치?" 완전한 반어 기법, 폭발 직전의 시한폭탄, 기발한 언어 꾸밈 수법이다. 아버지의 시한폭탄 뇌관은 묘한 상황으로 터져 나온다.

> 꺽꺽: 여비에 써라.
> 아베: 아이 됐습니다.
> 꺽꺽: 아이다.
> 아베: 와이라는 교, 내 성격 모르는 교? 니 몇 달이고? (버럭) 니 몇 달이고
>
> 침묵 갑자기 꺽꺽의 돈 가방을 빼앗으며.
>
> 아베: 형님 내가 이거 가져가는 게 형님 마음이 편하겠지 예? (더욱 버럭)
> 애 낳을 때 연락해라. 그래도 내가 장손 아이가? (꺽꺽을 가방으로
> 후려치며) 흠흠, 흠흠. 니는 내가 싫지도 않나? 이 거위 같은 자슥아!
> 아 낳을 때 꼭 연락해라. 그래도 내가 이 집 장손 아이가? (경숙에게
> 춤을 추며) 아버지 멋있지?

아베, 꺽꺽에게 모욕을 가한다. 예측 불허의 돌발 행동, 방금 전까지 괜찮다. 됐다. 하면서 정중한 사양을 하던 아베, 갑자기 꺽꺽에게 폭력을 가한다.

아버지 멋있지? 그렇지 않다. 멋있는 행동이 아니다. 이것 역시 역설 어법, 절묘한 자기 모욕, 자기 가학이다. 모욕의 상황, 긴장 상황임에도 아버지는 이 집 장손으로서 집안 대 이어가기에 대한 집착을 드러내 보인다. 비틀린 씨앗일망정, 그것 이어가기를 통해 자기 가학, 자기 모욕의 아픔을 벗어나려는 몸부림이기도 하다. 경숙에게 춤추며 "멋있지?" 하는 언어 장본인, 마음은 구겨지고 혼란스럽다. 자칫 잘못하면 걷잡을 수 없는 상황이 발생한다.

박근형은 이런 헝클어진 인간 내면을 절묘한 역설 언어, 기발한 패러디 기호로 펼쳐낸다. 박근형 식의 연극 기법이자 감칠맛 나는 극예술 언어 작법이다.

4) 코미디극의 미덕, 허구에서 상상으로

허구는 상상을 가능케 한다. 상상은 과장마저 허용한다. 코미디극의 창작 발상은 이런 단계를 늘 넘나든다. 출산의 진통, 그 황망한 상황, 그 긴박한 상황, 그럼에도 그 사이에서 춤추는 자가 있다. 그 사이에서 노래 부르며 흥겨워 하는 자가 있다. 이는 정상이 아니다. 이는 나사가 풀려도 보통으로 풀린 게 아니다. 미쳐도 보통 미친 게 아니다. 그런데 바로 아내의 출산 상황에서 이 짓을 하는 자, 다름 아닌 경숙 아베다. 허구의 세계, 상상의 세계이기에 이 모든 게 가능하다. 과장이 전제되기에 예측 불허의 발상이 가능하다.

밤 봇짐 싸고 도망간 경숙이네 가족, 그런데 아베가 또 다시 이들의 거처를 찾아내 나타난다. 문제는 아베가 혼자 나타난 것이 아니라 첩을 데리고 나타난 것이다. 어머니의 출산 시점에 맞추어 나타난 아베, 아들을 낳으면 어메의 산후 조리를 위해 한약을 들고 나타난 것이다.

본처의 출산을 돕기 위해 첩을 도우미로 설정하려는 속없는 남편, 박근형만이 만들어 가는 패러디 인물 설계 코드라 할 수 있다. 경숙과 첩, 나이 차이가 몇 살에 불과하다. 경숙, 첩을 새 엄마로 불러야 한다. 이를 강조하는 아버지, 새 엄마로서의 기강을 강조하는 첩, 이런 황당한 발상은 그 자체로서 코미디 연극의 재미를 배가시키는데 기여한다.

본처의 집을 방문한 기념, 한량 아베의 노랫가락을 요청하는 자야(황영희 분), 아베의 멋진 노래 솜씨, 어찌 그 딸이 몰라서야 되겠는가, 자야의 요설 언어, 드디어 한판의 요지경 놀이가 벌어진다. 이 때 어메의 진통, 어메의 출산이 시작된다. 그러나 그 와중에 젓가락을 두드려야 한다. 밥상이 준비되어야 한다. 한판의 요지경 노래와 춤이 펼쳐진다. 경숙은 첩의 밥상 젓가락 장단을 맞추어 주어야 한다.

어머니(고수희 분)의 숨소리, 곧 죽을 것 같다. 진통을 이기지 못해 절규하는 어메다. 밥상을 들고 이러지도 못하고 저러지도 못하는 경숙(주인영 분), 흥에 겨워 춤추는 작자들, 자야와 아베, 이들의 장단에 맞추어 억지로 움직이는 경숙의 갈등, 그 표정 연기는 이 연극의 최대 압권이다.

어머니의 기함 소리, 절규 소리 커진다. 꺽꺽 아제의 머리채를 잡고 진통하는 어머니, 진통 그림이 무대 전면 우측에서 펼쳐진다. 무대 왼쪽 전면에 괴로움을 주체 못하는 경숙, 밥상을 들고 춤추는 작자들을 따라 다녀야 하는 해프닝, 코미디극의 절정이다.

우리시대 코미디극의 깊이와 정수를 볼 수 있어 관객은 즐겁다. 공연 전문가, 극예술학도들 역시 흥겨우면서 이런 기발한 코미디극 그림 설계 작법에 감탄을 금치 못한다. 한국 연극, 한국에서의 희극 전략 개발 작업, 기발한 희극 설계 기법과 공연 전략이 빛을 발한다. 한국연극사에 새로운 이정표가 써지는 순간이다.

연극은 허구다. 상상의 소산, 특히 허구적 상상 그림, 과장된 코미디 발상, 그러면서 무언가 곰곰이 되씹어보게 만드는 성찰의 묘미, 이게 이 연극의 미덕이다.

출산된 아기, 아들이다. 아들을 낳으면 첩과 더불어 산모 도우미 명목으로 몇 년 함께 있겠다는 아버지, 경숙은 이게 싫다. 몇 살 위 자야를 새엄마로 부르는 것이 끔찍하다.

아기 출산, 한 식구, 한 가족 사이의 비틀린 반응, 기묘한 희극적 페이소스가 우러나온다. 신나게 춤추는 자, 눈앞이 캄캄하여 절망하는 자, 이들의 혼란스러움은 아기의 죽음, 즉 사산으로 일단락된다. 나사 풀린 인물, 구제 불능의 아베, 기가 막혀 말이 나오지 않는 아베, 과연 그는 어떻게 되고, 그 가족의 삶은 또 어느 방향으로 나아가야 할까.

5) 희극성, 엉뚱함의 날줄과 유치함의 씨줄

작가는 권력자 아버지(김영필 분), 독재자 아버지를 유치한 인물, 엉뚱한 인물로 만들어 놓는다. 그 유치함은 첩 자야의 배신 과정에서 구체화된다. 첩 자야가 청요리에게 가버린 것이다. 이런 고민을 본처에게 이야기할 사람은 없다. 그런데 그는 본처인 어메(고수희 분)에게 하소연한다. 구조를 요청한다.

어메: 자야가 그래 좋나?

아베: 응 좋다! 니 그거 아나? 내가 사랑하는 사람이 남을 사랑할 때! 니는
아나 그 쓰라린 마음을! 입안에서 침이 마르고 속에서 불이 타는 게
사방에 자야 얼굴이 가물거리는데! 와! 죽고 싶다. 니는 내 마누라 아
이가? 남편이 이레 괴로운데 니는 가만있나? 어떡해 좀 해 주라!

자야(황영희 분)의 등장으로 인해 쓰라린 마음을 갖는 인물은 다름 아
닌 어머니다. 그런데 거꾸로 아버지가 괴롭다고 하소연한다.

"사랑하는 사람이 남을 사랑할 때! 니는 아나 그 쓰라린 마음을! 입안에서
침이 마르고 속에서 불이 탄다."

이는 누가 할 소리가. 당연히 어머니가 할 소리다. 그런데 어이없게도
경숙 아베가 한다. 도저히 이해할 수 없는 인물, 미쳐도 보통으로 미친 게
아니다. 어린애 같은 반응 정서, 어메에게 하소연할 때와 비슷한 상황처
럼 다가온다.

아베: 내는 이제 기쁨이 없다. 죽고 싶다. 살면서 이레 괴로운 건 처음이다.
니도 알제? 내가 자야 가를 을메나 사랑했노?

기쁨이 없다. 죽고 싶다. 이는 아베가 할 소리가 아니다. 오히려 첩으로
인해 속앓이 해온 어메의 반응 언어일 수 있다. 그런데 속없는 아베가 이
말을 내뱉고 있다. 치유불능의 아베, 극단의 유아 행동, 어리석은 행동,
기상천외한 행동, 관객, 폭소를 주체 못한다.

속앓이 당사자인 어메, 그런데 거꾸로 자신의 속앓이 상황을 상담하려
는 정서, 철면피 정서다. 이런 비정상의 인물, 그 정서 상태가 도저히 이
해가 가지 않는다. 관객은 초월 정서를 갖기 시작한다. 초월, 이는 연민으

로, 동정으로 이어진다. 박근형은 이를 계산하고 있다. 이를 통해 작가는 관객으로 하여금 따스한 연민, 따스한 휴머니즘을 유도해내는데 성공한다. 코미디극 효과를 향한 창의적 발상 전환, 이게 창조자나 수요자 모두를 즐겁게 해 줄 수 있다.

삶을 따스하게 아우러 내는 정서, 그 힘을 공급해주는 이런 극작법, 행복 만들기의 연극, 이게 진정 우리네 강퍅한 내면을 변화시켜 줄 것이리라. 우리네 황량한 삶, 사회마저 변화시켜 주리라.

어메의 도움주기 전략 역시 재미있게 펼쳐진다. 자야를 찾아가 그녀를 족치는 어메, 그와 반대로 자야 맘을 되돌리기 위해 그녀 앞에서 벌벌 기는 아베, 이런 쓸개 빠진 인물이 또 어디 있을까. 어메, 격분한다. 자해 행동, 칼을 들고서 "니 죽고 나 죽자", 배를 막 가르는데, 절박감을 이기지 못해 모두가 고뇌하는데, 강남달이 노래를 누군가가 부른다. 모두 따라하는 도중 노래는 갑자기 찬송가로 돌변한다. 가슴앓이를 이겨내기 위한 어머니, 이를 위해 그녀는 교회를 다니기 시작했던 것이다.

예수의 갑작스런 출현, 성령이 임하면서 험악한 분위기가 뒤바뀐다. 무릎 꿇고 회개하는 자들, 눈물 흘리며 예수님 은혜 안에서 모두가 하나 되는 기적이 일어난다. 원수처럼 다투려던 어머니와 자야, 이들마저 성령 은혜 안에서 눈물 흘린다. 서로가 서로를 부둥켜안고 회개한다.

> 어메: 아버지!
> 자야: 아버지! 성님요 내 잘못했습니더!
> 어메: 동새!
> 함께: 주여!
> 아베: 느그들 지금 와 이러나? 자야! 자야! 시방 니 와그라나? 경숙 어메!
> 　　　니 와이라노? 경숙아! 니 아베 말 안 들리나? 느그들 왜 나만 놔두고

극단 골목길의 〈경숙이, 경숙아버지〉(박근형 작 · 연출, 2006)

> 느그들 뭐하노? 자야! 이년들이 돌았나? 에잇, 이 아편쟁이 같은 년
> 들아!

문제는 아베의 반응이다. 기발한 창작 발상이다. 은혜의 현장, 아버지
는 어느 순간 외톨이가 되어 있다. 자야와 어머니에게 아무리 소리치고
욕설을 퍼부어 보지만 소용없다. 이제 아무도 그를 거들떠보지 않는다.
자야에게 눈먼 아베, 자야에게 미쳐왔던 아베, 그가 주변 사람들을 향해
욕설을 퍼붓는다.

> "이년들이 돌았나? 에잇, 이 아편쟁이 같은 년들아!."

욕설을 들어야 할 자, 거꾸로 욕설로 일관하는 그 아이러니, 문제 인물
이 낭패 당한다. 관객은 고소한 쾌감에 젖는다. 문제 인물인 아베가 골탕
을 먹기 때문이다. 황당한 발상이지만 이를 뛰어 넘는 희극 전략이 먹혀
들기 시작한다. 관객은 다소의 빈 틈새에도 불구하고 즐겁기만 하다. 이
게 연극 예술의 창조 묘미이자 소통의 즐거움이다.

6) 시인의 삶, 그리운 아버지

인생이란 모진기라······ 너희는 둘, 내는 쏠로······ 진정한 시인의 모습,
홀로 있기의 작업, 방랑과 기다림이 나의 삶의 전부다.

아베는 그렇게 삶을 배웠다. 그리고 이를 구가하며 살아간다. 가정을
누구에겐가 맡겨 놓고 떠돌아다니는 삶, 홀로 산천과 자유를 구가하며 떠
돌아다니는 삶, 장구를 짊어지고 두둥, 두둥 두들기며 살아가는 삶, 이게
시인으로서의 삶인가.

자연 그대로의 삶, 현대 문명, 소유욕으로 점철된 병들어있는 상황, 그
는 이런 비틀린 문명 세태에서 벗어나려 한다. 이는 시인으로서의 자유로
움, 시인으로서의 그의 철학을 상징한다. 그 상징 철학을 일깨워주는 그
림이 나무 비유 장면을 통해 구체화된다.

> 아베: 말하믄 아나, 니가 나무를? 나무가 을마나 많은데 종류가
> 경숙: 와? 내도 마이 압니더. 사과나무, 배나무, 벚나무, 참나무······
> 아베: 그건 나무 아니다.
> 경숙: 그럼 나무가 뭔데요?
> 아베: 니 팥배나무 아나? 배롱나무, 은사시나무, 서나무, 가시나무, 떼죽나
>   무, 너 사위 질빵나무 아나? 생긴건 지랄 맞게 생겼어도 은은한 향이
>   나는 게 진짜 나문기라. 그라고 진짜 진짜 나무는 이름이 없는기라.
> 경숙: 와 이름이 읍어예?
> 아베: 그라고 나무는 사람처럼 복잡하지도 않다. 지 자라고 싶은 데로 자라
>   도 크면 다 멋있다, 그게 나무다.
> 경숙: 아부지 나무 박사네.(안마한다)

진짜 나무는 무얼까. 열매 맺는 나무인가, 향기 나는 나무는 아닐까. 열
매있는 나무, 이는 형식 위주의 삶에 대한 상징은 아닐까. 겉 열매로 가득

한 삶, 이게 과연 참다운 삶일까. 그러나 겉보기에 볼품없는 삶, 한량처럼 보이는 삶이지만 거기에 참 자유와 시인의 아름다움이 있다면 그게 진짜 삶은 아닌가.

이는 신발 철학으로 전이, 확장되면서 주제는 두터워지고 입체화된다. 이는 작품의 품격 제고에 기여한다. 신발, 홀로 있기, 그리고 홀로 떠나기, 아베는 아베의 아베로부터 신발을 물려 받은 바 있다. 이제 아베 역시 경숙 졸업식장에서 신발 선물을 한다. 문제 많은 아베, 속없는 아베인 줄 알았는데 그게 아니다. 그는 딸에게 참삶 살아가기, 참삶 바라보기를 일깨워 주려 한다.

> 아베: 우리 경숙이, 오랜만이네. 니 내 없이 잘 살았나?
> 경숙: 어찌 알았습니꺼?
> 아베: 아베가 자슥 졸업식도 몰라서 쓰나. 경숙이 니 학교 졸업했다해 내가 안 왔나? 받아라!
> 경숙: 이 뭡니꺼?
> 아베: 선물이다. 사회 첫 발을 내딛을라면 신발이 있어야지. 받아라. 신어 봐라.
> 경숙: 싫어예! 싫어예. 내가 왜 아베가 주는 걸 받아예? (사이) 제발 내 앞에 나타나지 마이소. 내는 아부지 싫어예! 아부지랑 살았던 세월도 싫고, 아부지와 살았던 어메도 싫고 그 세월 속에 있던 내도 싫어예. 내는 아부지하고 관계된 건 전부 다 싫어예!
> 아베: 우리 경숙이 많이 컸네. 말도 잘 하네 이젠. 그래 알았다. 내도 내가 싫다. 내는 뭐 내 인생이 좋은 줄 아나. 그래 인생이 원래 지독한 기다. 그걸 이제 다 알았으니, 어른 다 됐다. 장하다, 우리 경숙이! 니 내 보고 좋아서 괜히 그라는 기지? 깝깝한 년, 그래 알았다! 잘 살아라, 내간다.
> 경숙: 어딜 그래 갑니까? 아직도 그래 갈 데가 많이 남았습니까? 그라고 이제 우딜도 델고 가믄 안됩니까? 그 신발 언제 벗을라고 예? 그 가방

무겁지도 않습니까? 가지 마이소! 가지 마이소 아부지! 경숙이 버리고 가지 마이소 아부지!

아베: 깝깝한 년! 경숙아! 인생은 알 수 없이 모진기다. 그걸 알아야 니가 어메가 되고 부모가 되는 기다. 아베 나간다.

경숙: (신발을 안고) 아부지!

경숙, 처음으로 아베에게 대든다. 강렬한 거부, 저항, 일순간 긴장이 흐른다. 그러나 아베, 경숙을 끌어안는 관조자 태도를 취한다. 경숙, 신발, 아베와 함께 한 세월이 싫다. 아베도 싫다. 아베와 함께 한 그 자신도 싫다. 그런데 그 아베, 그녀에게 참다운 선물을 안겨 준다. 신발과 인생, 그 신발을 신고 살아가는 방법, 살아가는 시각을 그녀는 배우기 시작한다. 인생은 모진기라…… 그렇다. 인생은 늘 힘들고 절망투성이로 가득하다. 그런 인생 살아가기, 이는 그 누가 대신할 수 없다. 이는 홀로 그 짐을 져야 한다. 이게 아버지의 인생철학이다.

출산을 한 경숙, 눈물 흘리는 아기, 모진 인생을 알아서일까. 어메가 되어가는 경숙, 그 어메의 모진 삶을 미리 알아차리고서 눈물을 흘리는 걸까. 그러나 주변 모든 사람들, 기쁨을 감추지 못한다. 그런데 경숙에게만 아버지가 보인다.

생명 탄생 순간, 판타지의 세계가 힘을 발한다. 만날 수 없었던 인물을 만나게 된다. 이게 뮤즈의 은총인가. '어떻게 살아가야 할 것인가', 이를 상기시켜 준 아버지의 나무 철학, 겉으로는 속없는 척 한 아버지, 그 속마음, 그의 진정한 내면세계를 경숙이 알아차렸기 때문일까. 관객 역시 경숙(주인영 분)과 더불어 따스한 시선, 연민과 아우르기의 시선을 회복한다. 아버지가 막 출산한 아기를 안고 노래 부르며 또 춤을 춘다.

눈보라가 휘날리는 바람 찬 흥남부두에, 목을 놓아 불러보는…….

다른 인물들, 아버지가 보일 리 만무하다. 아무도 반응하지 않는다. 오로지 경숙에게만 보이는 아버지, 모진 삶을 경험케 한 아버지, 삶의 철학과 해법을 일깨워 준 아버지다. 사람들, 복잡하게 계산하고 이해득실을 따진다. 그러나 아버지만은 시인으로서의 삶, 홀로 살아가기의 삶, 그 철학을 남겨 놓았다.

아기, 새로운 핏줄이다. 이제 어미로서 아기에게 무얼 들려주어야 할까. 삶의 철학, 시인으로서의 아버지가 보이기 시작한다. 노래하는 아베의 모습이 보인다. 내면의 눈에, 내면의 귀에 떠오른다. 표현주의 연극 설계 작법이 막판 힘을 발휘한다. 그런 아버지의 춤과 노래로, 그리고 그 아버지를 불러보는 경숙의 막판 음성 언어로 공연은 막을 내린다.

아부지!

예술 체험, 그 뮤즈의 은총, 즉 내면의 미학, 내면에서 들려오는 소리, 이에 귀 기울일 줄 아는 자, 그런 자만이 인생의 문제에 대한 해답을 펼쳐 갈 수 있다. 시인의 언어, 홀로 있음을 알아가는 자, 작가는 관객 모두를 시인으로 만들어 놓는다.

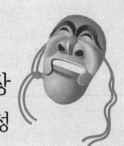

제3장
부조리 연극 놀이, 아이러니의 희극성

1. 감추기 유희와 부조리 연극 놀이:
극단 풍경의 〈청혼하려다 죽음을 강요당한 사내〉

1) 부조리 연극성, 감추기 유희

한 남자가 주방에 쓰러져 있다. 방금 전까지 밀애를 나누었던 여인, 그녀는 완전 다른 시선으로 상대가 죽었다며 재빨리 자리를 뜨려한다. 남자는 남편의 동료다. 방금 전까지 양복을 빌려 줄 정도로 우정을 과시했던 그들 관계, 그런데 그 동료가 쓰러져 있다. 기절한 그 남자, 그런데 이들은 상대가 죽었다며 재빨리 자리를 뜨려한다. 왜 기절한 상태를 죽었다고 하는 걸까. 이건 대단한 역설이다. 앞뒤가 맞지 않는다.

극단 풍경의 〈청혼하려다 죽음을 강요당한 사내〉(김수정 원작·극단 풍경 재구성·박정희 연출, 블랙박스 씨어터, 2005년)는 톡톡 튀는 참신한 발상과 비틀기 작법으로 감추기 유희와 부조리 연극성을 유감없이 맛 보여준다. 가짜의 삶, 들통 나지 않기 위한 속이기 작전, 이게 아내와 남편 모두에게 벌어진다. 문제된 상황과 사물의 참 본질, 그 사이에서의 모순과 틈새, 그 안에서 허우적거리는 비틀린 초상이 통렬하게 희화된다.

주방용 칼이 식탁 위 도마에 꽂혀 있다. 여자가 식탁을 사이에 두고 남편을 향해 칼을 겨누고 있다. 겁먹은 표정의 여자다. 무언가에 쫓기고 있는가. 남편은 더욱 황당한 모습, 불안한 모습이다. 이런 요지경 그림이 숨가쁘게 이어질 때 연극은 동적인 생명을 발휘한다. 그 급박한 사연, 그 비밀 캐기의 맛에 관객은 저절로 휘말려 든다. 그게 이 공연의 매력이다.

주방 설거지 잡역부 남자2(권오수 분)는 오늘따라 유독 즐거운 표정이다. 그 동안 사귀어 왔던 애인에게 오늘 청혼할 작정이다. 애인은 꾀꼬리로 불릴 만큼 노래하는 모습이 매력적이다. 그녀의 직업은 밤무대 가수다.

청혼하려는 장소는 어딜까. 분위기 있는 카페인가. 아니다. 냄새나고 을씨년스런 설거지 공간이다. 황당하다. 동료의 핀잔이 들려온다. 교수 아내를 두었다며 자랑하는 이웃 동료 남자1(김정호 분), 교수 아내와 밤무대 가수, 비교가 되지 않는다며 동료인 남자1은 우쭐해 한다. 그러나 남자2는 기죽지 않는다. 꾀꼬리 소리 들려주는 밤무대 가수, 그녀가 너무 좋을 뿐이다.

설거지 주방 좌측에 침대가 놓여 있다. 우측 싱크대 위의 화병에 미나리가 자라고 있다. 미나리 화병을 향한 남자2의 눈길이 의미심장하다. 혹 청혼 꽃다발인가. 궁금하기 이를 데 없다. 장화 차림의 잡역부 일복, 동료가 보다 못해 양복을 빌려준다. 과연 그의 엉성한 청혼 전략이 먹혀들 것인가. 애인은 그의 청혼을 받아들일까.

밤무대 가수인 애인이 드디어 나타난다. 직사각형 무대, 그 바깥 가장자리, 실외 동선 공간이다. 빙 돌아서 들어오는 배우의 움직임, 실내의 배우는 상대가 보임에도 반응해서는 안 된다. 약속된 상징 경계, 약속된 반

극단 풍경의 〈청혼하려다 죽음을 강요당한 사내〉
(김수정 원작 · 극단 풍경 재구성 · 박정희 연출, 2005)

응만이 허용된다. 공간 활용의 폭이 넓어진다. 현대 무대 공연 설계의 기본 전략이다. 노란 투피스 차림의 여인(김성미 분), 몸매는 가냘프다. 5월의 꾀꼬리 이미지를 상기시키듯 옷차림은 가볍고 싱그럽다. 짧은 치마, 무릎, 허벅지 등이 드러날 정도다.

똑, 똑, 똑, 여인의 구두 소리, 한동안의 정적과 긴장, 새로운 세계를 상상하며 들어오는 여인(김성미 분), 썰렁한 설거지 공간, 설렘과 긴장을 주체 못하는 남자2(권오수 분), 드디어 만남이 이루어진다.

여인을 칙사 대접하듯 예우하는 모습, 황실 여인 섬기듯 남자2는 정성을 다한다. 엉성한 탁자이지만 하얀 천을 씌워 덮으니 품격이 살아난다. 손수 직접 끓인 된장찌개, 애인의 입에 떠 넣어주는 그 정성, 뜨거운 국물, 훅훅 불어 식히는 열정, 과연 만족스런 반응이 나올 것인가.

숨죽이는 남자2, 한동안의 정적, 갑자기 환한 미소로 화답하는 애인, 어린애처럼 좋아하는 남자2, 소통의 문이 열리기 시작한 것인가. 입을 마주치며 음식 나누어먹는 그림, 유아적 퍼포먼스, 관능의 극점에서 낯 뜨거운 스킨십이 연출된다. 키스 직전의 아슬아슬한 터치 행위, 묘한 긴장,

스릴, 통속적인 재미가 우러나온다.

남자2의 환대에 감사하다는 듯 여인의 매혹적인 노래가 펼쳐진다. 밤 무대 조명, 여인의 유혹적인 이미지, 관능 이미지가 연출된다. 전주곡 선율 역시 감미롭다. 녹아웃될 정도의 남자의 반응, 관객 역시 통속의 쾌감에 젖어본다.

"누가 사랑을 아름답다 했는가 / 누가 사랑을 아름답다 했는가"

노래와 선율의 앙상블, 춤추는 자태, 요염성의 극치를 실감케 한다. 숨 죽이며 빠져 들어가는 남자2, 통속적인 사랑 나눔의 그림, 그 유치함에도 불구하고 관객은 대중적 재미를 주체 못한다. 볼거리, 들을거리 처방이 힘을 발한다.

남자2, 상대를 더욱 즐겁게 해주고 싶다. 칼도마 퍼포먼스, 그만의 유일한 오락 장기다. 약간은 괴기스럽지만 볼거리 효과가 있다. 여자, 상대의 진심을 알기에 능히 견딘다. 자기도취에 가까운 놀이 행위, 애인을 향한 청혼 분위기는 절정에 이른다. 청혼 선물 배달 서비스 통보, 남자2, 배달부를 만나러 잠시 자리를 비운다. 그 사이 경천동지할 사건이 발생한다. 여인이 거의 까무러칠 정도의 사건, 과연 무얼까.

뒤집기의 묘미로 이어질 사건, 동료인 남자1이 등장한다. 잠시 일보러 나갔다가 무얼 찾기 위해 다시 들어온 남자1, 그런데 여자는 그를 보고 놀란다. 남자 역시 여자를 보고 더욱 놀란다. 왜 그럴까.

놀람의 정도가 얼마나 컸던지 상대를 주시하다 반응하는 제스처, 손가락으로 상대를 가리키는 움직임, 그 템포마저 거의 완벽하게 일치한다.

여자와 남자1, 서로 아는 사이다. 그런데 단순한 사이가 아니다. 여자, 애인과의 밀애 현장에 남편이 나타난 것이다. 남자1, 자신의 은밀한 정체가 들통 날 위기에 처한다. 각자의 눈을 의심하여 본다. 배우자가 이런 은밀한 공간에 나타날 리 없다. 다시 한 번 눈을 씻고 상대를 확인하려는 행동, 멀리 있다가 가까이 바라본다. 서 있다가 식탁에 마주 앉아 상대를 바라본다. 분명 상대는 남편이요 아내다.

기상천외의 뒤집기 발상, 작가 김수정의 참신한 상상력, 창의력에 기인한다. 남자1의 숨은 과거가 공연의 서두에서 드러난 바 있다. 그는 아내 몰래 가짜 은행원 노릇을 해야 한다. 동료와 다투는 과정에서 그만의 속사연이 현재화된다.

이들 부부는 그 동안 서로를 속이며 살아 왔다. 교수로서 늦은 밤까지 연구한다. 이는 거짓말이다. 그 동안 그녀는 야간 업소에서 밤무대 가수 생활을 하여 왔다. 그리고 다른 남자를 사귀고 있는 중이다. 남자 애인과의 밀애를 즐기기 위해 그녀는 오늘 이곳에 초대되어 왔다. 그 중심 현장에 남편이 있을 줄이야.

연극은 이때부터 흥미진진한 사건의 연속이다. 정체가 폭로되지 않기 위한 몸부림이 다양하게 변용된다. 임기응변식의 변명, 거짓말이 계속 쏟아진다. 위기를 모면하려는 전략, 상대를 추가로 속이려는 해프닝이 빚어진다. 스릴의 감정이 우러나온다. 연극적 서스펜스 효과 역시 점차 절정에 이른다.

매 순간 임기응변식의 속이기 전략이 급박하게 전개된다. 인물들 간의 공격과 반응 그림 역시 긴박감을 자아낸다. 유치하고 어리석은 해프닝이 빚어진다. 관객은 우월적 쾌감, 조소의 묘미를 맛본다. 희극 공연의 성패는 이를 다양한 속도로 유도하는 전략 여부에 달려 있다. 감추기를 위한 거짓말, 그러나 이는 제2, 제3의 거짓 행동을 다양하게 유도한다. 약점을 감추기 위해 몸부림치는 남녀, 임기응변 태도는 스피디한 스릴 구조와 맞물려 동적인 희극 묘미를 자아낸다.

재빨리 교수 이미지를 연출하기 위한 해프닝, 요염한 자태를 지우려는 또 다른 연기 변신, 그 과정에서 유치함이 노출된다. 애인과 유희를 즐겼던 도구, 주방용 칼이 상대를 향한 공격 무기로 돌변하여 있다. 제어할 길 없는 혼돈 상황, 뒤죽박죽 난장 그림이 펼쳐진다. 낭패 당하는 이들의 모습에서 관객은 폭소를 주체 못한다.

2) 공모 희극과 섬뜩한 부조리

연극 시작 전부터 핀 조명 구도의 빛을 받는 오브제들이 있다. 남자 양복과 향수다. 주방 설거지 공간에 양복이 걸려있고 싱크대 위의 향수가 핀 조명을 받아 빛을 발하고 있다. 프랑스 제 향수, 아쿠아 드 지오 옴므!, 판테델리아 섬에서 영감을 얻어서 만든 그야말로 시 같은 향수라고 떠벌리는 남자1(김정호 분), 그는 이 향수와 양복을 생명처럼 여긴다.

향수와 양복은 가짜 은행원 행세를 하기 위해 사용하는 도구다. 냄새나는 이곳, 시궁창 남새를 지우기 위해 그는 향수를 발라야 한다. 매일 양복으로 갈아입고서 은행원 행세를 해야 하는 남자1(김정호 분), 양복과 향수는 그의 허구 행위에 대한 상징인가.

왜 은행원 행세인가. 여자 교수를 배우자로 삼기 위한 전략이다. 매월 은행원 봉급 액수를 맞추기 위해 그는 또 다른 야간 아르바이트를 한다. 교수 아내를 둔 격조 높은 삶, 중견 은행가의 삶, 이를 향한 부러운 시선, 그는 이를 성공의 척도로 여기는가…… 이런 일그러진 우상에 젖어 살아

극단 풍경의 〈청혼하려다 죽음을 강요당한 사내〉
(김수정 원작 · 극단 풍경 재구성 · 박정희 연출, 2005)

가는 삶, 과연 진정한 성공일까.

어느 날 남자1에게 문제가 발생했다. 아내(김성미 분)가 주방 현장에 나타난다. 들통나기 직전, 더군다나 주방 설거지 일복 차림이다. 이곳 특유의 시궁창 냄새마저 배어 있다. 아내의 다그침을 어떻게 넘겨야 할까.

문제의 현장은 동료 남자2의 청혼 장소이다. 정체를 알고 있는 동료, 비밀 유지를 위해 그를 격리시켜야 한다. 아내의 눈치가 이상하다. 오늘 밤 이곳으로 오기로 한 여자, 혹 아내가 그 당사자는 아닐까. 이건 생각만 해도 끔찍하다. 동료가 자기 앞에서 아내에게 청혼한다? 이건 말이 안 된다. 도저히 허용할 수 없다. 이 문제를 어떻게 해결해야 할까. 연극은 더욱 흥미진진한 방향으로 급박하게 흘러간다. 기절한 동료가 식탁 아래에 숨겨져 있다. 그가 깨어난다면 문제가 복잡해진다.

이때부터 부부의 공모 희극이 갑자기 시작된다. 남자2가 깨어난다. 남자1, 자신의 가짜 연극을 합리화시켜 보려 한다. 그러나 상대는 들을 귀가 없다. 남자2는 오로지 청혼하려던 여자를 찾을 뿐이다. 주방 쪽 아내를 향해 그는 달려갈 태세다. 그는 막무가내다. 큰일이다.

> 남자2: 꾀꼬리를 만나야 돼.
> 남자1: 내 말 잘 들으라니까. 우리 마누라한테 내가 여기서 일하는 걸 절대
> 로 얘기해서는 안 돼. 난 은행원이고, 넌 내 친구야. 난 은행원, 넌
> 내 친구! 알아듣겠어?
> 남자2: 난 네 마누라 못 봤어!

　자신도 제어할 길 없는 상황이 연출된다. 예기치 않는 가격과 구타, 상
대는 또 다시 기절, 아내가 나타나면 어떻게 변명하지…… 급박한 위기
상황, 어서 빨리 자리를 떠야 한다. 문제의 현장을 황급히 떠나야만 한다.
놀랄만한 일이 벌어진다. 아내 역시 자신의 둘러대기 쇼에 동참하기 시작
한다. 이들은 순간 상호 공모자가 된다.

> 남자1: 경찰이 오기 전에, 경찰이 오기 전에 집으로 갑시다. 일이 복잡해질
> 거요.
> 여자: 그래요. 여보.
> 남자1: (쓰러질 듯한 여자를 부축해서 나간다.) 저 놈이 죽기 전에 또 실없
> 는 농담을 했어. 당신을 못 봤다지 뭐야.
> 여자: 아! 정말 농담을 잘 하는군요. (사이. 무대를 빠져나간 뒤 소리만) 여
> 기선 당신 향수 냄새가 나고 당신한테선 쓰레기 냄새가 나요.
> 남자1: (혼자 뛰어 들어와 앞치마에서 향수를 꺼내 뿌리려댄다.)

　정체를 감추기 위한 전략, 일단 문제의 현장을 벗어나는 것, 거짓 쇼가
펼쳐지고 여자 역시 배우자의 거짓말 전략임을 알면서도 기꺼이 응수하
고 받아들인다. "아! 정말 농담을 잘 하는군요." 가장 진실해야할 부부 관
계, 그러나 이들은 막판 가짜의 쇼를 공동 연출한다.

혼비백산 아내를 들쳐 업고 나가는 모습, 다시 홀로 들어와 향수를 뿌리는 남자, 연극은 실수투성이의 삶, 가짜의 삶으로 마무리된다. 가면을 쓰고 살아가는 현대 부부, 문제투성이의 허구적 삶, 지금, 오늘도 계속되고 있는 것은 아닐까…… 관객은 이런 일그러진 초상이 우리네 주변에 그리고 자신의 내면에도 도사리고 있지는 않은지 진지한 성찰을 하기 시작한다.

무대에는 쓰러진 남자2(권오수 분)의 몸뚱이, 무대 바닥에 나뒹구는 미나리 꽃다발만이 핀 조명을 받아 빛나고 있다. 급박한 난장 미당의 연속, 그 결과 씁쓸함, 부조리, 삶의 역설만이 남는다.

3) 오브제, 그 상징의 연극 놀이

이 연극은 대단한 상징을 담고 있다. 쓰러진 남자2, 내팽개쳐진 미나리 다발, 진실과 순정에 대한 상징 의미만은 아닌가. 남자 1 부부(김정호, 김성미 분)는 끝까지 진실을 내동댕이쳐 버린다. 무얼 위해? 외적인 출세 형식을 위해? 허구와 위선으로 가득한 부부 관계, 이를 유지하기 위해 그들은 아슬아슬한 감추기 게임을 벌이고 있다.

박정희 연출은 감추기, 속이기의 연극 그림 설계에 치열성을 보여준다. 각 인물 사이의 줄다리기, 끌어가는 역할, 끌려가는 역할, 그 선이 확실하면서도 다채롭게 변화한다. 탄탄한 장력 만들기 과정, 긴장 창출을 향한 움직임, 부딪침 설정 구성 과정에서 움직임의 동기 설정이 자연스럽다.

원작 희곡, 각 문맥 사이에서 숨어있던 긴장 포인트, 이를 발견, 확장시켜 냈다는 점에서 연출의 공이 크다. 극 초반부터 남자1, 2 사이의 다투는 상황, 그 줄다리기와 대립의 에너지가 자연스레 관객을 압도한다. 극 중반부터 남자2(권오수 분)의 개입, 기절시키는 상황, 도망가는 상황이 숨

가쁘게 전개된다. 기절하여 말을 잃어버린 자, 쓰러진 자의 몸통, 그러나 그의 현존 자체가 두 남녀 부부를 초조하게 만든다. 깨어나서 잠깐 던지는 언어, 반응 역시 살아있는 자들을 더욱 불안하게 만들다가 압도하는 힘을 발한다. 역설과 스릴감이 교차한다. 부조리와 요지경 이미지가 급박하게 혼합된다. 이것이 우리네 이탈된 삶, 이탈된 초상은 아닐까…… 작가 김수정이 관객에게 던지는 화두이다.

공간에 대한 반응 구조는 인물의 심리 묘사에 절묘한 힘을 보탠다. 홀로 있을 때의 독백 공간, 남자2의 청혼 사실을 알아차리고 여자는 눈물을 흘린다. 기절한 자에게 대하는 독백성 언어, "미안해요, 그러나 청혼은 안 돼요……" 진실과 순정의 교감 공간이 아름답게 빚어진다.

그러나 이런 교감의 아름다움도 잠시 순간으로 그쳐야 한다. 배우자의 눈치를 보아야 할 여건이 뒤이어진다. 다시 눈치 보기와 속이기를 향한 공간, 여자의 정체성과는 거리가 먼 비틀린 우주가 기다린다. 자신의 약점을 보이지 않기 위해 공격이 필요하다. 감추기 공간은 공격자로서의 심문 공간과 뒤섞이면서 묘한 분위기가 우러나온다.

동선 만들기를 향한 공연 설계 과정, 아름다움을 빚어갈 자연스런 움직임, 변명을 해야 할 속도감 넘치는 움직임, 따라서 각 공간 연출 과정에서 늘 긴장과 이완의 템포가 색다르다. 반응의 연극성이 다채롭게 펼쳐진다. 공간 방위 구조 역시 달라지면서 인물들의 심리 상태 및 우주 영역이 다르게 빚어진다. 감상성의 색조, 서정적인 색조, 그리고 다이내믹한 스릴 색조, 여기에 유치함의 이미지까지 가미되어 공연은 난장 희극, 부조리 연극의 절정을 장식한다.

이 연극에선 오브제 활용의 참신성, 창의성이 눈에 뜨인다. 향수 오브제, 이에 대한 과민 반응, 이는 비틀린 형식에 얽매인 삶, 이를 상징적으로 희화시키는 데 기여한다. 엎질러진 향수, 깨져버린 향수병, 이에 어찌할 바 모르면서 내지르는 반응 언어, 우리말의 억양과 전혀 다른 프랑스어의 꼬부랑 어투, "아쿠아 드 지오 옴므!", 바닥에 엎어져 내지르는 김정호의 반응 연희, 관능 색조의 음성 구사 유희에 관객은 폭소를 터트린다. 남자는 끝까지 향수를 바르기 위해 몸부림친다. 왜? 아내가 그걸 원하기 때문이다.

양복이란 오브제 역시 가짜의 삶에 대한 상징 매체 역할을 톡톡히 하고 있다. 가짜 은행원 행세를 위한 양복, 순정파 남자2, 바로 이 양복을 걸쳐 입고 죽음을 강요당한다. 가짜가 진실을 질식시켜야 할 것인가. 죽은 자가 걸친 양복 윗도리, 장화 신은 일복, 이런 부조화 이미지 역시 부조리극 색조에 대한 메타포 처방이다.

겉 형식을 향한 변신 과정, 이에 목숨을 걸 듯 가치를 부여하는 자, 이에 별 가치를 느끼지 못하는 자, 한 사람은 미모의 여인을 물건 소유하듯 어깨에 걸쳐 메고 황급히 위기 현장을 빠져나간다. 순정파 남자는 영문도 모른 채 린치를 당한다. 땅바닥에 쓰러져 죽음을 강요받아야 하는가. 진실, 사랑, 정말 불가능한 명제인가.

문제의 인물들이 빠져나가고, 무대는 텅 비어 있다. 쓰러진 자의 모습, 내팽개쳐진 미나리, 엎질러진 향수에 조명이 들어온다. 우리도 저렇게 진실을 내팽개치고 나가야 할까. 관객은 씁쓸함을 인지한다. 말없는 사물들, 쓰러진 남자2, 이 오브제들이 막판 엄청난 상징 에너지를 발한다. 이 연극의 품격을 격상시킨 가장 멋진 공연 설계 그림이다.

허구투성이의 상황이 막판 정당화되어 버린 엔딩 처리 방식, 희화극적 재미와 더불어 낯설게 하기 효과마저 우러나온다. 브레히트의 서사극 창작 방식을 탐색하여 온 작가 김수정의 내공에 기인한다. 연출 역시 이 관점을 일관되게 발견, 확장시켜 가고 있다.

서울 연극제 참가 작품으로서 이번 공연은 신춘문예당선작 버전을 한 차원 더 깊이 파고 들어가려 한다. 틀 극과 극중극의 이원 구조, 철저한 변증법적 성찰 색조로 공연은 진행된다. 틀 극에서 추가된 내용, 연극배우로서의 자아와 가면 문제다. 연극 작품 속에서의 역할, 즉 새롭게 가면을 쓴 자아 문제, 연출가와 배우는 연습 과정에서 계속 실랑이를 벌이며 고민한다. 극 속의 자아 찾기, 연극성을 향한 새로운 가면 만들기, 그 해석 차이로 배우들은 자주 부딪치고 격론을 벌인다.

그러나 이게 삶의 부조리를 존재론적 차원에서 성찰코자 하는 원작의 주제와 맞아 떨어져 있는가. 진지한 재탐색이 필요하다. 가면 논리로 틀 극의 이슈와 극중극 이슈가 한 덩어리로 연결되어 상호 보완 관계를 유지하고 있는지는 더 연구할 필요가 있다.

비좁은 블랙박스 씨어터 무대, 정보 차이로 인한 속이기 희극 미학, 부조리극 공연 묘미, 이를 위한 반응 동선 그림이 상황에 맞추어 탄력적으로 변주된다. 색깔, 템포, 호흡 역시 늘 다채롭다. 늘 관객의 예상치를 앞서가는 뒤집기 공연전략, 관객을 숨 가쁘게 요지경 난장 상황, 부조리 상황으로 이끌어 가는 역동성 넘치는 공연 전략, 극단 풍경의 연극 〈청혼……〉은 이를 진지한 우리 식 공연 문법과 화소로 정착시켜 가려 했다는 점에서 2005년 문화가 사람들을 주목케 한다.

2. 집단의 부조리, 그 섬뜩함의 연극 놀이: 극단 골목길의 〈선착장에서〉와 극단 백수광부의 〈그린벤치〉

1) 고발과 희화의 대중적 재미

말없이 시신을 연기하는 배우, 여체를 감싸는 보자기, 드러날 듯 말 듯한 젖가슴, 다시 감추어지는 과정, 말없음 속에서 관객의 눈길을 사로잡는 여체의 시신, 이게 연극의 묘미다. 죽은 자가 산 자보다도 더 강렬한 흡인의 빛을 발한다. 이게 박근형 공연 무대의 미덕에 속한다.

올해의 예술상 수상작 극단 골목길의 〈선착장에서〉(박근형 작·연출, 광주 5·18 기념문화센터 민주홀, 2006년) 공연은 톡톡 튀는 욕설 언어의 맛깔과 대중적 패러디의 묘미를 자아낸다. 실수투성이의 삶, 부조리 투성이의 현실이 반복, 변조되면서 변증법적 성찰을 유도한다.

자살한 명숙, 그, 뱃속 아기는 누구의 씨일까? 실성한 명숙(권방현 분)의 자살, 발가벗은 여체의 몸이 드러난다. 시체를 염하다 놀라는 장의사

극단 골목길의 〈선착장에서〉(박근형 작 · 연출, 2006)

(박노식 분), 외마디 소리, 죽은 여체에서 임신이 발견된다. 여체의 아랫도리에서 심한 악취가 난다. 이는 코를 싸매고 참을 수 없다는 주변 배우의 반응 연기로 표현된다.

뭍에 묻어달라는 명숙의 유언, 과연 지켜질 것인가. 폭풍우로 배가 뜰 수 없는 상황, 부친 상규 역시 화장을 원한다. 이 문제는 과연 어떻게 해결될까.

공연 초반 물에 젖어 있는 상태, 술 취한 상태로 횡설수설하는 규회(이규회 분)가 등장한다. 죽은 명숙의 사촌 오빠다. 방향 감각을 상실한 그의 걸음걸이, 지나가는 초등학교 후배인 순경(김덕현 분)에게 시비를 간다.

내가 저리 갈라고 작심을 해묵고 몸을 틀어 이개 가는데도 계속 반대로만 간다.
우아믄 존노?

선착장에서 비틀거리는 규회, 만나는 사람마다 시비를 거는 규회, 급기야 선착장 각종 기물을 부순다. 그는 정말 방향 감각을 상실한 것일까. 그는 김순경의 뺨을 갈기며 또 다시 시비를 건다. 영화에 나오는 독일 병정 이야기를 꺼낸다. 나쁜 인물로 나오는 독일 병정들, 그들이 다 죽을 때 영화 속 사람들은 해피엔딩을 맞이한다고……, 자신을 영화 속 독일병정이라고 지칭하는 규회, 그 사유는 무얼까.

그가 독일병정처럼 죽는다면 선착장 마을은 정말 해피엔딩일까. 공연이 진행되면서 해피엔딩의 실상과 허상, 그 차이가 드러나기 시작한다.

한 손에 박카스 병을 들고 선착장을 구경하는 자, 줄담배 피우는 임신 팔 개월 황마담(황영희 분), 경찰관 신분임에도 다방 매상이 오르지 않는다고 푸념만 일삼는 김사장(김도균 분), 중학교를 갓 졸업한 다방 레지 향숙(주인영 분)은 순결함을 잃은 지 오래다.

엄사장(엄효섭 분)이란 자는 어린 딸 같은 다방 레지 향숙을 파트너 삼아 내실에서 춤을 춘다. 그는 말만 사장이지 실제는 파렴치한 부동산 업자다. 조합장 선거에서의 낙선이 간통 사건 탄원서에 서명하지 않은 상규 탓이라며 그는 고래고래 욕설을 퍼붓는다.

다방 창문 너머 선착장에 술 취한 규회의 모습이 들어온다. 선착장에서 물에 빠져 허우적거리다 비틀거리는 규회, 다방 사람들에게 최고의 눈요기 감이다. '개시끼', '저시끼' 등의 욕설 언어, 질펀한 사투리 뉘앙스에 패러디의 묘미가 가세한다.

저 저 규회 저시끼봐라!
저 시끼! 지 엄마가 나물캐가꼬 번 돈으로 대낮부터 취해가가
저…… 저저…… 넘어지네 저시끼……
아이고…… 저 시끼 안경도 떨어트리고……

폭풍우로 울릉도는 모든 소통이 차단된다. 시설이 부서진다. 다리와 터

널이 폭우로 무너진다. 걱정하는 자, 책임지는 자가 없다. 무책임한 반응, 냉소적인 언어가 이들의 유일한 태도다.

　　그래 마 난리다 난리!
　　부서지고 뒤집히고 뽀개지고……
　　아이고 마 잘 됐다. 이 참에 구암 터널도 무너지고
　　추산가는 일주도로도 다 유실되어버리고
　　다 쓸어가 뿌리라 마.

　　문전성시를 이루는 선착장 옆 피씨방, 하루 내내 죽치고 앉아 게임에 몰두하는 동네 아이들, 다방 레지 향숙은 비행 청소년들의 비정상적인 배달 요구에 투덜댄다. 엄사장은 피씨방에 있는 아이들을 향해 욕설을 가한다.

　　우리 막둥이 새끼도 컴퓨턴가 뭔가 빠져가가 내가 들어가도 목 뻣뻣해가 인사도 안하고.
　　에이 깨새끼!

　　그렇다면 그 자신이 개가 아닌가. 욕설 행위, 그 주체와 객체가 일순간 뒤바뀐다. 궁극적 희화 대상이 엄사장 쪽으로 맞추어진다. 관객은 폭소를 주체 못한다.

　　술 취한 규회를 향해 야유와 냉소를 퍼부었던 사람들,·이 연극의 하이라이트는 조롱했던 자들이 규회 앞에서 무릎을 꿇고 조롱당하는 장면에 있다. 집단으로 구경했던 자들, 냉소와 방관으로 일관했던 자들, 이제 그들이 규회 앞에서 벌을 서고 있다. 규회의 자해 소동, 허벅지를 자해하는 움직임, 칼부림, 그 움직임, 각 방향 하나하나에 선착장 사람들은 비명을 지른다. 그리고 오금을 저리며 비굴한 표정을 연출한다. 조롱의 주체가 거꾸로 희화의 대상으로 전락한다. 명숙의 시신을 담은 관, 그 관을 들고 어정쩡하게 서 있는 자들, 무릎을 꿇고 비굴함을 연출하는 자들, 조롱의 대상과 주체가 일순간 뒤바뀐다. 부조리 상황, 실수의 상황을 완전 뒤집어 놓는 패러디 작법, 정교하게 계산된 박근형다운 극 처방이다. 관객은 실컷 웃는다. 그리고 그 부조리 인물 군상, 그 몰가치성을 깨닫는다.

공연 서두에서 관객은 술 취한 규회, 행패를 부리는 규회를 문제의 인물로 지목하였다. 그러나 시간이 지나면서, 죽은 명숙(권방현 분)의 비밀이 드러난다. 문제는 특정 개인이 아닌 부조리한 집단에 있음이 서서히 드러난다.

2) 집단의 부조리, 섬뜩한 연극 놀이

규회의 자해 인질 소동, 그의 요구는 배를 띄우는 것이다. 폭풍우로 배가 뜰 수 없다. 실랑이 끝에 막판 자해소동이 벌어진다. 뭍에 묻히고 싶다는 사촌 여동생 명숙의 유언을 지키기 위한 전략이다.

선착장 남자들, 정신착란의 명숙을 오랫동안 성희롱 대상으로 삼아 왔다. 집단 성범죄, 연이어지는 성폭행, 명숙은 급기야 임신에 이어 성병까지 걸리고 만 것이다. 이를 알아차린 규회, 격분할 수밖에 없다. 몹쓸 병에 걸려 회생 불능 상태인 명숙, 누구의 씨인 줄 모른 채 실성한 명숙, 그런 그녀를 문제의 상태로 방치하는 것, 그 자체가 죄악이다.

불쌍한 명숙이 평안을 누릴 수 있는 유일한 해법, 이는 죽음뿐이다. 이렇게 판단한 규회, 결국 맹독성 알약 싸이나를 구입, 그녀에게 복용시킨다. 그리고 그녀의 손을 잡고서 유서를 쓰게 한다.

장례 마지막 날 술 취해 들어온 규회를 통해 이 비밀이 밝혀진다. 사람들은 그를 명숙의 살해범으로 몰고 간다. 규회를 살인범으로 규정한 장의

사(박노식 분), 사실 확인도 하지 않은 채 본부에 보고하는 김 경사(김도균 분), 선착장 사람들 모두 규회를 범죄자 취급한다. 집단으로 조를 편성 그를 생포할 계획, 사람들은 의협심 강한 열사처럼 행세한다. 그 행태가 가관이다. 폭소는 쓰디쓴 웃음으로 이어진다. 집단 성폭행을 저지른 작자들이 거꾸로 체포조가 된다. 대단한 아이러니다.

박근형은 이런 실수투성이의 상황, 부조리 상황을 반복, 축적시켜 나간다.

"실수의 축적이 진정한 영향을 미친다."

독일의 천재 극작가 브레히트의 말이다. 그렇다. 동의할 수 없는 현실, 동의할 수 없는 행동들이 당연하게 받아들여지고 통념화 된다. 이질감 축적은 '저래서는 안 될 텐데' 하는 비판적 성찰을 유도한다. 전형적인 변증법 연극의 처방으로 힘을 발하는 대목이다.

술 취할 수밖에 없는 규회, 자해로 대항할 수밖에 없는 규회, 이게 그의 마지막 대응 수단이다. 그는 끝까지 명숙의 유언을 실천하려다 폭풍우 바다에 빠져 죽는다. 배를 타고 폭풍우 바다를 헤쳐 나가다 규회는 결국 죽음을 맞이한다.

그가 죽어 가는 그림, 어떻게 무대화될까. 죽은 명숙의 관이 세로로 세워진다. 그 위로 올라 한 손을 높이 쳐들고 서 있는 규회, 강렬한 푸른 핀 조명이 그에게 투사된다. 규회의 마지막 외침, 명숙 시신을 담아 떠나는 그림, 그의 얼굴 표정은 환하다. 진실이 살아 숨 쉬는 새로운 피안의 세계, 거짓이 없고, 집단 따돌림이 없는 세계, 그곳을 향해 나아간다는 희망 속에서 규회의 얼굴 표정이 환하다. 강렬한 표현주의 음악 선율이 절정에 이를 때 핀 라이트 조명은 일순간 아웃된다.

'언어가 제 힘을 발휘할 때 나라가 잘 다스려진다.' 노자의 말이다. 그렇다. 언어가 진실을 담아내지 못한 현실, 규회는 절망의 끝자락에서 술 취함, 자해, 죽음을 선택한다.

그가 피안의 세계로 나아가는 장면, 이와 대조적으로 사람들은 비굴한 집단 그림을 연출한다. 죽음이 두려워, 자신의 세속적 안위가 두려워 오금을 못 펴는 군상들이 연출된다.

시간이 흘러 선착장 사람들, 여름 복장이다. 매미 소리가 들린다. 진실을 외면한 집단들, 동의하기 힘든 작자들, 그런데 그들의 옷 색깔, 얼굴 빛깔은 윤기가 돈다. 관광객은 엄청나게 몰려온다. 바쁜 돈벌이 일상으로 그들은 즐거운 비명을 지른다. 관광객들의 추락사, 사고사 소식이 보도된다. 돈벌이에 눈먼 선착장 사람들, 수많은 사고 소식에도 불구하고 눈 하나 끔쩍 하지 않는다.

규회가 죽자 그의 모친(천정하 분)이 진실을 알아차린다. 아들 규회가 문제 있다고 생각했었는데 진실의 눈을 떠보니 생각이 바뀐다. 선착장 사람들 어느 누구도 믿을 수 없다. 그녀는 술 취할 수밖에 없다. 모친은 아들처럼 그들을 향해 욕설을 한다. 그러나 선착장 사람들, 술 취한 그녀, 행패를 부리는 그녀를 향해 냉소와 욕설을 내뱉는다.

그 아들의 그 어미!

조합장 보궐 선거에 당선된 부동산 업자 엄사장(엄효섭 분), 속물적 지위와 권력을 얻어서인지 더욱 신바람이 나있다. 선착장 사람들, 권세 있는 엄사장의 비위 맞추기에 급급하다. 권력과 재물 많은 그를 중심으로 비틀린 속정들 모두 하나가 된다.

봉고 관광차 운전수 영필(김영필 분), 관광 수입이 좋다며 한턱 쏘겠다한다. 추산리 해수욕장, 오징어 물 회 먹으러 떠나자는 제안, 소풍을 떠나는 선착장 다방 사람들, 다방 셔터를 내리며 즐거운 표정이다.

'울릉도 트위스트' 선율이 울려 퍼진다. 사람들, 대중가요 선율에 몸을 흔들어댄다. 집단의 부조리가 통렬하게 고발되는 대목이다. 관객은 강한 이질감을 주체 못하면서 공연장 문을 연다. 개새끼 언어 미학, 언어의 익살, 풍자 대상의 뒤바꿈, 이런 부조리 희화 처방이 교훈극적 성찰 묘미로 이어졌다는 점에서 공연의 품격과 아우라는 오랫동안 유지된다.

3) 테니스 놀이, 소통과 불통의 상징 코드

아버지와 어린 딸 사이의 근친상간, 도저히 눈뜨고 볼 수 없는 장면, 도저히 제정신으로 말하기 힘든 상황, 가정은 이로 인해 완전 붕괴된다. 그러나 가족이기에 서로에 대한 그리움은 계속된다.

근친상간의 주범인 남편, 그로 인해 딸과 어머니의 만남은 고통 그 자체다. 모욕 그 자체다. 그러나 가족이기에 가족 공동체를 향한 나비의 꿈은 사라지지 않는다. 만남을 갈구하면서도 만남 자체가 고통을 동반하는 역설적인 관계, 그 고통은 늘 견딜 수 없다. 테니스는 그 고통을 이겨내기 위한 수단이다. 테니스는 가족 사랑을 확인하려는 상징 수단이다.

만남의 한쪽에 고통이 도사리고 있다. 다른 쪽에 그리움이 숨어 있다. 만남, 눈빛의 교환, 언어의 교환, 테니스공을 통한 만남, 그러나 침묵으로, 현실과 거리가 먼 환상의 언어로 이들은 이야기를 한다. 여름 뙤약볕 벤치에서 이렇게 비정상의 소풍이 시작된다. 해결될 수 없는 아픔, 그 비밀 사연, 이를 담아낼 틀이 없기에, 이를 표현해야 할 용기가 없기에 인물들은 늘 괴롭다. 인물들은 늘 엉뚱한 기호로 대응한다.

소통 형식, 소통 매체는 늘 기이하다. 그것들은 늘 의도적으로 파괴된다. 테니스 놀이는 막판 빈 공 놀이로 이어진다. 비틀린 만남, 광기가 분출되기 직전의 만남, 이를 담아낼 최적 형식의 언어, 정밀한 상징 의미를 유미리는 테니스 놀이와 그 변조 그림으로 형상화하고 있다.

극단 백수광부의 〈그린벤치〉
(유미리 작·이성열 연출, 2006)

올해의 예술상 최우수상 수상작 극단 백수광부의 〈그린벤치〉(유미리 작·이성열 연출, 한국소리문화의 전당 명인홀, 2006년)는 말하지 않고서는 견디기 힘든 비밀과 그 상처, 억제하기와 터트리기의 길항 심리를 세련된 상징 어법으로 무대화하고 있다.

어린 딸 요오꼬(이지하 분)를 향한 남편의 병적인 근친상간 행위, 이로 인해 타이꼬(예수정 분)는 모욕감과 상처를 주체 못한다. 그녀는 늘 다른 남자를 전전긍긍하며 모욕감을 잊으려 한다. 헌신적인 사랑을 쏟아줄 수 있는 남자, 그런 남자를 옆에 두려는 병적인 환상, 이는 이루어질 수 없는 나비의 꿈이다.

아들 아끼라(김도형 분)에게 연인의 옷을 입힌다. 딸 요오꼬에게 자신의 옷을 입혀 테니스 경기를 하도록 권하는 발상, 잃어버린 사랑을 자녀들의 테니스 놀이를 통해 회복하려는 발상 역시 병적이고 비정상적이다. 자기 집착, 자기 환상에 젖어 중개하는 타이꼬의 언어, 자녀들 역시 타이꼬의 행동을 이해한다. 타이꼬의 아픔은 그들의 아픔이다. 아픔의 색깔과 전이 방식만 다르다. 중년 남자만을 좋아하는 딸, 친구들과 어울리지 못한 채 누이에게만 연정을 느끼는 아들, 이들 역시 기이하게 변색된 병든 영혼들이다.

작가는 공연 중반까지 근친상간 행위라는 정보의 뇌관을 결코 터트리지 않는다. 무언가의 착란증세를 보이는 어머니 타이꼬, 정상의 소통 언어로 마주하려 들지 않는 자녀들, 가슴앓이를 토해내지 못해 새까맣게 빛바랜 초상화 속의 인물들이 바로 이들이다.

두 번째 애인 다니꾸찌(정만식 분), 타이꼬는 그에게 애원한다. 어서 달려와 자신의 곁에 있어 달라고. 과일 바구니를 들고 찾아온 다니구찌, 타이꼬는 그에게 키스를 청한다. 자녀들 앞에서. 그러나 키스 요청은 묵살된다. 어이없게도 딸 요오꼬에게 다니구찌의 기습 키스가 벌어진다. 산책에서 돌아오는 타이꼬의 눈앞에서 이 장면이 목격된다. 타이꼬의 차람 증세는 극에 달한다.

아버지로부터 받은 근친상간의 악몽, 이로 인해 딸 요오꼬(이지하 분) 역시 정상이 아니다. 그녀는 늘 중년 남자를 원한다. 중년 남자, 그것도 아이가 딸린 남자와의 결혼, 이를 승낙 받고자 요오꼬는 어머니에게 온 것이다. 단호히 반대하는 타이꼬, 마음이 심난해진 요오꼬, 이 와중에 엄마의 애인으로부터 키스를 당한다. 혼란은 옛 악몽을 불러들인다. 근친상간으로 가정이 붕괴되는 악몽이 떠오른다.

드디어 광기가 폭발한다. 두 모녀, 아니 두 여자, 거의 제 정신이 아니다. 테니스 라켓으로 다니구찌를 가격한다. 타이꼬, 남편으로부터 받은 수치심, 배신감, 복수심, 그 악몽이 저 다니구찌의 행위를 통해 되살아난다. 아버지로부터 받은 근친상간의 악몽, 이를 뒤흔들어 놓은 다니구찌의 키스, 그런데 그 아버지는 이제 다른 여자와 결혼하여 떠난다. 병든 모친의 간호를 잘 부탁한다며 어머니의 애인 다니구찌 마저 떠나려 한다. 극도의 혼란, 배신감, 모욕감이 중첩되면서 요오꼬는 제정신이 아니다.

모욕감을 주체할 수 없다. 배신감과 복수심 역시 제어할 길 없다. 광기가 분출되자 여인들, 갑자기 살상자로 돌변한다. 장난처럼, 사랑놀이처럼 테니스 라켓이 다니구찌를 가격한다. 라켓의 움직임, 가격의 규모와 세기 점차 키진다. 기볍게 웃으면 반응하던 다니구찌, 막판 강한 타격은 느린 동작으로 처리된다. 처참한 살상 장면은 어떤 무대 색조일까.

무대의 밝은 분위기가 핏빛으로 돌변해 있다. 호리존트 무대는 붉은 색조 일색이다. 나무나 벤치 역시 검정 실루엣으로 변용되어 있다. 여인들, 잔인한 도살자의 이미지로 돌변해 있다. 바그너의 음악이 장중하게 울려 퍼진다. 관객 서서히 그 광기의 판타지, 살상의 변주음에 휘말려 들어간다.

4) 근친상간의 악몽, 억제와 분출의 길항 심리

남편으로 인한 상처, 모욕감, 그 말 못할 비밀, 그 가슴앓이가 라켓을 휘두르는 과정에서 무한하게 터져 나온다. 폭발, 가학의 대상이 남편에게서 다니구찌란 남자로 옮겨진다. 타이꼬(예수정 분)의 광기 분출, 이는 그녀의 딸 요오꼬의 광기 분출로 전이 확장된다. 사랑 받고 싶은 욕망, 그리고 복수하고픈 욕망, 이 두 욕망이 충돌하면서 막판 그 줄다리기 끈이 끊어진다.

테니스 놀이를 통해 사랑을 확인하고픈 환상은 중단된다. 복수의 욕망이 테니스 사랑놀이의 허구를 깨뜨린다. 놀이의 매체가 복수의 수단으로 급전된다. 공허함을 채우기 위한 사랑놀이 역시 상대의 죽음을 통해 마침내 중단된다. 파트너와 사랑을 공유하고 싶은 환상, 그 허구가 깨뜨려질 때 홀로서기가 시작된다. 여자들, 이제 드디어 스스로의 독자적인 현존을 되찾으려는 걸까. 여자로서 당당한 홀로서기, 당당한 현존 확보를 깨달아 가려는 것일까.

비밀을 당당하게 터트려 여자로서 자기 참모습을 되찾아 가려는 과정, 두 여인은 말이 없다. 모녀간의 말 못할 갈등마저 용해되는 것은 아닐까. 복수, 그 광기를 분출함으로써 이 두 여자는 서로를 향해 그리고 자신을 향해 참다운 눈뜸을 갖는다. 모녀는 오랜만에 벤치에 나란히 앉는다. 아들 아끼라가 경찰서에 전화를 건다.

> 어머니하고 누나가 남자를 죽였습니다. 장소는 가따시라까와 여학교의 테니스 코트장입니다. 보시면 깜짝 놀라실 거예요. 굉장하다니까요. 피가 마구 튀어서…….

광기의 분출, 핏빛 가슴앓이, 응어리의 분출, 말 못했던 비밀, 이를 상징하는 공연 액자 프레임 틀이 선율과 더불어 부서지고 망가진다. 바그너의 탄호이저 음악이 흐른다. 언어가 다하는 곳에 선율이 시작된다. 그렇다. 선율을 통해 속사연이 드러난다. 그 동안 감추어둔 속내가 터트려진다. 허구의 놀이 틀 안에 애벌레처럼 사육되어진 이들, 이제 그들은 그 틀을 부수어 냄으로써 진정한 현존을 회복하고 있다.

테니스의 틀은 처음엔 사랑의 틀로 언급되다가 막판 복수의 틀로 변용된다. 망가진 틀의 이미지, 상징의 깊이를 살려낸 연출자 이성열의 공연 설계 작업이 강렬한 표현주의 극 효능으로 이어진다. 탄호이저 음악과 더불어…….

비정상적인 가족사랑, 그 사랑의 포로가 되어 있는 한, 인물들은 밀집

상자 안에서 허우적거리는 애벌레에 불과하다. 그 애벌레들이 이제 복수심에 불타, 그 비정상적 사랑의 상처를 이기기 위해 가슴앓이의 틀, 그 비밀의 틀을 과감히 부서뜨리면서 새롭게 거듭나고 있다.

모욕감의 정서와 가족 사랑의 정서, 그 감추기와 드러내기, 가족 사랑을 생각하면 아버지가 먼저 떠오르고, 아버지를 떠올리면 결국 모욕과 증오의 정서가 주체할 길 없다.

문제의 정서, 그 억제와 분출의 줄다리기 심리는 늘 다양하게 변용된다. 테니스 라켓을 휘두를 때의 침묵, 말없는 느린 동작, 포효하듯 소리를 넣는 동작, 공도 없이 빈 라켓을 휘두르는 장면, 이 모두 소통과 불통의 양 스펙트럼을 정교하게 표현하기 위한 장치다.

무대 천장 좌우를 지나가는 구름 오브제, 구름은 말 못할 사연, 말 못할 아픔, 그 드러내기와 감추기 과정, 그 애틋한 밀고 당기기 상황을 면면히 들여다보고 있다. 무너지기 일보 직전의 연약한 인간들, 이로 인해 공연 설계자는 구름이라는 자연 사물을 의인화시켜 관조자 이미지로 변용시킨다. 사물의 의인화 작법, 구름의 관조 작업, 관객으로 하여금 이를 조망케 함으로써 제2, 제3의 관찰자가 되도록 유도하는 해법은 이 공연의 철학성과 상징적 품격을 고양시키는데 기여한다.

만남이 있지만 서로 화해가 불가능한 관계, 그러나 동시에 가족으로서의 그리움을 주체 못하는 관계, 작가 유미리는 이를 테니스 놀이로 변용시켰다. 이성열 연출은 사랑의 함수와 복수의 함수를 정밀한 상징 해법으로 입체화시켜 내고 있다. 테니스라는 오브제, 이를 통해 두 마리 극 함수를 멋지게 빚어가는 유미리의 작법, 그 천재성이 탐구자 이성열 연출의 상징 해법을 통해 아름다운 빛을 발한다.

3. 부조리 이미지와 우화 놀이: 극단 골목길의 〈백무동에서〉

1) 부조리 놀이와 상징 이미지 전략

이미지를 지배하는 자가 세계를 지배한다. 그렇다. 내면과 환상의 이미지, 상징 이미지로 승부를 걸려는 공연이 있다. 합리의 틀, 인습의 틀을 깨뜨리기 위한 처방, 부조리 이미지를 날줄로, 상징과 알레고리 기법을 씨줄 삼아 새로운 연극성을 창출시킨 공연이 있어 화제다.

연극 〈백무동에서〉(박근형 작 · 연출, 아르코예술극장 소극장, 2007년)는 코미디 작법으로 대중적 재미를 불러일으킨다. 부조리 이미지와 상징 코드로 철학적 사유 묘미를 불러일으킨다. 아이를 많이 낳는 것, 이를 지상 최대의 가치로 여기는 문화가 있다. 이 공연은 이런 실수투성이의 문화를 풍자하려 든다. 아이 낳는 것을 빙자하여 간음이 이루어진다. 혼음도 이루어진다. 말이 될 법한 일인가. 무엇이 삶의 진짜 목표인지 관객은 헷갈리기 시작한다.

극단 골목길의 〈백무동에서〉(박근형 작·연출, 2007)

지역 관광산업 활성화 전략, 백무동 마을이 출산율 1위로 관광산업단지가 되었다. 수단, 방법을 가리지 않고 출산율 1위만 하려는 발상, 이를 풍자한 퍼포먼스가 펼쳐진다. 유림들(김도균, 박민규, 윤종구 분)이 임산부들(권방현, 이재수, 박미녀 분)과 춤을 춘다. 황당한 이야기, 말도 되지 않는 코미디성 이야기다. 극적 발상이 기발하다. 상징 이미지에 심지가 깊게 배어 있다. 무얼까.

늙은 남자가 임신을 하고 출산까지 한다. 남자들마저 몇 회 이상 출산한 경험이 있다. 시아버지나, 며느리나, 병원 간호사나, 동네 사람들이나 모두 이런 기형적 출산 문화를 당연하게 받아들인다. 도무지 납득이 가지 않는다.

어르신이란 자(윤제문 분)가 병원 간호사(황영희 분)에 접근, 정사를 벌인다. 사무장이란 자(안상완 분)도 아기를 갖고 싶다며 그 간호사를 졸라 정사를 벌인다. 이 연극은 정사 행위로 시작되고 끝을 맺는다. 정상의 정서와 인식 상태로 이해할 수 없는 이야기다.

아르코 예술극장 소극장, 공연장 무대는 이미 숨은 이야기가 전개 중에 있다. 배우 황영희가 간호사 차림으로 무대 이곳저곳을 돌아다닌다. 교회 목사의 설교 언어가 어렴풋하게 들려온다. 간호사는 자기 일에 몰두한다. 관객 입장 도중에도 이런 무대그림이 펼쳐진다. 일상극 처방이다. 무대는 지금 오늘의 문제된 일상, 그 연장선상에서 조망되어야 한다는 연출적 발상이다.

공연장 무대 병원 침상, 피곤에 절은 간호사, 신발마저 아무렇게나 내팽개친다. 그만 침대에 쓰러진다. 어르신이란 자(윤제문 분)가 나타난다. 잠자는 간호사(황영희 분)를 음탕한 시선으로 바라본다. 여전히 반응하지 않는 간호사, 그러다 서서히 집적거려 본다. 퇴짜다. 다시 접근하여 상대 의중을 떠보지만 어림없다. 한동안의 실랑이가 벌어진다. 간호사나 어른 모두, 이 일에 익숙해 있다.

윗사람 말을 듣지 않는다며 화를 내는 자, 어른답지 못하면서 거꾸로 어른 대접 받기를 원하는 자, 그의 언행, 어디에서도 공감하기 힘들다. 온통 부조리하다. 침대에 올라가 간호사 옆에 눕는 자, 끊임없이 구애하여 본다. 간호사는 귀찮은 나머지 단추를 풀어 헤친다. 속살이 보인다. 젖가슴이 드러난다. 관객, 일순간 긴장한다. 드디어 남자가 올라탄다. 한동안의 정사 포즈, 아니, 외설 행위가 벌어지려나. 우려와 기대, 울렁임과 설렘, 그러나 기대는 무너진다. 기대되는 그림은 생략된다. 암전이다. 희한한 상상이 시작된다.

이 둘 사이의 불륜 관계, 두 사람 사이의 정사, 그러나 더 이상 갈등 상황으로 발전되지 않는다. 과감한 비약, 생략 그리고 비정상 이미지의 반복이 이루어진다. 임신한 늙은 남자, 임신한 유림 복색의 이미지, 시간, 공간, 성별 임신 구조, 이를 위한 인과율이 송두리째 무시된다.

남자의 황당한 임신 행위, 시간 경과나 상황 변화, 이를 알리는 장치를 찾아볼 수 없다. 서사적 자아나 해설자도 없다. 모든 게 불친절하다. 해괴

166

망측한 불합리 이미지, 이것으로 승부를 걸려 한다면 그 사연 캐기 과정
이 궁금하다. 건너뛰기, 상징, 추상, 황당함, 부조리 이미지가 무대를 가
득 채운다. 임신의 상징성, 그것의 다양한 반복, 변조 작법, 이를 통해 무
엇이 우러나올까.

2) 코미디 놀이, 희비극 코드

어르신이라는 자, 병원장의 부친이란 자(윤제문 분)기 임신을 하였다.
문제는 그 다음이다. 주변 사람들, 그의 행동을 당연하게 받아들인다. 유
림복색으로 임신, 둥그적거린다. 행동거지가 가관이다. 코미디극에서 가
능한 그림이다.

관객, 폭소를 터트려야 할 상황인데, 웃지를 않는다. 희비극 이미지 때
문일까. 임신한 자가 산부인과 병원장의 웃어른이다. 마을 사람들, 특히
유림들 사이에서도 그는 제일 웃어른이다. 모두가 그의 모습에 익숙하다.

남자 노인의 임신, 상상하기 힘든 별난 그림, 희한한 그림, 관객에게 배
꼽을 잡게 만들려는 폭소 유발 장치, 그런데 관객은 진지하다. 그로테스
크 이미지 때문이다.

유림들과 임산부들과의 괴이한 퍼포먼스, 무언가 의미심장한 표정, 더
깊이 들여다보면 무표정 이미지가 연출된다. 임산부의 불룩한 배, 뒤에서
껴안은 채 춤을 추는 유림들, 다정스러워야 할 춤, 그런데 다정스러운 분
위기가 아니다. 내용과 형식이 맞지 않다. 세 쌍의 춤꾼들, 유림들과 젊은
임산부들간의 춤, 무언가의 깊은 비밀을 간직한 듯한 표정, 저건 무얼까.

경건으로 포장된 인습, 그 허구의 틀을 깨뜨릴 요량인가. 코미디 발상,
만화 같은 발상이 힘을 발한다. 인습과 일상, 그 중압감에 짓눌려 숨막히

는 자, 난장 놀이를 통해 활력과 해방감을 줄 요량인가. 난장 무대, 판깨기 무대, 요지경 만화 그림의 연속이다.

난장 이미지의 반복, 실수의 축적, 이는 진정한 영향을 유도한다. 깨어나기를 향한 극약처방이다.

노랑부리제비가 백무동 마을에 날아오면서 마을은 출산율 1위라는 관광명소로 변해있다. 출산율 1위 마을의 자부심, 이를 위해 사람들이 기이하게 변해간다. 노랑부리제비의 알을 삶아 먹는 자들이 늘어난다. 애 낳기를 갈망하려는 발상이다. 가스레인지로 노랑부리제비 알을 구워먹는 그림, 새알을 코에 대고 감각을 즐기는 자, 임신한 남자 노인, 그 알을 먹으면서 출산을 사모한다.

유림들 중 한명이 갑자기 엽총을 꺼낸다. 총소리 굉음이 섬뜩하다. 노랑부리제비 알을 보호한다는 발상이다. 새알을 구워먹으며 회의하는 자들, 마을 입구를 감시하는 자들, 가랑이 벌린 채 애 낳는 여인 동상을 설치할 것인가, 노랑부리제비 동상을 설치할 것인가, 격렬한 논쟁이 벌어진다. 이런 논쟁 자체가 해괴하며 망측스럽다.

오늘의 현실, 무엇이 잘못되어 있기에 저런 괴상한 행동 그림이 빚어지는 걸까. 저 패러디, 저 상징, 그 깊은 뜻을 찾기 위해 관객의 적극적 사유가 시작된다. 관객은 웃음 터트리기를 포기한다.

출산율이 높아지면서 산부인과 병원 일도 많아진다. 바삐 움직여야 할 산부인과 사람들, 그런데 그들 구성원 모두 가짜다. 의사도 가짜다. 간호사 역시 가짜다. 면허증도 없다. 시골 산부인과의원, 원장(김영필 분)의 아내라는 자(고수희 분)가 부원장 행세를 한다. 이들 모두 가짜다. 가짜들이 진짜처럼 행세한다. 버젓이 산부인과 진료를 행한다. 가짜들이 출산 행위를 주도한다. 산부인과 일이 많아지면서 또 다른 가짜가 필요하다.

무식하기 이를 데 없는 동네 아줌마(정은경 분)가 간호사로 채용된다. 어린 중학생 소녀가 임신 중절 수술을 받는다. 극단의 고통, 수습하기 힘들다. 어린 소녀에게 돈이 없다. 마취제도 쓰지 않는다. 소녀가 고통을 호소한다.

수술이 무사히 끝났다. 소녀, 말이 없다. 어느 새 죽어있다. 놀라는 초보 가짜 간호사다. 그러나 다른 가짜 수간호사(황영희 분), 아무렇지 않다. 가스레인지 불로 그녀는 오징어를 굽는다. 가스레인지에서 오징어가 탄다. 새까맣게 타기 시작하는 오징어, 이를 알면서 바라본다. 소녀의 주검, 이를 방치하는 자, 오징어 타는 것을 방치하는 자, 몸부림치는 초보 가짜 간호사, 관객 역시 경악을 금치 못한다. 또 낳으면 된다는 말인가. 생략의 빈 공간, 관객의 사유, 상상의 폭이 커진다. 웃음 장면, 그러나 관객은 웃음을 잃는다. 추상과 상징 이미지가 그로테스크 작법과 결합된다. 멋진 희비극 전략이다.

출산하다 죽어가는 이들이 많다. 그 밖 사건 사고로 대량 죽음 소식이 자주 들려온다. 사람들, 이를 당연한 일상으로 받아들인다. 사람들 모두 공범자가 되어 이를 허용한다.

3) 오버랩 메소드와 페이소스 창출 작법

간호사 채용 면접, 맘에 든 응시자가 있다. 그 응시자(유나미 분), 색기가 넘쳐흐른다. 여러 가지 제반 문제가 발생한다. 채용은 연기된다. 부원장인 아내(고수희 분)가 그녀를 물리친 것이다. 원장은 아들 성일을 기다리다 못해 마중 나간다. 도로가에서 물리친 응시자 여인을 만난다. 원장은 도로가에서 그녀와 정사를 벌인다.

배가 부른 여인을 원장(김영필 분)이 데리고 들어온다. 그 사이 어떻게 배가 불렀을까. 인과 구성은 무시된다. 화를 내는 자, 그녀 앞에서 잘못했다며 비는 자, 사무장(안상완 분)이 무릎을 꿇는다. 잘못했십니더…… 그러자 간호사(황영희 분)마저 무릎을 꿇는다. 잘못했십니더……

잘못은 원장에게 있다. 그런데 왜 저 자들이 잘못했다는 것일까. 황당하다. 부원장이 질타한다. 질타 내용은 남편의 탈선인가. 아니다. 왜 막걸리를 마시게 했냐는 것이다. 막걸리 마시게 하지 말고 다른 좋은 음료를 마시게 하지 못한 것, 그게 잘못이다. 부부간의 윤리, 도덕 그리고 가족 윤리 모든 게 출산율 1위의 가치에 밀린다. 출산만 잘 하면 모든 게 면죄부를 받을 수 있다. 마을 사람들의 윤리 기준, 가치 기준이 변질되어 있다.

임신한 어르신(윤제문 분), 드디어 진통이 시작된다. 어른 남자가 해산을 하기 시작한다. 자식과 며느리는 가짜일망정 산부인과 병원 의사다. 자식들이 시아버지 출산을 돕는다. 힘들게 해산하는 자, 뱃속 아기를 물건처럼 뽑아내려는 자, 출산의 절정 시점, 과연 어떻게 될까.

비가 온다. 유학간 이 집 아들(안성일 분)이 양아치가 되어 집으로 돌아온다. 동네 마을 입구에서 유림들은 오늘도 노랑부리제비 새를 지키기 위해 혈안이다.

노랑부리제비 알의 효험을 알아차린 외지인들, 이제 외지인의 침탈을 막아야 한다. 백무동 마을 앞 어귀에서 유림들은 오늘도 밤잠을 설쳐가며 노랑부리제비 알을 지킨다. 비오는 밤, 마을 어귀에 누군가가 어른거린다. 성일과 그의 친구들(주인영, 김주완, 김종완 분)이다. 이미 마약을 복용한 자들인지라 인식 능력이 상실되어 있다. 총소리 들려온다.

무대 우측에서 시뻘건 눈을 하고서 방아쇠를 당기는 유림(윤종구 분),

170

잡았다며 환성을 지르려는 자들, 그런데, 무대 좌측 후면에서 성일과 그 친구 일행들이 총 맞는 그림을 연출한다. 유림들의 아들이 죽는다. 손자도 죽는다. 반응 연기, 내면의 이미지, 판타지 이미지가 설계된다. 무대 우측 후면, 비현실 조명, 죽어가는 자, 그러나 이들은 살아있는 자처럼 죽음의 이미지를 빚어간다. 재치 있는 상징 연출 전략이다.

성일과 친구 일행들이 총맞아 죽는 시점, 어르신이란 자의 출산, 진통이 극에 달한다. 마침내 아기의 출산이 이루어진다. 출산의 정점과 죽음의 정점이 오버랩 된다. 절묘한 발상, 기발한 발상이다. 가족에게 소중했던 자, 손자 성일이가 죽는다.

생명이 태어날 즈음에 장성한 또 다른 생명체가 죽어간다. 생명 탄생은 분명 축복이다. 그러나 이 공연 무대에서 생명 탄생은 죽음과 오버랩 되면서 묘한 페이소스를 불러일으킨다.

어르신의 출산, 불륜에 기인한 결과다. 그러나 불륜은 문제 되지 않는다. 마을 발전에 보탬이 되는 처방, 출산율 높이는 것이다. 마을 사람들은 수단 방법을 가리지 않고 전력투구한다. 어르신과 간호사와의 불륜 정사, 원장과 응시자와의 불륜 정사, 또 다른 유림들 역시 그렇게 불륜의 삶을 계속해 왔다.

생명체 탄생, 생명 그 자체가 중요하다. 그러나 이 마을에선 출산 행위가 마을 발전에 도움 된다. 그러다 어이없는 일이 벌어진다. 유림들의 총질로 자식들이 죽어간다. 출산율 1위 달성과 핏줄 상실, 출산과 살상의 동시 진행, 모순과 역설의 삶이다.

앞뒤가 맞지 않는 이야기, 황당한 이야기, 부조리한 삶, 아이러니한 삶 투성이로 가득한 연극 이야기다. 사회가 부조리하다. 진실한 자를 찾기 힘들다. 눈에 보이는 실적만이 최고 가치다. 가시적인 지역 이기주의 실적만이 중요하다. 지역 발전이란 외형 틀에 사로잡혀 참 삶을 보지 못하는 자들, 그들의 소외 이미지, 일그러진 이미지가 다양하게 반복, 변조된다.

기존 스토리텔링 극 구조에 젖어있던 관객들, 강한 충격을 먹는다. 의사 복장, 간호사 복장, 유림 복장, 원장 복장, 유학생 이미지, 그 겉 그림은 분명 있지만 그들의 언행 어디에서도 진솔한 인간미를 찾기 힘들다. 출산율 실적, 출산율 형식에 홀려 살아가는 자들, 이들의 일그러진 행각이 다양하게 반복, 변조되어 나타난다.

부조리 이미지는 늘 상징 코드와 연결되어 있다. 노인과 간호사와의 정사, 사무장과 간호사와의 정사, 그들의 목적 역시 출산율 높이기다. 출산율 높이기, 이를 빙자하여 정욕을 채우려는 자들, 이들의 일그러진 행각이 패러디된다.

중증에 걸린 대중들이다. 부조리 이미지의 축적, 괴이한 모순 행동의 반복, 변조만이 진정한 영향을 미칠 수 있다. 박근형은 이런 그로테스크 작법을 통해 진정한 자기 성찰을 유도한다. 애 낳기 명목으로 간호사와의 정사는 오늘도 계속된다. 애를 낳아 마을 발전에 도움 되는 일, 간호사는 오늘도 단추를 풀어 헤친다. 이는 미친 짓이다. 그러나 출산율 1위 실적에 혈안에 되어 있는 한, 사람들의 미침 증세는 치유되기 힘들다.

치유 불능의 이 현실을 작가는 그로테스크 이미지와 상징 화소로 대응한다. 그리고 통렬한 고발을 시도한다. 관객들, 씁쓰레함을 주체 못한 채 공연장 문을 연다.

4. 부조리 연극성과 뒤집기 놀이: 극단 DIC의 〈황혼녘에 생긴 일〉

1) 부조리 연극성과 뒤집기 놀이

광주 극단 DIC의 〈황혼녘에 생긴 일〉(뒤렌마트 작·임홍석 연출, 광주 궁동 예술극장, 2007년)은 도발과 뒤집기의 연극 작법으로 관객을 흥분시킨다. 의외와 기괴성의 연극 처방, 부조리 이미지가 막판 승부처가 되어 관객의 뒤통수를 가격한다. 이 작품은 얼핏 추리 내지 살인극 색조를 띠지만 되새겨 보면 볼수록 현대 지식인의 부조리 및 비틀린 대중들의 형상을 고발, 희화, 풍자하고 있다.

노벨상 수상작가와 방문객 살해 사건, 기발한 발상이다. 방문객은 흠모자인가 협박자인가. 스물세 번째 희생 제물, 그것도 글감을 위한 희생 제물이라니…… 이는 관심과 흥미를 유발시키기에 부족함이 없다. 살인은 어떻게 실족사로 위장되는가. 작가가 전문 살인범이라니…… 살해를 통해 스물세 번째 작품 콘텐츠의 윤곽을 빚어간다는 발상, 이는 기이하면서도 참신하다.

연극은 작가의 해설로 시작하고 끝을 맺는다. 좋은 작품은 늘 관객과의 정보 싸움에서 늘 한 수 위다. 성공한 자, 명예를 한 몸에 지닌 자, 진실을 이야기 한다는 해설 언어, 과연 저렇게 진실을 강조하는 이유는 무얼까. 인생을 관조하게 만드는 잠언 색조의 이야기일까. 그러나 이런 기대감은 송두리째 빗나간다. 관객을 기만하는 이야기, 살인자의 변명 내용이라니, 이는 도대체 무엇일까.

이를 향한 공연 종반부의 정보, 뒤집기 미학을 향한 막판 숨은 카드 전략, 이게 어떻게 펼쳐질까. 노벨상 작가가 살인마로 드러나는 과정, 다시 대중들을 기만하며 속이기 언어로 마무리하는 과정, 반전 묘미의 키워드이다.

방문자는 흠모의 정서와 경외감을 주체 못한다. 그러나 그 역시 사기꾼이다. 그자 역시 허위의식으로 가득차 있다. 감추고 드러내는 작업, 어디 끼지기 진실이고 허구일까. 관객은 헷갈린다. 의도적인 헷갈림 유발, 충격과 경악을 유발시키려는 도발의 연극 전략, 이게 우리 시대 극장주의 연극 철학과 맞아 떨어진다. 눈여겨볼 대목이다.

겉과 속이 다른 인물들, 경외심을 주체 못한 자가 어느 순간 협박자가 되어 있다. 존경 받는 자가 어느 새 살인자가 되어 있다. 진실을 말한다고 여겼던 자가 어느 순간 사기꾼이 되어 있다. 충격의 정보, 그 쏟아지는 분량, 터져 나오는 방식이 예상을 뒤엎는다. 관객은 정신을 차릴 수 없다. 극도의 헷갈림, 충격, 그 이후 도발의 연극성이 빚어진다.

오늘의 연극 매력, 예측 불허의 숨은 이야기 카드로 승부를 걸어야 한다. 내몰리는 자가 예상 밖의 지점에서 어느 순간 공격자가 되어 있다. 인격자가 천박함의 이미지로 급전된다. 관객은 공연의 뒤집기 전략에 정신

이 없다. 뒤통수 때
리기, 그렇다면 노
리는 것은 무얼까.

황혼녘의 아름
다움, 베란다 저 건
너편에 호수와 아름
다운 산록 풍광이
펼쳐져 있다. 수많
은 유명 작가들과

극단 DIC의 〈황혼녘에 생긴 일〉
(뒤렌마트 작 · 임홍석 연출, 2007)

의 만남 사진이 거실 여기저기에 걸려 있다. 대자연의 축복 상황을 만끽
하는 자, 그를 흠모하여 찾아오는 방문객, 이 얼마나 멋진 성공 그림인가.
성공한 작가, 대중들의 존경을 받아온 작가, 수많은 방문객들, 독자들의
격려와 애정어린 편지가 매일 쇄도한다. 작가는 시간에 쫓긴다. 숱한 방문
객들에게 시달려야 하는 작가, 오늘도 서재에 낯선 방문자가 와 있다.
방문객, 어떻게 하면 그의 관심을 끌 수 있을까. 작가, 어떻게 하면 저
낯선 방문객을 쫓아낼 것인가. 초반부터 신경전이 펼쳐진다. 뿔테 안경,
외투를 입은 채 서 있어야 하는 자, 지나친 존경심, 굴종의 이미지가 드러
난다. '각하' 라는 존칭의 반복, 상대의 마음을 사로잡으려는 교활한 전략
인가. 코르베스, 어떻게 대응할까.

위스키 잔을 든 채 허세를 부리는 자, 나이트가운, 구렛나루 수염, 흰
백발, 광기어린 눈매, 가슴에는 털이 솟아나 야성미가 넘친다.
거실 의자와 탁자 이곳저곳에 여자들의 속옷, 팬티, 브래지어가 널려져
있다. 연극은 코르베스의 극해설로 이미 시작되어 있다. 여기 저기 널브

러져 있는 여자의 속옷 소품들, 문란한 엽색 행각을 상징하는 오브제다. 거실 무대 좌우측엔 책더미가 쌓여 있다.

방문객 호퍼, 어렵사리 상대의 관심을 이끌어낸다. 그러나 상대 코르베스가 방심하고 있는 사이, 그는 서서히 본심을 드러낸다. 그가 상대를 추궁하기 시작한다. 코르베스에 대한 뒷조사, 그가 살상 사건과 관련되어 있음이 드러난다. 방문객 호퍼, 증거를 제시한다.

상대의 약점을 알아차리면서 방문객의 눈빛이 변한다. 천박해진다. 교활해진다. 표독스러워진다. 움직임이 달라진다. 그가 거실 공간 전체를 장악해 나간다. 살인 입증 자료, 관련 메모지가 건네진다. 당사자는 말이 없다. 차분함, 침묵, 관객, 긴장감을 주체 못한다.

연극은 줄다리기다. 줄다리기 양상이 바뀌면서 재미와 긴장이 깊어지고 확장된다. 한동안의 회심의 미소, 드디어 역공이 시작된다. 맹수의 포효, 타오르는 화염 이미지, 주변을 제압해 나가는 자, 상대가 거꾸로 내몰리기 시작한다. 호퍼가 오랜 세월 거쳐 만든 뒷조사 자료, 놀랍게도 스캔들지를 통해 이미 알려진 내용이다. 코르베스, 기꺼이 뒷조사 내용을 인정한다. 그리고 맞받아치기 시작한다. 대중들, 코르베스의 살상 행동을 눈치 채지만 모르는 척하여 왔다. 살상의 전율, 스릴을 만끽하고자 하는 대중, 그들 모두 코르베스의 생동감 넘치는 글에 중독되어 있다. 모두가 그의 글만을 원할 뿐이다. 살상을 묵인하는 대중들, 암묵적인 동조, 이는 정상이 아니다.

연극은 관객 모두를 전율과 충격 상황으로 내몰고 간다. 작가 코르베스, 방문객마저 살해하려 든다. 또 다른 작품 컨셉을 위해 그는 상대를 살해 대상으로 삼는다. 이럴 수가 있을까. 이는 미치지 않고서는 불가능하다. 코르베스 역의 윤희철, 광기 이미지가 분출된다.

권총으로 위협하는 자, 호퍼, 난간으로 내몰린다. 호리존트에 난간 구조물이 설치되어 있다. 불안, 두려움, 공포에 질린 이미지, 호리쪽 이동 과정과 맞물려 점차 확장된다. 공격자와 방어자의 관계가 뒤집히면서 무대 장악 구도 역시 뒤바뀐다. 움직임의 스케일 및 스피드 역시 정반대 양상으로 변주된다. 살상을 가하려는 자(윤희철 분)가 객석으로 진입한다. 그가 관객을 향해 권총을 겨눈다. 관객, 섬뜩함을 주체 못한다. 무대 호리쪽에서 상대 호퍼(이현기 분)가 반응한다. 호퍼의 추락 행위, 배우의 탄력적인 반응 음성 및 육체 기호가 사이드 레드 조명과 만나 앙상블을 이룬다. 섬뜩한 충격은 도발로, 도발은 깨달음으로 이어진다.

2) 반성과 성찰을 향한 그로테스크 전략

"사람 살려!"

무대는 짧은 순간 암전된다. 시간과 공간의 상황 변화, 짧은 무대 암전 설정, 다양한 상상 행동이 촉발된다. 비명 소리, 얼마의 시간 경과, 뒤늦게 놀라 달려오는 자들, 비서(김경곤 분)와 호텔 지배인(이현진 분)이 주변 앞뒤 정황과 관련하여 반응하고, 보고한다. 무대 밖의 상황, 그 동안의 사연이 자연스레 현재화된다.

주변 사람들 누구도 코르베스를 의심하지 않는다. 그가 살인자임을 알고도 일부러 모르는 척 하는 것인지도 모른다. 무표정, 중립, 침묵, 코르베스의 파렴치한 살상 행동을 암묵적으로 허용하는 기호인가. 다양한 해석과 상상이 뒤따른다.

코르베스, 또 다른 살상 소재를 찾아 떠난다. 대중들은 오늘도 그의 글에 열광한다. 살인 작가를 향한 대중들의 흠모와 경외심은 여전히 계속된다. 진실을 보지 못하는 행동, 이는 대단한 아이러니다. 이를 허용하는 사회, 이는 중병에 걸린 사회다. 이는 죽은 사회다.

공연의 마지막, 또 다른 충격 상황이 펼쳐진다. 코르베스의 무대 해설 행위가 공연 초반처럼 반복된다. 정중한 신사 이미지, 진실과 사실만을 이야기한다는 그의 말, 그러나 이 모두 허구임이 드러났다. 가짜를 진짜처럼 들어야 하는 관객, 모멸감이 극에 달한다. 우롱 당했다는 느낌, 그런데 저 가짜를 대중들이 열광한다. 피가 거꾸로 돌 정도다. 공연 현장에서 사기를 당한 느낌이다. 이는 대단한 부조리다.

작가 코르베스, 오늘도 대중들의 눈멀어 버린 욕구를 위해 또 다른 살인을 준비한다. 그 타이프 라이팅 작업은 이를 상징한다. 공연은 그의 기만 행동으로 끝을 맺는다. 그의 타이핑 행동은 공연 이후에도 계속될 것이다.

가짜의 삶, 이를 빚어가는 소리, 어둠 속에서도 계속된다. 그걸 모르고 살아왔던 자들, 작품은 이들을 일깨우기 위해 극약 처방으로 끝을 맺는다. 동의할 수 없는 사건, 도저히 허용할 수 없는 실수 행동에 관객은 성악을 금치 못한다. 불감증에 젖은 우리네 의식 세계, 경악은 충격으로 이어지면서 깨달음의 뇌관에 불을 붙인다. 진지한 반성과 생산적인 성찰 작업이 이루어진다.

추적자와 감추려는 자, 피 튀기는 신경전, 이를 위해 다양한 오브제가 활용된다. 담배 태우기, 쪽지 건네기, 상대의 의중을 떠보는 행동, 테이블 중심으로 밀고 당기는 극 행동이 무대화된다. 술 마시기 그림의 반복과 변조, 비판적 성찰을 유도할 극 전략이다. 장소, 위치, 상황 따라 술 마시기 그림이 달라진다.

공연의 중반부, 약간 지루하다. 평면 대사 언어 탓이다. 자칫 관념 언어

극에 함몰될 위험이 있다. 코르베스의 엽색 행각을 상징하는 일부 오브제들, 여성들의 속옷, 브래지어, 팬티, 이를 중심으로 코르베스의 속보이는 행각이 희화될 필요가 있다. 역동적인 패러디 놀이 전략, 희극적 릴리프를 펼쳐갈 희화 전략, 이에 대한 연출적 상상력, 연출적 사유 작업이 필요하다.

공연 초반, 극의 주제를 상징적으로 일깨워내기 위한 퍼포먼스가 펼쳐진다. 코르베스 역할의 윤희철과 호퍼 역할의 이현기가 벌이는 퍼포먼스, 집단의 부조리, 미쳐가는 자들, 그들의 구원 불능을 상징적으로 일깨워낼 처방인가. 주제에 걸 맞는 퍼포먼스인가, 이를 향한 정밀 탐색이 요청된다.

다양한 책더미 오브제들, 무대 좌측 및 우측 전면 공간에 놓여 있다. 능동적인 책 오브제 활용 처방이 요청된다. 서재 공간, 서재에서의 움직임 및 문제 인물들 간의 반응 행동, 이를 다양하게 변조시켜 나갈 전략이 필요하다.

그럼에도 공연 전체적으로 기괴성과 부조리 이미지가 무리 없이 창출되어 있다. 무대 액자를 사각 조명 연출로 기호화하려는 연출 전략 역시 이 공연의 매력이다. 상징 소품 기호에 대한 일관된 반응 행동, 윤희철, 이현기의 정교한 육체 언어 앙상블은 상징 육체 언어의 매력을 증폭시키는데 기여한다. 섬뜩한 충격, 냉철한 사유 묘미, 이를 기괴성 모티브로 무리 없이 실현시켜 나갔음은 이 연극의 최대 미덕이다.

5. 난장과 상징, 광기와 테러의 변주음: 국립극단의 〈테러리스트 햄릿〉

1) 파격과 상상의 연극 미학

연극은 문제 세계에 대한 반응에서 출발한다. 반응 기호는 상상력을 유발시킨다. 상상력은 사유 유발로 이어지면서 철학성을 창출한다. 상상이 철학적 사유와 만날 때 메타 예술의 정수가 우러나온다. 헝클어진 세계, 문제투성이의 이웃, 지금 이 시대의 햄릿은 어떻게 대응하는가. 테러리스트의 삶은 불가피한가. 연극은 이에 대한 화두성 질문을 던지고 있다.

국립극단의 〈테러리스트 햄릿〉(셰익스피어 원작·옌스 다니엘 헤르초크 연출, 신정옥 번역·김미혜·요하네스 키얼스텐 드라마투르그 및 공연대본구성, 미리엄 부쉬 무대 의상 디자인, 국립극장 달오름극장, 2008년)은 도발과 상상력 창출을 향한 현대 예술의 무궁무진한 변용 가능성을 일깨워준다.

난장과 헝클어짐이 공연의 겉 그림이라면 진실과 순수가 독백 언어 이

국립극단의 〈테러리스트 햄릿〉
(셰익스피어 원작 · 옌스 다니엘 헤르초크 연출, 2008)

면에 숨어있다. 상대의 정체를 알기 위한 엿보기 전략, 상대의 속내를 알기 위한 속이기 연극놀이, 이는 그 자체로서 놀이 묘미, 스릴의 재미를 불러일으킨다.

햄릿, 테러리스트 인물로 발전하기까지의 과정, 상대의 속내를 알아차리기 한 극중극 놀이 전략, 폭발 행동을 미침이란 위장 연기로 운색시키는 처방, 이를 위한 줄다리기 전략이 이 공연의 주요 축을 이룬다. 선왕을 죽인 자, 테러리스트의 눈으로 반응하게 하는 작업, 어떻게 펼쳐질까.

살상 여부, 이를 탐색하려는 자와 감추려는 자, 이들 사이의 줄다리기 작법, 이는 기존 평면적 시선으로 조망되지 않는다. 햄릿의 고뇌, 내적 불안, 분출과 억제의 길항 심리, 무대는 늘 이에 대한 상징 공간으로 변용된다. 벌거벗은 사실주의 재연 작법은 단호히 거부된다.

빈 공간, 사방팔방으로 탁 트인 직사각형 단 무대, 언제 어디서나 등퇴장이 가능한 열려진 개방 루트, 삼면 객석마저도 함께 즐기고 나눌 수 있는 연희 공간, 무대는 전후, 좌우, 상하 등 다양한 각도로 확장된다. 인물의 내면 심리 변화에 맞추어 무대그림은 늘 탄력적으로 변주되고 재창조된다. 무대 천장이 암살 테러를 준비하는 상징 공간으로 변용된다. 공연은 정면 상자 무대에서 벗어나 좌우 전후 열린 무대 형식으로 펼쳐진다.

기존 햄릿 공연에 대한 낯익은 향수나 기대는 철저히 무시된다. 예측 불허의 이미지 설계가 이 공연의 주요 함수다.

신하의 보고를 접하는 왕, 왕은 왕비와의 정사 행위로 보고자를 맞는다. 보고자의 목소리가 커진다. 정사의 농도 역시 이에 비례하여 더욱 진해진다. 이는 반 사실적이다. 이는 부조리하다. 이는 당혹스러움을 유발시킨다. 헷갈림, 불편한 관극이 이루어진다. 거리두기 관극이 시작된다. 능동적인 성찰 작업, 관객은 부조리 행각을 통해 일그러진 주변 현실과 자신을 되돌아본다.

딸의 일거수일투족을 간섭하는 자가 있다. 폴로니우스는 고루하고 완고한 이미지로 등장한다. 와이셔츠에 넥타이 차림, 엄격한 교사 이미지가 상기된다. 오필리어는 엄한 부친의 간섭에 시달린다. 어리고 여린 소녀 이미지가 클로즈업된다. 햄릿을 회유하라는 왕의 명령, 폴로니우스의 문제 행동이 희화되기 시작한다. 어린 딸에게 창녀 노릇을 요구하는 자, 세상에 이런 자가 있을까. 극예술은 상징이고 허구다. 반사실주의 허구 코드가 힘을 발한다. 부친은 딸에게 학생화를 빼앗는다. 그 대신 빨간 구두를 건넨다. 그는 딸에게 요염한 유혹자 역할을 강요한다. 폴로니우스의 일그러진 행각이 패러디 삽화로 설정된다.

부도덕, 부조리, 악덕으로 가득한 왕실 상황, 햄릿의 반응은 테러 코드, 테러 색조로 일관되어 있다. 예측 불허의 행동이 빚어진다. 칠판 오브제,

빈 의자 소품은 테러 코드의 주요 함수다. 테러는 부조리를 낳는다. 부조리는 또 다른 테러를 낳는다. 테러와 부조리의 연쇄 변주음, 이제 그 연주 설계 과정을 살펴보기로 하자.

2) 착란의 변주음―오필리어

비가 오지 않음에도 우산을 쓴 자가 있다. 오필리어(고아라 분)가 히죽거린다. 말을 건넨다. 주변 사람들, 말이 없다. 시부룩하다. 가장 가까이 서 있음에도 이웃 사람들 침묵한다. 무언가에 주눅 들어있는 듯하다. 잔뜩 긴장한 표정이다. 우산은 뒤집혀 있고 소녀는 맨발 차림이다. 말을 건네는 자, 그럼에도 대꾸하는 자는 찾을 길 없다. 실성한 자가 주변을 압도해 나간다. 실성한 자가 공연장 전체 공간마저 제압해 나간다. 실성 언어, 움직임, 오관의 움직임 하나하나가 시한폭탄의 기능을 발휘한다.

미친 자의 노래, 기이한 공연 그림이 연출된다. 흥겨움 대신 씁쓸함과 기막힘 그리고 연민 정서가 촉발된다. 일그러진 노래 음률이 반복된다. 동요 음률은 우리에게 익숙하다.

> 떴다 떴다 비행기,
> 날아라,
> 날아라,
> 높이 높이 날아라,
> 우리 비행기.

부친 폴로니우스(서희승 분)가 갑자기 살해되었다. 부친이란 자, 패역한 자들과 한 패거리다. 선왕 독살, 왕위 찬탈 세력, 부친이란 자 문제가 크다. 교육이란 명목으로 자율이 망가진다. 일거수일투족, 감시가 계속되는 상황, 이는 바람직한 혈육 관계가 아니다. 부친이란 자, 딸에게 유혹자 노릇을 강요한다. 오필리어, 권모술수를 위한 희생양으로 전락한다. 그 대가는 혈육 상실이다. 관객, 할 말을 잃는다. 연민, 동정이라는 상투적 정서로 대응하는 것마저 사치스럽다. 약혼자 햄릿에게 의지해야 할까. 그런데 하필이면 그 약혼자란 자가 부친 살해범이다. 그 어느 곳을 바라보아도 참담함을 토로할 곳이 없다.

약혼자 햄릿에게 위로 받고 싶지만 오히려 그로부터 어이없는 일을 당했다. 자신만을 끔찍하게 사랑해 줄 걸로 믿었건만 상대는 착란 증세를 보이면서 린치와 위협 행각만을 일삼을 뿐이다. 목 졸라 죽이려는 약혼자의 광기, 어이없는 부친의 죽음, 감당할 자가 있을까.

연출가의 창의력은 인물과 인물 사이의 관계, 행동과 행동 사이에 숨어 있는 비밀, 이를 떠올려내 연극적 이미지로 변용시켜 나가는 작업, 이를 사유하고, 상상하게 만드는 작업 여부에 달려 있다.

예기치 않는 부친의 죽음, 충격, 당혹, 고뇌, 절규, 무너짐, 미움, 분노와 사랑, 이런 다양한 정서 패러다임, 어떤 이미지와 극기호로 펼쳐 가야 할까. 분노, 미움, 허탈 정서가 축적되면서 미침과 착란은 확장된다. 분출, 터트림은 다중을 향해, 익명을 향한다. 익명의 다중, 관객도 포함된다. 흐트러진 내면 정서, 이를 위해 미친 자의 동요 음률 노래가 힘을 발휘한다. 되풀이 기법, 토토로기 작법은 더욱 진한 페이소스를 자아낸다.

자신의 곁을 떠나 하늘나라로 갔을까. 비행기처럼 둥둥 떠다니다가 하늘나라로 간다고 믿는 동화적 발상, 그러나 현실은 전혀 그렇지 못하다. 좌절, 극도의 우울, 그런데 절규 대신 찬양 언어가 쏟아진다. 대단한 역설이다. 미친 자의 찬양 언어, 찬양 음률, 연극은 단순한 비극적 톤을 뛰어

넘어 씁쓰레한 희비극 효능을 불러일으킨다. 기발한 연출적 상상력이다.

착란의 미학, 이 연극의 최대 매력이다. 격분을 주체 못하는 레어티즈(한윤춘 분), 기관단총으로 무장한 자, 그의 절규 이미지가 실성 이미지와 앙상블을 이룬다. 동요 '나비야'를 통한 미친 자의 연희, 희비극적 효능은 순간으로 그치지 않고 공연장 및 우리네 삶 전체로 확산된다.

미친 자, 악기를 메고 연주할 태세다. 오렌지족 머리를 한 집시 이미지다. 복수심에 불탄 레어티즈 마저 미친 누이의 모습 앞에서 할 말을 잃는다.

> 나비야,
> 나비야,
> 이리 날아오너라.
> 노랑나비 흰나비
> 이리 날아오너라.

짧은 치마, 맨발 차림, 노출이 심한 옷차림, 섹시함을 흉내 내기 위한 제스처, 미친 자이기에 모두가 거리낌이 없다. 주변을 향한 손짓, "따라 해, 따라해", "어서, 따라해!" 그녀의 요청은 강렬하지도 않다. 그런데도 묘한 힘이 있다. 모두를 꼼짝 못하게 하는 힘이 있다. 왕실 시종들이 따라 부른다. 왕비란 자도 따라 부른다. 왕도 따라 부른다. 좌우 측면에 착석한 관객들, 전면, 이층 관객 모두 따라 부른다. 따라 부를 수밖에 없는 동기 실정 작업, 억울, 희생양, 구원 불능 영역, 이런 앞뒤 인과 상황이 탄탄하다. 관객은 미친 자의 포로가 된다. 연민의 포로 정서, 씁쓰레함의 포로 정서, 묘한 페이소스가 창출된다.

미친 자의 노래 요청, 최고 권력자 왕마저 꼼짝 못한다. 나비가 날아와 주길 바라는 소녀, 나비를 원하는 거리 여인 이미지, 레어티즈마저 할 말을 잃는다. 착란과 맨발, 노출 몸매와 동요 부르는 이미지가 상호 만나면서 기괴성이 우러나온다. 현대판 창녀 이미지, 야릇한 비애와 씁쓰레함이 고조된다. 미친 자의 언어에 모두가 숨죽이도록 만드는 전략, 미친 자의 노래에 모두가 따라 부르며 가슴아파하게 만드는 처방, 기발한 희비극 공연 설계 작법, 이 작품 공연의 최고의 명장면이자 압권이다. 희비극 텍스트, 변증법 성찰 작법을 공부하는 분들에게 두고두고 회자될 장면이다.

3) 광기와 테러의 변주음–햄릿

선왕(오영수 분)이 살해되었다. 살인자를 밝히는 게임, 심증은 가지만 물증이 없다. 전전긍긍하는 상황, 상대의 정체를 알아가는 작업, 복수는 어떻게 할 것인가, 이게 이 연극의 겉 그림이다. 이게 이 연극의 줄다리기 장치다.

도저히 받아들일 수 없는 현실, 이에 대한 대응 장치, 광기의 연극이 펼쳐진다. 광기는 속내를 감추기 위한 위장 전략이다. 이를 알아채려는 자, 이를 감추려는 자, 팽팽한 줄다리기가 시작된다. 연극의 장력은 이런 보이지 않는 줄다리기 맛에 의해 좌우된다.

미친 자의 행동, 사랑했던 오필리아에게 가짜 연극을 해야 한다. 맘에도 없는 행동, 목을 조르고, 린치를 가하고, 그럼에도 여전히 오필리어는 유혹녀 역할을 강요받는다. 정숙한 복장 대신 매혹적 복색, 학생화 대신 하이힐 구두, 상대 의중 알아차리기 위한 수단, 죄 없는 오필리어만 결국 희생양이 될 줄이야.

왕 일당을 속여야 하는 햄릿(서상원 분), 그들을 골탕을 먹여야 하는 건데, 눈치 챌 뻔한 행동이 순간 드러난다. 시치미 떼는 전략, 감추기, 속이기 게임, 진실과 속내가 독백, 방백으로 터져 나온다. 햄릿의 미침 전략, 햄릿의 방백 전략, 이를 통해 일정량 공모 정서가 유발된다. 악당들을 속이려는 공모 전략, 희극적 우월 정서, 활력의 해방 쾌감이 유발된다.

칠판이란 오브제, 이는 정권 홍보를 위한 상징 매체로 등장한다. 광기 어린 햄릿의 행동, 왜 그럴까? 이를 분석, 규명하려는 행동이 칠판 글자로 기호화된다. 햄릿은 이들의 분석 언어, 규격화된 기호에 테러를 가한다. 남자의 성기를 그려 넣는 행동, 이는 도발이다. 칠판 도표 기호에 만족해하는 자들에 대한 조롱이다. 왕실 사람들 모두 일시에 조롱거리로 전락한다.

선왕 살해범, 죄를 은폐시키려는 자들, 어떻게 하면 악당들을 골탕 먹일까. 효과적인 모독, 조롱 행위, 햄릿은 칠판이란 오브제를 향해 테러를 가한다. 이단 옆차기 행동, 예기치 않는 행동이다. 테러 코드의 반응으로 연극은 늘 관객을 압도한다. 칠판은 나동그라진다. 왕의 집무 공간은 난장판이 된다. 부도덕한 왕, 이를 조롱하려는 행각, 이게 난장과 파격 코드로 변용되면서 연극성은 확장된다. 예측 불허의 반응 행동, 예측 불허의 반응 속도, 관객은 놀란다. 충격을 주체 못한다. 그러나 뒤이어 깊은 사유의 쾌감, 난장의 쾌감에 젖는다.

무너진 칠판 오브제, 난장판이 된 왕실 이미지는 공연 내내 계속 연출된다. 악덕 왕의 권위를 조소하려는 햄릿의 의도, 이를 비유적으로 일깨워내려는 작법, 연출의 기발한 창의성이 확인된다.

거투르드(남유선 분), 햄릿에겐 어머니이지만 탕녀의 이미지로 다가온다. 노출이 심한 복색, 신하의 보고에도 불구하고 정사를 벌이는 여인, 그것도 원수인 자와 동침하는 여인, 햄릿의 갈등과 고뇌가 시작된다. 정상의 시선으로, 정상의 정서로 어머니란 자를 마주할 수 없다. 드디어 단 둘만의 공간이 허용된다.

햄릿(서상원 분)의 저주와 욕설이 시작된다. 상대를 바닥으로 내팽개치는 자, 모욕과 야유의 언어가 난무한다. 무대에는 30센티미터 높이의 기다란 단이 객석까지 확장되어 있다. 무대 좌측 단 가장자리, 경계선 바닥 아래로 창녀 이미지의 여인이 나동그라진다. 독설을 퍼붓는 아들, 그러나 그 어떤 대응도 할 수 없다. 경멸의 시선으로, 저주의 시선으로 쏘아보는 햄릿, 애원하는 여인, 얼마 후 연민의 이미지가 연출된다.

저 여인을 어머니라 불러야할까. 허용하기 힘든 애증 정서, 그러나 어머니라 부르며 그녀의 품에서 하나 되고 싶다. 눈물범벅이 되어 품에 안기는 자, 경멸과 욕설, 증오의 정서가 해소되었던 탓일까. 순간 그녀가 불쌍하게 보인다. 따스한 품을 지닌 어머니 이미지가 연출되는가. 땅바닥에서 허우적거리던 여인, 아들은 어미를 껴안는다. 어미도 아들을 껴안는다. 모성의 품, 안식과 포근함을 원했던 것은 아닌가. 복합적인 애증 정서가 교차한다. 연약하고 다중적인 인간 현존의 부조리가 절묘하게 무대화된다.

정적인 만남이 길어지면 공연은 늘어질 위험이 있다. 충격 요법은 역시 테러 코드다. 햄릿이 갑자기 표독스럽게 변한다. 그의 권총에서 불이 뿜어진다. 엿듣는 자, 이를 눈치 챈 자, 재빨리 총알 발사로 대응한다. 복수심에 불탄 자, 테러리스트의 반응 행각, 비명 소리, 죽어가는 소리 들린다. 왕비가 놀란다. 관객도 놀란다. 모두가 놀란다. 원수 클로디우스인가. 드디어 복수의 사명을 다한 것일까. 흰 천에 싸인 시신, 햄릿에게서 저주와 욕설이 그치지 않는다. 죽은 시신, 그 몸뚱이에 린치를 가한다.

그러나 관객과 주변 사람들, 죽은 자의 정체를 알고 있다. 작가는 폴로니우스의 죽음을 통해 비극성을 일깨워낸다. 미친 딸의 비극성, 그리고 희비극성을 준비한다. 그 대신 반동 인물 클로디우스를 살려내 극 후반부 위기 상황을 예고한다.

죽은 상대, 예비 장인인 폴로니우스다. 이를 까맣게 모른 채 햄릿은 복수의 욕망을 실천한다. 시신을 또 한 번 잔인하게 짓밟힌다. 난도질과 더불어 저주, 광기어린 욕설 행각이 최고조에 이른다.

　　　"거기 누구냐?"

파수꾼 병사가 내뱉는 이 첫 대사는 유령을 향한 질문으로 그치지 않는다. 이는 햄릿이란 인물 그리고 지금 이 시대를 살아가는 관객 모두에게 던지는 실존 촉구의 질문이다. 복수심에 불탄 나머지 상대가 정작 누구인지, 자기가 과연 무엇을 하고 있는지, 이를 까맣게 모르고 있는 자, 관객은 이런 햄릿의 테러 행동을 마주하면서 각성과 깨달음 그리고 철학적 성찰을 하기 시작한다.

왕의 집무 탁자와 흰 덮개 천, 시신과 흰 천, 이들의 조합과 해체 구성은 다양한 비유 의미를 유발시킨다. 기다란 간이 탁자가 무대 후면 단위에 설치되어 있다. 간이 탁자는 흰 천으로 덮여 있다. 왕의 집무 공간에서 정사가 벌어진다. 흰 천이 벗겨진다. 볼품없는 간이 탁자 형상이 드러난다. 알량한 위장 전략에 대한 상징 매체, 이게 왕의 집무용 흰 천이다. 겉은 거룩함이지만 속은 가짜다. 엉터리다.

흰 천, 위장 매체, 이게 시신과 하나 된다. 그걸 짓뭉개며 내팽개치는 자, 왕의 위장 전략이 조롱거리로 전락한다. 위장된 거룩함, 그 정체가 드러난다. 저주하고, 테러를 가하는 행동, 테러 형태의 반발과 조소가 예측 불허 상황으로 전개된다.

무대 오브제들 간의 절묘한 조합과 해체 처방, 이를 통해 인물 간의 문제 상황이 반영된다. 공모를 주도했던 악덕 인물들이 거꾸로 내몰리기 시작한다. 우세자가 열세자로 전락한다. 감시자가 낭패자로 전락한다. 예측 불허의 속도와 파격적인 반응 행동 코드, 연출은 관객에게 숨돌릴 틈을 허용하지 않는다. 도발, 충격, 긴장, 사유 유발 전략이 매 장면마다 다양하게 반복, 변조된다.

4) 상징과 난장, 복수의 변주음

자, 떠나자, 동해 바다로……

송창식이 '고래사냥' 선율이 젊은이들의 소형 녹음기에서 흘러나온다. 무대는 빈 소주병, 과자 안주 등이 어지럽게 널브러져 있다. 수성 부리는 자, 히죽거리는 자, 소주를 상대 머리에 붓는 자, 무대는 완전한 난장판이다. 혼란스런 심리를 반영하기 위한 상징 오브제들이다.

연출은 햄릿의 딜레마, 햄릿의 고뇌어린 심경, 이를 위해 예측 불능의 난장 그림을 빚어간다. 객석 앞쪽 네 줄 영역까지 확장된 기다란 직사각형 무대 단 그림, 객석 앞쪽 가장자리에 걸터앉아 있음은 불안, 소외 모티브를 상기시키는데 기여한다. 기발한 상징 전략이다.

빈 의자, 쓰러진 의자, 내팽개쳐진 의자, 이런 오브제 설정 역시 햄릿의 불안 심리를 반영하는 데 기여한다. 빈 의자를 향한 독백, 그 공허함, 나동그라진 의자를 향한 독설, 불균형의 단 구조, 불안정 이미지의 오브제,

난장 이미지가 상징 해법과 만나 절묘한 성찰 묘미를 유발시킨다.

이 작품의 키워드는 상징과 난장이다. 공연 무대 어디를 보아도 기존 햄릿 공연 그림 색깔을 찾아볼 수 없다. 왕실 분위기를 찾을 수 없다. 햄릿이나 레어티스 등은 마치 현대판 주먹패들 이미지로 등장한다. 건달 이미지, 권총이나 기관단총을 들고 가죽 바지를 걸치고 등장하는 인물들, 테러리스트 내면 정서, 반발 심리 반영에 기여한다.

햄릿을 제거하려는 왕의 의도, 마피아들의 음모 상황을 방불케 한다. 갱단의 보스와 그 똘마니들, 등을 보인 채 앉아 있는 왕(김재건 분), 시종들(김진서, 강윤종 분)의 복장은 갱단의 이미지를 방불케 한다. 서류만을 바라보는 자, 그 자 앞에서 주눅 들어 있는 자들, 서류 안의 문자 및 사물과 현저한 대비를 이룬다.

선왕의 혼령, 그 유령과의 만남 그림이 이색적이다. 어두운 조명, 빈껍데기 이미지의 외투 의상, 내복은 입은 유령의 이미지, 이층 객석 맨 좌측에 롱핀 조명을 받으며 등장한다. 유령(오영수 분)은 햄릿의 등 뒤에서 나타난다. 독살, 찬탈의 상징으로 유령이 쓴 왕관이 땅바닥으로 내팽개쳐진다.

사실주의 공간 거리 구도가 철저히 배제된다. 유령은 그 자체가 반사실적이고 어쩌면 햄릿의 내면에서 경험된 환영일 수 있다. 연출은 상징주의 공간 운용 구도 및 표현주의 연출 설계로 연극 전문 마니아들에게 신선한 창작 발상과 감흥을 불러일으켜 준다.

복수심에 불탄 햄릿, 그의 파멸 과정이 특유의 상징 작법과 비유 그림으로 변용되면서 객관적 성찰을 불러일으킨다. 기승전결이란 비극 곡선,

이는 부조화 및 미해결 분량을 의미한다. 복수심의 캐릭터로 행동하고 반응하면 할수록 문제 상황, 방해물 상황은 더욱 커져만 간다. 사랑을 나누려 했던 자들과의 관계가 하나 둘 무너지기 시작한다.

약혼녀 오필리어와의 관계, 어머니 거투르드와의 관계 역시 비정상 상황으로 발전한다. 숙부와의 혈연관계 역시 완전 와해된다. 예비 장인 폴로니우스, 예비 처남 레어티즈, 이들과의 관계 역시 원수 관계로 뒤바뀐다. 약혼자 오필리어, 그녀에게 사랑의 언어 대신 미침이란 가짜 언어, 린치라는 가짜 상황을 펼쳐야 한다.

이는 햄릿의 딜레마로 그치지 않고 이와 유사한 상황 속에서 갈등하는 오늘의 관객 모두의 문제다. 연출은 늘 햄릿의 문제를 정면 환상무대, 액자무대에 가두지 않는다. 햄릿의 문제를 오늘의 관객 문제로 유추시켜 나가도록 연출은 늘 개방연극 작법을 시도한다. 배우들은 이를 위해 늘 삼면 객석 사이사이로 자유롭게 등퇴장을 한다.

장례 장면에서도 일차적인 컨셉에 제2, 제3의 충격과 비유 의미가 부여된다. 장례 공간, 장례 상황 설계 역시 예측 불허의 상태로 빚어진다. 미세한 블록으로 꾸며진 무대 단, 연출은 지하 공간 개념을 활용한다. 무덤지기(최상설 분)가 무대 단 아래에서 블록을 뚫고 올라온다. 전혀 예상치 못한 무대 공간 설계 전략에 관객은 경탄을 금치 못한다. 장례 일로 일생을 살아왔던 자, 수많은 주검을 목격하고 이를 마무리하여 왔던 자, 무덤지기의 언어에서 관조자의 이미지, 인생을 달관한 이미지가 상기된다.

검정 복색을 한 채 우산을 받쳐 든 자들, 주변과 달리 정태적이다. 말이 없다. 연출은 장례식 분위기를 뒤집어 놓는다. 분노와 복수심으로 제 정신이 아닌 레어티즈, 영문도 모른 채 지나치다 린치를 당하는 햄릿, 이 두 인물의 충돌로 장례식은 동적인 상황으로 발전한다.

레어티즈(한윤춘 분)의 공격, 두 사람의 육탄전, 땅 위에서 시작된 싸움, 다시 땅 아래, 무대 깊은 곳을 향한다. 상대 얼굴을 짓뭉개는 자, 분노와 저주의 눈빛을 주체 못하는 자, 엉겁결 방어하는 자, 검정 비닐로 휘감겨진 오필리어 시신이 솟아오른다. 두 사람의 육탄 그림 사이로 시신이 드러난다. 장례의 엄숙성마저 유치원 아이들의 싸움 그림으로 전락한다.

연출은 끝까지 엄숙의 이미지를 깨버린다. 긴장과 스릴이 예상되는 결투 그림, 그러나 연출은 이를 가볍게 처리한다. 무거운 소재, 가볍고 재미있게 비틀려내는 것, 예술의 기본 전략이다. 긴장, 피튀기는 승부 게임, 그런데 연출은 이를 장난과 익살 그림으로 희화시킨다. 개구쟁이들의 소꿉놀이, 결투는 싱겁게 처리되는가. 상대를 방심케 하는 꾀돌이 전략, 펜싱 결투 1, 2라운드, 햄릿의 승리로 끝을 맺는다.

그러나 3라운드 결투, 레어티즈의 독 묻은 칼이 햄릿의 몸통을 스친다. 아들 햄릿이 위험하다. 결투 현장을 마주한 거투르드, 당혹스러움 주체 못하는 여인, 엉겁결에 독이 든 술잔을 마신다. 햄릿의 칼이 클로디우스를 향한다.

음모를 획책했던 자들도 자기 꾀에 의해 죽임을 당한다. 독이 퍼져 죽어가는 햄릿, 독이 든 술잔을 마셔 죽어가는 자, 죽음 앞에서 모두는 평등한가. 그리고 진실한가. 한 때 경멸했던 여인 거투르드, 이제 죽어가는 모친을 껴안고 오열을 터트려 보지만 모든 게 허망하게 끝을 맺는다.

복수심은 모든 것을 잃게 만드는가. 후회하여 보지만 소용없다. 복수의 변주음, 테러의 변주음, 그 끝은 파멸과 허무다. 지나친 복수심은 파멸을 초래하는가. 이는 셰익스피어 시대뿐만 아니라 복수와 분노, 테러가 난무하는 지금 이 시대에도 계속 통용되는 삶의 화두이자 잠언 언어다.

연극 〈테러리스트 햄릿〉은 벌거벗은 사실주의 재연 부담을 과감하게 떨쳐버리게 한다. 예술의 창의성이란 재연이 아닌 상상력이다. 셰익스피어 시대의 유품 재연 행위를 타파한 헤르초크의 예술관은 변혁과 새로움을 꿈꾸는 이 곳 사람들의 현존 문제를 비유적으로 상기시킨다.

충격과 난장의 도발 작법, 테러리스트 삶, 그 헝클어진 상황, 이를 거리를 두고 조망케 하는 작법, 이를 철학적으로 사유하고 관조하게 만들었다는 점에서 국립극단의 〈테러리스트 햄릿〉은 한국 연극공연사에서 두고두고 회자될 명 텍스트라 할 수 있다.

제4장
관조와 상징, 비유와 성찰의 연극 놀이

1. 관조와 상징, 비켜감과 아이러니:
예술의 전당의 〈갈매기〉

1) 삶과 연극, 관조와 비유의 변주음

체홉 서거 백주년 기념 공연인 〈갈매기〉(체홉 작·함영준 번역·지차 트콥스키 연출, 예술의 전당 토월극장, 2004년)에는 서정적인 아름다움 이 배어 있다. 인생을 잔잔하게 들여다보는 관조의 묘미, 이를 드리워낼 시적인 코드는 어느 순간 아름다운 호수 풍경을 경험케 한다. 관객은 그 내면에 인생 풍경을 그려가면서 서정적 판타지에 젖는다. 좌절과 실패 그 리고 자살이란 극적인 삶, 그 사이마다 긴장이 있어 관객은 흥분하고 함 께 마음 졸인다. 폭풍우 소리와 황량하게 버려진 해변 가설무대, 풍경에 대한 반응 기호는 버림받은 여인의 아픔을 클로즈업시키는 데에 기여한 다. 관객은 그 반응 기호 면면을 접하면서 쫓김과 격동 그리고 흥분의 황 홀경을 주체 못한다. 주인공 뜨레플레프의 가슴앓이는 제2, 제3 인물의 애절함으로 전이되고 확장된다.

애절함의 형태는 다양한 인간의 방황 그림으로 확대되면서 관객은 원근법적 시선 두기를 배우기 시작한다. '인간은 노력하는 한 방황한다.' 세계적인 대 문호 괴테의 이야기다. 그렇다. 방황하는 초상들을 마주하면서 관객은 서사적인 눈을 뜨기 시작한다.

이 연극은 시작부터 공간 미술의 정교함과 그 아름다움을 녹녹치 않게 드리워낸다. 호수 위를 싱그럽게 날아오르는 갈매기, 이는 영상 그림의 아름다움을 연상케 하는 대목이다. 문제는 이것이 살아 꿈틀거리는 현장 무대 코드, 몸의 언어로 표현해야 한다. 어떻게 펼쳐질까. 무대 좌우 이동과 공간 만들어가기가 환상과 현실 넘나들기의 날줄 미학이라면 무대 전후 이동 및 깊이 만들기의 미학이 씨줄이 되어 상징의 공연성을 극대화시켜준다.

30여 미터 깊이의 예술의 전당 토월극장 무대 안쪽, 저 깊은 곳을 향해 모두가 누군가를 기다린다. 기다림은 간절함으로 간절함은 사모의 극치로 이어질까. 달이 떠오르기 시작한다. 배우들이 달뜨기 풍경에 대한 반응을 하기 시작한다. 이제 극중극이 펼쳐질 순간이다. 드디어 인기척이 들린다. 드디어 무언가가 움직이기 시작한다. 말을 몰고 달려오는 소리, 거친 숨소리, 바람소리, 호수의 물수제비 소리, 인간은 풍경을 만나 반응하며 생명력을 발한다. 풍경은 인간적 반응과 만나면서 아름다움으로 변용된다.

니나가 등장한다. 니나 역의 배우 이혜진, 하얀 원피스 의상, 감시망을 뚫고 달려왔다는 그 희열감, 환희의 극치, 그토록 서보고 싶었던 연극 무대, 양팔을 벌린 채 바람을 가르듯 저 깊숙한 무대, 30여 미터 깊이의 무대로부터 달려 나온다. 달리는 그림은 어느 순간 코러스 배우들과 만나면서 비상의 그림으로 변용된다. 어떻게? 두 명의 코러스(전지욱, 이형근 분)가 그녀를 공중 비행 띄운다. 양팔 높이 들어 올리면서…… 바하와 쇼스타코비치 선율이 울려 퍼진다. 현장 피아노 반주(이은희 연주)가 무대 중간부분에서 펼쳐진다. 선율에 맞추어 춤추는 그림, 그 춤은 갈매기의 비상을 연상케 한다. 그 춤은 말 타기 그림이란 구체성을 상기시키면서 동시에 해방, 환희, 대지의 샘솟는 생명력을 일깨워낸다. 움직임은 항상 풍경 그림을 만들어가

예술의 전당 기획 공연 〈갈매기〉
(체홉 작 · 지차트콥스키 연출, 2004)

면서 동시에 인간 내면을 직시하게 만들어 놓는다. 이것이 고급 공연 예술의 묘미이다.

무대는 호수가로 변한다. 물그림자가 천세기의 조명 구도를 통해 아름답게 펼쳐진다. 무대 좌측 전면, 효과 음향을 빚어가는 코러스들의 현장 작업이 그대로 노출된다. 무대 우측 또 다른 전면, 효과음을 빚어가는 피아니스트의 현장 연주가 노출된다. 물 위를 날아오르는 갈매기, 그 비상 상황, 이는 상징 이미지로 변용된다. 주변 소품 및 소리 효과 오브제들과의 만남, 배우들의 일관된 반응 속도와 반응 행동들, 호수 위를 날아오르는 갈매기 상황이 자연스레 상기된다.

연극 만들어가기 작업, 이것이 제작 작업으로, 극중극 빚어가기 놀이로

이어진다. 무대 좌측, 세로 구도의 일렬 수표교 격자가 단층 경사 구조로 설계되어 있다. 호숫가, 물과 대지의 만남, 기웃거림, 건너기 그림의 완급, 바라보는 자와 기다리는 자, 갈망하는 자와 떠나려는 자, 이들의 만남, 충돌, 몸부림이 수표교 구조물를 통해 입체적으로 살아난다.

극중 연극의 무대 막 역할, 실내와 실외의 경계 장치, 이런 상징 경계 만들기를 향해 수표교 이미지는 황금 분할 역할마저 수행해 낸다. 내면과 외부 세계 넘나들기를 계산한 에밀 카펠류쉬(Emil Kapelyush)의 무대 설계 작업은 공간 변용의 무한한 확대 가능성을 일깨워 준다.

극중극이 펼쳐진다. 무대 중간 후면에 설치된 검정색 종이 막이 음악과 더불어 갑자기 찢기어진다. 찢기어진 종이 틈새 사이로 백라이트 조명 빛이 강렬하게 세어 나온다. 5미터 높이의 대형 샹들리에가 막 뒤에서 서서히 모습을 드러낸다. 니나는 이미 대형 샹들리에 위에 올라가 있다. 니나익 극중극 대사가 펼쳐진다.

> (전략) 수천 년의 길고 긴 세월이 흐른 후, 달도, 빛나는 시리우스별도, 지구도, 그 모두가 먼지로 변하고 난 다음의 일이려니…… 그 때까지는 공포, 공포, 공포만 있을 뿐이다……

두 손을 하늘로 향해 펼쳐 보이는 니나(이혜진 분), 소형 종이 확성기를 들고 패기만만한 표정을 짓고 있는 뜨레플레프(오만석 분), 지금까지의 극 사실주의 기법을 탈피하여 새롭게 시도한 연극 기법, 이를 통해 그가 빚어낸 인생의 참다운 본질, 그의 첫 연극 무대는 과연 성공을 거둘 수 있을까.

다른 초대 관객들은 진지하다. 어머니 아르까지나(정재은 분)의 태도가 심상치 않다. 대형 배우 예술가인 아르까지나의 눈에 아들의 작품이 맘에

차지 않는다. 공연 도중 냉소와 핀잔을 쏟아내는 어머니 아르까지나, 수차례 그녀를 제지하려 하는 아들 뜨레플레프, "어머니", "아 어머니", 결국 참지 못한 나머지 뜨레플레프는 공연을 중단시킨다.

막 내려! 내리라구! (발을 구르며) 막 내려!

배우 지망생 니나의 저급한 연기 역시 공연 실패에 단단히 한몫을 한다. 뜨레플레프는 심한 충격과 좌절감에 휩싸인다. 어머니의 냉소로 마음이 심란해진 뜨레플레프, 그는 사랑하는 니나에게 위로를 받으려 하지만 여의치 않다. 니나 역시 공연 실패의 요인을 뜨레플레프의 능력 부족으로 돌린다. 작품 실패, 사랑하는 사람들로부터의 외면, 냉소, 그리고 새로운 경쟁자의 등장, 이는 주인공 뜨레플레프의 소외와 고뇌, 갈등을 더욱 부추기는 데에 기여한다. 이제는 그는 어떻게 해야 할까. 그 어디에서도 해법 찾기가 어렵다. 누구도 그에게 도움 줄 사람이 없단 말인가.

사랑하는 여인마저 그를 외면하고 다른 남정네에게 흥미를 느끼기 시작한다. 어머니와 아들간의 갈등, 그 줄다리기는 이제 어떤 양상으로 발전하는 걸까. 주인공 두 남녀가 벌이는 사랑의 줄다리기는 묘하게 엇갈리고 비껴가기 시작한다. 문제가 해결되기도 전에 또 다른 문제가 발생한 것이다.

2) 좌절된 날개짓, 방황의 초상

인생 탐구를 향한 끊임없는 수업, 예술가적 열정과 편력의 몸부림, 이를 향한 갈매기의 비상, 그러나 그 모든 게 하나의 꿈이자 환상으로 머물고 마는가.

비상의 날개가 꺾이며 좌절과 방황은 계속된다. 어머니, 연인, 주변 사람들, 그 어디에서도 배려의 눈길보다 자기 소외의 아픔, 그 메아리만 되돌아온다. 외삼촌 소린(정동환 분)은 지난 공직 생활을 충실하게 보냈지만 인생 허무감에 젖어 어찌할 바 모른다. 이루지 못한 사랑의 꿈, 마샤(이승비 분)는 늘 상복을 입고서 절망에 절어있다. 잘 나간다는 작가 뜨리고린(남명렬 분) 역시 글 감옥 속에서 늘 허우적거린다. 박봉의 월급으로 살아가는 교사 메드베젠꼬(박종현 분)는 척박한 시골 문화 풍토와 가족 부양의 질고를 한탄하며 세월을 보낸다.

희망에 부풀어 올랐다가 상처투성이로 되돌아오는 갈매기, 다양한 갈매기 군상들의 애절함이 평범한 일상의 잔잔함으로 시작되다가 막판 극적인 긴박감, 열정과 격동의 주고받기 그림으로 전환된다.

연극 실패, 작가적 좌절, 사랑하는 이로부터 핀잔, 조소, 뜨레플레프는 이를 감당하지 못해 결국 자살을 시도한다. 그러나 이 역시 실패하고 만다. 모멸감, 딜레마 그리고 참담함이 더해진다. 사랑의 방정식, 작가적 비전 추구를 향한 인생 방정식, 이를 채워나가는 주요 함수는 뜨레플레프의 딜레마로 그치지 않는다. 유명 작가 뜨리고린으로부터 버림받아 상처를 감당치 못한 채 삼류 배우로 전락한 니나(이혜진 분), 가난뱅이 교사와 억지 결혼 생활을 해나가는 마샤(이승비 분), 중년 의사 도른(윤주상 분)에게 여전히 사랑 고백의 열정을 잃지 않는 농장 안 지배인 뽈리나(추귀정 분), 이들은 제2, 제3, 제4의 갈매기가 되어 찢겨진 날개를 퍼덕거려 본다.

갈매기의 다양한 비상, 좌절의 스펙트럼, 이를 다채롭게 펼쳐 가는 맛, 그 펼침은 시적인 잔잔함으로 어떤 경우는 격정의 빠른 템포로 실현된다. 상처, 절망, 애절함을 안고 돌아오는 갈매기들, 박제된 갈매기는 생명력을 상실한 초상은 아닐까. 삶이란 연약, 실수, 부족함 투성이임에도 이를 끝까지 알지 못한 채 살아가는 것은 아닐까.

퇴역 관료 소린(정동환 분)은 인생 허무, 즐거움 상실을 호소하며 애절해한다. 축 늘어진 모습, 휠체어에 의지하여 안식을 원하지만 평안을 얻지 못하는 형상, 정동환의 농익은 육체 언어, 격렬함 사이로 여림의 미학을 살려낸 그의 반응 기호 창출 과정은 이 연극의 품격 고양에 지대한 공헌을 하고 있다.

자기만의 절대 고독에 파묻힌 모습, 지팡이에 의지해 무언가를 쫓는 듯 그러다가 주절주절 자기만의 독백성 언어로 이야기하는 과정, 우수와 고뇌, 절대 고독자의 이미지, 그러면서 엄청난 인생 고개를 넘어왔기에 관조자다운 여림의 색깔이 주변의 왁자지껄 분위기와 멋진 대조를 자아낸다.

농장 지배인 아내인 뽈리나(추귀정 분)의 집요한 애정 추구, 이를 멋지게 대응하며 인생이란 그래도 아름답게 변주할 가치가 있음을, 그리고 좌절한 사람들 마디마디에 그들을 위로하고 그들만의 애절함을 함께 나눌 줄 아는 중년 신사의 아름다움, 의사 도른 역의 윤주상은 탁월한 개인기를 토대로 원숙하고 탄력적인 반응 기호로 무대를 장악해 나간다.

정동환이 삶의 어둠, 재미없음, 권태, 인생무상을 농밀하게 표현하여 놓았다면 윤주상은 그 반대로 삶이란 그래도 살아가야 할 가치가 있고 아름다움이 있음을 일깨워주고 있다.

3) 박제된 꿈, 그 비켜감과 아이러니

좌절된 갈매기의 날개짓, 이는 대단한 상징성을 지니고 있다. 이는 극중 인물들 대다수가 여기에 해당된다. 좌절의 이미지, 그것이 하나의 군락을 이룬다.

가난한 시골 교사 메드베젠꼬(박종현 분)는 단 한 번도 아내 마샤(이승비 분)로부터 진정한 사랑을 받지 못한다. 마샤는 결혼했음에도 불구하고 뜨레플레프(오만석 분)에 대한 사랑을 버리지 못한 채 그의 주위를 맴돌 뿐이다. 뜨레플레프는 니나 주위를 맴돌지만 그녀의 사랑을 받아보지 못한다. 니나(이혜진 분)는 온통 뜨리고린에게 정신이 나가있다. 그로부터 버림받았음에도 뜨리고린을 향한 연정은 식지 않는다. 뜨리고린(남명렬 분)은 그 자신을 붙잡아 두는 아르까지나를 결코 떠나지 못한다. 아르까지나(정재은 분)는 일류 배우의 아성을 지키기 위해 몸부림친다.

하나의 좌절 형상은 그것과 관련된 그리고 그것이 원인이 되어 그 이웃의 좌절을 부추긴다. 한 마디로 연쇄적인 좌절 패러다임이 연극 전체 구조물을 만들어간다. 각 인물들이 드러낸 고백, 그 자신만의 아픔의 초상, 동시에 그것은 이웃의 냉소, 무관심, 무반응과 불가분의 관련을 맺는다. 고백과 보고의 양면이 동시에 창출되는 절묘한 언어꾸밈수법을 체홉은 자연스레 실현시켜 나간다.

'좌절된 사랑 방정식'이 날숨으로 펼쳐지자 그 위에 '좌절된 꿈의 방정식'이 들숨이 되어 인생의 함수를 입체적으로 빚어 놓는다.

자신의 예술가적 명성을 방어하고 지키기 위한 몸부림, 아르까지나는 자신의 배우로서의 명성을 잃지 않기 위해 아들의 요구마저 무시한다. 불안을 이기지 못해 그녀는 정부인 뜨리고린을 곁에 두려한다. 유명 작가 뜨리고린은 독자들의 비판 시선이 두려워 늘 노심초사 불안해한다. 그의 유일한 관심사는 글감 스케치, 글감 소재 찾기일 뿐이다. 그는 이런 글 감옥에 갇힌 자신의 삶을 한탄한다. 뜨리고린이나 니나는 스스로의 예술가적 재능 없음에 절망한다. 이 절망이 중첩되면서 막판 죽음을 향한 선택이 이루어진다. 황폐한 유랑극단의 길이 당사자 니나를 기다린다. 주변 어디를 둘러보아도 따스하게 돌보아 주는 이를 찾기 힘들다. 모두가 스스로를 비극 인생의 주인공으로 생각한다. 바라봄은 이로 인해 엇갈릴 수밖에 없다.

비켜감, 엇갈림, 이게 체홉이 바라본 주요 비극 함수이다. 체홉극의 매력은 이를 다양한 각도로 통찰토록 유도함에 있다.

전체적으로 무겁고 어두운 공연 색조임에도 밝음과 희극적 활력 매체가 재치 있게 설계되어 있다. 객석 정면을 향해 의자에 나란히 앉아있는 어머니와 아들, 이들의 말다툼은 희극성을 자아낸다. 유명 예술가 어머니(정재은 분)와 청년 작가 지망생인 그녀의 아들(오만석 분), 장성한 성인들이 소꿉 놀이 어린애 반응으로 상대를 가격한다. 가격 반응은 더욱 유치하다. 그 유아적 반응 그림이 점차 빠른 속도로 진행된다. 관객의 폭소가 쏟아진다. 극한 대립과 갈등의 순간이 다가온다. 긴장감이 감돈다. 그 절정에서 이들은 울부짖는다. 포옹한다. 진한 연민과 인간적 동정, 그리고 동질감이 우러나온다.

지배인 부부인 샤므라예프(손진환 분)와 뽈리나(추귀정 분)는 가난한 사위 메드베젠코(박종현 분)를 탐탁치 않게 여긴다. 사위는 유명 예술가들과의 교류를 갖고 싶어 하지만 그가 그들 사이에 오랫동안 끼어들기가 어려움을 익히 알고 있다.

못난 사위가 분위기를 망칠 수 있다. 그가 사라지기를 바라는 장모 뽈리나, 그러나 사위는 이런 저런 핑계를 대며 예술가들의 나눔 잔치에 끼여들려 한다. 그를 내보내려는 눈치, 핑계를 대며 다시 끼어들려는 사위의 응전, 그 주고받음 역시 유치한 인간의 속마음을 일깨워내 준다. 귀찮아하는 자와 끼어들려는 자, 이들의 유치한 줄다리기 그림이 펼쳐진다. 이웃 사람 눈치 채지 않기 위한 은밀한 속이기 전략이 손짓, 눈짓, 오관을 통해 실현된다. 관객의 폭소가 유발된다.

코러스 배우들(이동윤, 임철수, 전지욱, 이형근)과의 놀이를 즐기는 아르까지나, 서커스 유희를 방불케 하는 장면이다. 코러스 배우들이 놀이 도구 역할을 수행한다. 놀이 도구, 사물들이 인간화되어 재미있게 움직인다. 연극 놀이하는 행위자의 입장에서 관객은 즐거움을 만끽한다.

이 연극의 하이라이트는 죽음에 대한 해석, 죽음에 대한 미학적 반응 및 표현력에 있다. 죽음에 대한 첫 번째 연출 해법으로 폭풍우 소리 효과와 그 반응이다. 폭풍우, 급박한 내면 심경, 요동치는 심리를 상기시킨다. 이해 부재, 따스함 부재, 소통 부재 모티브 역시 이 날씨 그림을 통해 암시된다. 옆방에서 카드 놀이 하는 소리가 들린다. 상복 입은 마샤가 카드 숫자를 외친다. 죽음을 재촉하는 상징 이미지로 들려온다. 사랑했던 여인 니나를 마지막까지 붙들어 보려하지만 소용없다. 그 어디에서도 구원처가 없음을 감지한 뜨레쁠레프, 그의 마지막 요청은 무엇일까. 그 자신의 작품 속 언어를 사랑하는 니나의 연기와 목소리를 통해 듣고 싶다.

무대 후면 저 멀리서 나나의 대사가 들려온다.

인간도, 사자도, 독수리도, 뇌조도, 뿔 달린 사슴도, 거위도, 거미도, 물속에 사는 말없는 물고기도, 불가사리도, 눈에 보이지 않던 모든 것까지, 한 마디로, 이 세상에 살던 모든 생명, 생명이란 생명은 슬픈 순환을 거쳐 다 소멸해 버렸다…… 이미 수십만 년 동안, 지구 위에 살아 있는 생명은 하나도 없다. 가엾은 저 달만이 부질없이 자기 빛을 내고 있을 뿐. 이젠 초원에서 학의 울음소리로 잠을 깨는 일도 없거니와, 보리수의 덤불 속에서 오월의 딱정벌레 우는 소리도 들을 수 없다.

니나의 언어가 절정에 달한다. 그녀의 언어, 목소리를 죽음 순간까지 간직하고 싶어서인가. 인간도, 사자도, 독수리도 이제 사라지고 없다. 그 자신을 이해하여 줄 수 있는 이, 그 어디에서도 찾아볼 수 없다. 극중 대사는 이를 암시한다. 절묘한 이중 언어꾸밈수법이다. 과연 체홉이다. 이제 딱정벌레 우는 소리도 들을 수 없다. 그리고 한동안의 정적, "빵······" 하는 총소리 들려온다. 관객은 숨은 멈춘다. 관객은 일순간 우주와 세계가 정지되어 있음을 경험한다.

뜨레플레프의 죽음 장면, 그가 총을 앞 어깨에 걸쳐 멘 채 앉아 있다. 그는 환한 미소를 짓고 있다. 몸뚱이가 땅바닥으로 나뒹구는가. 그렇지 않다. 그 대신 의자에 앉아 미지의 꿈, 새로운 피안의 세계를 향하는 모습인가. 이는 죽음을 통해, 자신의 소멸과 사라짐을 통해 다시 시작할 수 있지 않을까. 사랑도, 꿈도 소멸을 뛰어넘은 피안의 세계에서 가능한 것은 아닐까.

뜨레플레프의 죽음을 알리는 총소리, 놀라는 어머니 아르까지나, 그녀의 가슴앓이를 최소화하기 위해 몸부림치는 주변 사람들, 그리고 그녀를 속이기 위한 막판 아름다운 연극 언어가 은밀하게 전개된다.

> 도른: 아무것도 아닐 겁니다. 아마 내 약 가방 속에서 뭔가 터졌나 봐요. 걱정하실 것 없어요. (오른쪽 문으로 퇴장. 삼십 초 뒤에 돌아온다) 역시 그렇군요. 에테르 병이 터졌어요. (노래한다) 〈나 다시 그대 앞에 넋을 잃고 서면······〉
> 아르까지나: (탁자에 앉으며) 후유, 깜짝 놀랐어요. 어쩐지 그만 그때 일이 생각나서······ (두 손으로 얼굴을 가린다) 눈앞이 캄캄해졌어요······
> 도른: (잡지를 들추며 뜨리고린에게) 두어 달 전에 이 잡지에 어떤 논문이 실린 적이 있죠····· 미국에서 온 편지란 제목인데. 그래서 뭐 좀 묻고 싶은 말이 있습니다만······ 에, 그러니까····· (뜨리고린의 허리를

껴안고 푸트라이트 쪽으로 데리고 온다) 나는 이 문제에 관심이 많거든요…… (목소리를 낮추어서 작은 소리로) 이리나 니꼴라예브나를 다른 데로 데려가세요. 꼰스딴찐 가브릴로비치가 자살을 했습니다……

　　－막－

도른의 노래 제스처는 이웃을 향한 따스한 인간 사랑이 배어 있다. 아름다운 속이기 연극 전략이다. 사랑하는 아들의 죽음, 가장 먼저 알아차려야 할 자가 알아차리지 못한다. 죽어간 갈매기, 박제된 갈매기, 가장 먼저 주문하여 알아차려야 할 자가 그 사실을 까맣게 잊어버린다. 인간 삶의 모순, 비껴가기, 역설, 아이러니가 상기되어진다.

　비껴가기 사랑 방정식과 풀리지 않는 인생 함수, 이를 일깨워내기 위한 상징 매체 활용 전략은 경탄을 자아낼 만하다. 정작 소중한 이의 죽음을 인식 못하는 자, 이 아이러니는 검은 상복의 오브제로 시작하여 박제 갈매기 오브제와 그 반응을 통해 점차 확장되어진다. 체홉은 이런 삶의 아이러니와 비껴가기 정서를 철학적으로 성찰케 한다.

　세계적인 명 연출가 지차트콥스키의 연출 철학이 반영된 〈갈매기〉 공연(예술의 전당 기획 제작)은 관조의 아름다움, 서정성과 철학적 사유를 멋지게 유발시킨 명작이다. 인물은 극중극 풍경을 관조하고 관객은 이들의 인생 무대를 관조한다. 그 관조가 이중, 삼중으로 입체화될수록 사유의 묘미 역시 더 깊어진다. 이게 이 연극의 철학적 아름다움이다. 철학적 사유가 계속되는 한 체홉 연극은 새롭게 시작되고 새롭게 태어날 수 있다.

2. 어둠의 상징 화소, 추적과 성찰의 상상력: 극단 물리의 〈서안화차〉

1) 어둠의 공연 화소, 상징의 연극 코드

연극은 아름다워야 한다. 극단 물리의 연극 〈서안화차〉(한태숙 작·연출, 정미소 소극장, 2004년)에는 철학적 깊이와 아름다움이 배어있다. 공연 설계를 꿈꾸는 자들, 철학적 사유에 익숙한 관객에게 이 연극은 독특한 매력으로 다가온다. 어떤 미학적 스펙트럼이 활용되었기에 그러는 걸까.

연극 〈서안화차〉의 매력 1호는 어둠이라는 공연 화소다. 어둠, 여기에 우리는 부끄러움을 숨길 수 있다. 어둠이 있기에 엿보기가 가능하다. 어둠 속에서 말 못할 고민을 나눌 수 있다. 이게 어둠의 매력이다. 어둠의 공연 화소는 무대 미학 창출 과정에서도 힘을 발한다.

어둠 속에서 소리가 들려온다. 정적 사이로 들려오는 기차 바퀴 소리가 커져간다. 침묵은 무언가의 섬뜩함을 자아낸다. 기적 소리마저 기괴하기

극단 물리의 〈서안화차〉
(한태숙 작 · 연출, 2004)

이를 데 없다. 3등 객실 좌석에 핀 조명이 투사된다. 한 남자가 기차의 움직임에 맞추어 같이 흔들거린다. 서안을 향해 달리는 기차, 그만의 단독 서안 여행, 그리고 어두운 얼굴, 상처와 비밀로 가득 찬 표정이다. 주변은 어둠에 묻혀 있다. 자신들의 정체를 드러내지 않는 주변 사물들, 이 어둠, 이 공간은 지하 용갱 공간을 상징하는가. 이 어둠은 말 못할 치부의 내면을 상징하는 것은 아닐까. 한태숙은 이런 어둠의 공연 화소, 그 상징성으로 공연 승부를 건다.

짙푸른 조명, 이층 무대에서 고대 진시황의 음성이 들린다. 고대 중국인의 음성, 조명 빛에 비추인 휘황찬란한 황제 복장, 황제가 주변 토우들 사이에서 말한다. 어둠 속에서 말한다. 주인공 상곤의 내면에 황제가 자리한다. 어둠은 이런 상상력을 가능케 한다. 그 어둠 속에서의 기묘한 음색, 현실 인물의 적절한 반응 기호 역시 이런 상상력을 부추기는 데에 기여한다.

기차 객실의 상곤(박지일 분)은 시황제의 음성을 반복한다. 이는 작가의 철학, 인생의 숨은 비밀 발견하기 작업과 불가분의 관련을 맺는다. 언어음성 토토로기 수법, 이는 기차 바퀴레일 소리와 더불어 과거로의 시간 여행을 가능케 한다. 의식에서 잠재의식 더 나아가 무의식 세계로의 여행을 가능케 한다. 연극 여행은 이처럼 우리를 상상의 시간 속에 살도록 유도한다.

주인공의 상상 세계, 그가 꿈꾸고자 했던 세계, 의식과 무의식의 연결 작업이 열차 소리 효과와 이를 되받는 주인공의 반응 행동으로 자연스레 실현된다. 열차 여행은 시간 여행을 거쳐 연극 여행으로 이어진다. 이를 자연스레 경험케 했다는 점에서 연극 〈서안화차〉는 아름답다. 시공의 경계, 무의식과 의식의 경계, 그 뛰어넘기 과정이 어둠과 빛, 정적과 소리, 반응과 무반응의 타이밍 조절 설계를 통해 멋지게 실현된다.

2) 오브제의 상징성과 연극성

호텔 방에서 사랑을 나누는 두 젊은 남녀, 그러나 이들의 사랑이 한창 절정에 도달할 무렵, 여인(장영남 분)은 갑자기 관능 행위를 중단하려 한다. 남자는 보챈다. 여자는 누군가가 엿보고 있음을 알아차린다.

엿보는 자는 누굴까. 극의 주인공이자 호텔 영업주임 상곤이다. 상곤은 왜 엿보려 하는 걸까. 불륜 행각을 벌이려는 자들, 남자는 테마 파크를 짓기 위해 출장 나온 찬승(이명호 분)이란 바람둥이다. 여자는 내일, 모레쯤이면 결혼할 예비 신부다. 따라서 이들의 정사는 우리네 윤리, 정서상 도저히 허용할 수 없다. 비정상적인 사랑 행각을 벌이려다가 이들은 들킨 것이다.

그러나 이를 엿보는 자 역시 정상이 아니다. 엿보는 자를 주인공으로 설정하려는 발상이 기이하다. 은밀하게 엿보면서 느끼는 쾌감, 비정상의 관음증, 주인공 상곤은 왜 이런 증세에서 헤어나오지 못하는 걸까. 그 역시 곤혹스러워한다. 미안함, 당혹감을 주체 못한다. 그의 얼굴 어디를 보아도 사악함을 찾아보기 힘들다.

연극의 화두는 다름 아닌 '소유와 집착' 문제다. 한 때 사랑했던 남자, 멋지고 잘생긴 남자, 지금도 잊지 못할 남자가 바로 지금 자신 앞에 나타났다. 그와 함께 나눈 옛 사랑 추억이 있다. 주인공은 그와 나눈 은밀한 동성애적 만남을 잊지 못한다. 옛 애인을 향한 사모의 정은 극에 달한다. 그는 조형 예술에 몰두한다. 왜 그럴까. 사모하는 이를 조각상으로 빚어 소유하고 싶다. 이는 그만의 은밀한 꿈이다. 이는 누구에게도 말할 성질이 못된다. 이게 그의 딜레마요 문제다.

남자가 남자에게서 에로틱한 감정을 느낀다. 그 남자와의 사랑을 말할 수 없기에 상곤은 애가 탄다. 자폐증, 관음증, 자기만의 홀로 있기, 그에게서 이런 괴이한 증세가 나타난다. 그런데 어느 날 사모했던 남자가 나타난 것이다. 자신에게만은 놀라운 사건이다. 당사자 앞에서 떨림, 말없음만 계속된다. 그를 향한 추적, 엿봄의 형태가 이어진다.

문제가 커져야 연극성이 확장되다 연극성이 확장되어야 관객을 사로잡는 에너지가 커진다. 애인의 태도와 행각에서 문제가 발생한다. 상대 남자는 엉뚱하게도 종업원과 정사를 나누고 있다. 그는 바람둥이가 되어 있다. 그는 그 옛날의 동성애 행각을 경멸하고 있다. 주인공 상곤은 그에게서 시선을 던져보지만 싸늘함, 경멸의 눈초리만 되돌아온다. 배심감은 모멸감으로 이어진다. 탈출구를 찾을 길 없다. 해법이 없다.

남자가 남자를 애원하며 사랑을 갈구한다. 이런 은밀한 속사연을 그 누구에게도 말할 수 없다. 그 옛날의 분위기를 띄워 올려본다.

"후르르르"
"후르르르"

212

이는 이들이 남색 행각을 했을 때 내는 소리다. 상대는 변했고 능멸의 시선이 계속된다. 그럼에도 인내와 애원은 다시 이어진다. 결국 인내의 한계선이 무너진다. 위기의 극한 점, 파국의 사건이 발생한다. 실랑이, 그 극점에서 살상, 살해가 이루어진다.

상곤 자신의 조각 작업실에서 살상 행위, 이 섬뜩함을 어떻게 무대화해야 할까. 주인공 상곤은 어느 순간 동정과 연민의 대상으로 클로즈업되어 있다. 그의 아픔은 관객의 아픔으로 전이된다. 주인공의 위기

극단 물리의 〈서안화차〉
(한태숙 작 · 연출, 2004)

감은 관객 모두의 위기감으로 확산된다. 살상 행동을 향한 극적 스릴, 그리고 '어떻게 처리해야 할까' 라는 서스펜스 효과가 절정에 도달한다.

살상, 살해의 긴박 그림은 어떻게 펼쳐졌는가. 일순간의 말다툼, 조형예술에 몰두하려던 작업, 조각도는 살상 도구로 둔갑한다. 이제 그를 죽여서라도 갖고 싶은 욕망, 이는 우발적이지만 아마 잠재된 본능인지도 모른다. 상대가 칼에 찔려 서서히 죽어간다. 피를 흘리며 그의 몸이 쳐지기 시작한다. 이제 옛 애인을 마음대로 껴안을 수 있다. 그 동안 숨죽이며 담아 놓았던 마음속 이야기, 이제 이를 맘껏 쏟아 놓을 수 있다. 닫힌 마음 문이 열리는가. 물꼬가 이제야 터지는가. 얼굴은 눈물로 뒤범벅이 되어 있다. 속사연을 쏟아 놓은 이 쾌감, 그렇기에 진정한 해방감이 솟는다. 상

대가 죽었기에 그리고 상대를 마음대로 소유할 수 있다. 대단한 역설이다. 한태숙은 이런 역설의 미학을 관객 모두에게 경험케 하고 있다.

작별 인사차 작업실에 들린 여종업원(장영남 분), 그녀와의 만남은 대단한 긴장을 자아낸다. 살상 시점과 방문 시점이 교차하기 때문이다. 죽은 애인의 소지품이 눈에 들어온다. 반응을 보인다면 큰일이다.

시체 유기를 위해 몸부림치는 상곤, 옆방에서 그녀를 은밀하게 지켜보고 있다. 스스로를 감춘 채 그녀를 엿보는 행위, 저 여인이 이를 알면 문제는 커진다. 감추기와 속이기, 호기심과 추적하기, 이 둘 사이의 줄다리기가 이루어진다. 캐묻기 행동이 벌어지면 감추기 연극 반응이 뒤따른다. 정적, 침묵이 흐른다. 미묘한 긴장, 떨림이 일어난다. 직장 상사로서의 권위, 힘을 통해 상곤은 그녀를 가까스로 따돌린다.

이미 부끄러운 짓을 하다 들켰던 그녀다. 따라서 두 사람 사이의 작별 역시 묘한 긴장과 말로 표현하기 힘든 갈등의 여운이 분출된다.

작가는 이런 미묘한 심리 분출 과정을 정밀하게 추적, 설계한다. 이층을 오르는 철제 계단, 경사진 일층 조각 작업실, 작업 도구들, 작업 오브제들, 토우 조각상들, 이런 구조물을 활용하여 피해 심리, 감추기 심리, 부끄러운 심리, 죄책감의 심리 등이 자연스레 표현된다. 모든 게 불안하다. 만남 자체가 불안하다. 경사무대 위에 놓인 오브제의 상황 역시 불안하다. 불안한 심리를 갖고 있는 자들, 감춤과 어둠, 오브제 사물 사이로 자신을 숨기려는 행동들, 심리극의 아름다움이 배어 나타난다.

3) 집착과 소유, 거리두기 미학

공연은 늘 집착과 소유 욕망에 함몰된 초상을 객관적 관점에서 거리를

214

두고 조망토록 유도한다. 함수를 토용으로 변신한 두 배우(조명운, 강석분)의 마리오넷 이미지, 공연장을 압도해 나가는 황제의 위압적 이미지, 이는 어둠과 희미한 빛, 침묵과 강렬하게 터져 나오는 목소리, 움직이지 않는 토용 오브제와 움직이는 황제의 이미지, 무채색의 주변 이미지와 찬란하고 화려한 천연색 복장의 황제 이미지, 이런 대조의 연극성이 섬세하게 설계되어 힘을 발하기 시작한다.

이런 대조 이미지는 이 연극의 전체 주제를 상기시키는 데에 기여한다. 소유와 무소유, 얽매임과 자유, 삶과 죽음, 자아 회복과 자아 상실, 이 연극은 이 두 함수 사이의 끊임없는 줄다리기라 볼 수 있다. 대립, 대조의 공연 설계 작법, 이는 집착과 소유 이미지를 객관화시키기 위한 전략과 불가분의 관련을 맺는다.

사랑, 집착 심리의 변환을 위해 어떤 무대 미학이 활용되었을까. 이 연극의 무대 설계는 인물들의 말 못할 내면 심리를 입체화하는 데에 기여한다. 디근자 형의 이층 무대와 경사진 일층 무대, 그 사이에 비스듬한 철제 계단이 있다. 이층 무대 전면에 시황제의 목소리가 들려온다. 토용들 사이에 그는 자리한다. 시황제의 등장, 태고의 분위기, 꿈의 분위기, 그리고 현실 속 분신과 같은 분위기, 상황이 바뀌면 오브제와 시황제의 등장이 탄력적으로 변환된다. 토용 오브제를 호령, 압도하는 상황, 토용을 사모하는 분위기, 이처럼 미묘한 심리 변환 과정이 오브제와 배우들의 위치 변환, 조명 변환을 통해 자연스레 실현된다.

사랑했던 자, 이제 그를 영원히 갖고 싶다. 죽여서라도? 아니, 이는 진시황제가 자신이 죽은 이후에라도 왕국을 누리고 싶어 했던 것과 그 궤적을 같이 하는 것은 아닐까. 상곤은 이를 알고 싶다. 그토록 사랑했던 찬승이 자신의 손에 죽임을 당했다. 이제 그를 조각상으로 만들어 그를 자신의 작업실에 놓아두고 영원히 보고 싶다. 죽은 찬승은 이제 토용이 되어 작업실에서 함께 있을 수 있다. 이제 그를 영원히 소유할 수 있다. 그렇다면 행복한가. 그리고 이는 정상일까. 이와 비슷한 일을 진시황제도 벌이지 않았는가. 이제 그를 만나야 한다. 과거 시황제도 그랬으니 자신의 행각도 가능할 수 있는 일은 아닐까. 이런 행각이 과연 정상인가. 이제 그 여부를 확인하고 싶다.

상곤은 이를 위해 서안행 기차에 몸을 실었다. 서안의 진시황능, 시황제는 죽으면서 살아있는 자들을 거세시켜 토용으로 만든 뒤 자신 곁에 두었다. 죽어서도 그들을 호령하고 싶은 욕망 때문일까.

달리는 기차 안에서 그는 자신의 문제를 되돌아본다. 그의 여행은 실존 회복의 함수를 풀기 위한 몸부림인지 모른다. 덜거덕거리는 기차 소리, 우리는 인생 내내 이 함수를 풀기 위해 제2, 제3의 서안화차를 타고 갈지 모른다. 부끄러운 사랑 행각, 말 못한 가슴앓이, 이를 은밀히 풀기 위해 관객 모두 마음속 서안행 기차 여행을 한다.

이 연극은 어둠이란 화소와 시황제의 화두성 음색이 묘한 대조를 자아낸다. 토용이란 오브제와 어둠의 만남, 시황제의 음색과 침묵과의 만남, 그 정교한 배치와 활용을 통해 상상의 공간은 확장된다. 이는 한태숙만의 유미주의 연극 작업에서 가능하다.

상상의 내면 공간을 경험하였기에 관객은 소유와 집착, 사랑이란 화두 문제를 성찰한다. 우리네 은밀한 곳, 그 부끄러운 자화상을 되돌아보게 만든 연극, 이를 공연장 내부에서 문 밖까지 확장시켰다는 점에서 이 공연 무대는 오랫동안 회자될 가치가 있다.

4) 동어반복의 놀이 코드, 성찰극의 묘미

이 연극은 시황제(최일화 분)의 언어로 시작하여 시황제의 언어로 끝을 맺는다. 주인공 상곤이 시황제의 언어를 되받아 극을 시작한다.

진인: (빠타오카오산 예뿌파 루쉐이예 뿌홰이스 루-회에 뿌회이탕.)

높은 데를 올라가도 두렵지 않고
물속에 들어가도 젖지 않으며
불 속에 들어가도 데지 않는다.
(〈장자〉의 대종사 편에 있는 〈진인〉에 대한 묘사)

상곤: 불 속에 들어가도 데지 않는다…….
한때 저는 유난스럽게 고대 진의 시황제에게 사로잡혀 있었습니다.

상곤의 자기 고백은 시황제의 철학적 언어로 이어지면서 극의 철학적 품격을 높여 준다. 정통 드라마에서 금기시 해왔던 고백 언어, 해설 언어 가 한태숙의 극작 프리즘을 통해 빛을 발할 줄이야.

문제된 사랑 형태, 이는 비극으로, 파국으로 끝을 맺을 수밖에 없다. 과 연 이는 정당한가. 우리 현실에서 허용할 수 있는 영역인가. 수많은 젊은 민중들을 거세시켜 노리개화 한 시황제의 문제된 정서, 이는 상곤의 삶 속에 구체적으로 파고들기 시작한다. 정박아 동네 형과의 새디스트적 만 남, 그 상처가 묘하게 찬승과의 동성애 만남 관계로 발전한다. 이 만남은 정상이 아니다. 비정상 상황은 어처구니없는 사건을 통해 최절정에 도달 한다. 애인을 죽이고 그의 시신마저 토용으로 만들어 호텔의 입구에 세워 두려는 것, 그리고 막판 자신의 무덤 옆에까지 세워 두려는 엉뚱한 망상이 고백 언어로 펼쳐진다.

현실에서 허용할 수 없는 비정상의 사랑형태, 이게 과거와 오늘, 역사속의 인물과 오늘 현실의 인물, 이들의 행적을 통해 반복, 변조된다. 중국계 모친(지영란 분)의 불륜, 여종업원의 불륜, 남색 행각을 요구하는 불륜, 이를 상기시키는 상징 기호가 다름 아닌 괴이한 색조의 기적 소리다.

"휘이이익, 휘이이익, 휘이이익……"

이는 동성애 행각의 상징인 "후르르르, 후르르르, 후르르르" 기이한 소리를 연상시킨다. '동성일지라도 난 너를 사랑한다.' 상곤은 유년기적 성폭행 상처, 동성애 경험, 자신의 엉뚱한 소유와 집착, 이를 다시 한 번 떠올려 본다. 기차 바퀴 소리, 흔들거림, 기적 소리의 여운이 공연장을 가득메운다.

마지막 시황제의 철학 언어가 극을 마무리한다. 극의 철학적 품격을 살려낸 글귀는 무얼까.

어떤 사람은 나룻배와 같고 어떤 사람은 물과 같다.
물은 배를 띄우기도 하지만 배를 전복시키기도 한다.
(요더런 샹 촨, 요더런 샹 쉐이 / 쉐이 크어이싱쪼우 / 요 크어이 촨쪼우)

어둠은 무대를 바꿔 놓는다. 무대는 어느 순간 진시황제의 용갱 내부로 변해 있다. 수많은 토용들이 일층 경사로 무대 바닥에 놓여 있다. 상곤의 작업실에서 빚어놓은 토용들, 집착의 상징 기제들이다. 토용을 보면서 우리는 무얼 생각해야 할까. 지나친 집착은 파멸을 초래한다. 소유욕, 사랑욕, 이를 과시하는 수단으로서 활용된 토용 오브제들, 오늘도 소유 욕망을 과시하려는 풍조는 줄어들지 않고 있다.

한태숙의 서안화차, 우리는 오늘도 이런 기차 여행을 좋아하는 걸까. 다소 음산하기까지 한 어두운 색조의 음악 선율이 들려온다. 생명력이 상실된 수많은 토용 오브제들, 이들을 통해 위안을 얻으려는 몸부림이 우리를 슬프게 한다. 이 때문에 삶의 무대는 경사질 수밖에 없다. 그리고 불안은 계속 될 것이다.

불안하기에 소유의 욕망은 커져 가는 걸까. 이게 어둠이 잉태한 유토피아인가. 우리네 현실은 이런 망상의 유토피아를 추구하고 있는 모른다. 사랑, 집착, 이게 우리를 살린다고 믿었건만 시황제의 마지막 말처럼 우리네 삶 자체가 집착 욕망으로 인해 완전 뒤집힐지 모른다.

한태숙은 '어둠'과 '불안' 이란 공연 화소로 연극성을 배가하면서 삶의 본질을 성찰케 하고 있다. 여기에 서안화차의 연극적 매력과 철학적 깊이가 배어 있다.

3. 여백과 사유의 연극 미학: Labo C. J. K &
모아엔터테인먼트의 〈바다와 양산〉

1) 사이와 머뭇거림, 거리두기와 철학적 사유

〈바다와 양산〉(마사다 마사타카 작·송선호 각색, 연출, 정미소 극장, 동아연극상, 올해의 예술상 수상작, 2007년)은 침묵과 머뭇거림, 거리두기와 철학적 사유 유발 작업으로 관객의 이목을 집중시킨다. 직설적인 언어 표현되는 대신 주춤거림과 머뭇거림의 기호가 자주 등장한다. 애매한 색조의 말 줄임 어법, 어렴풋한 짐작을 유도하는 생략 어법, 의도적인 빈 공간 설계 작법이 상상력 확장에 기여한다.

시한부 인생의 아내(예수정 분), 이를 놓고 아내나 남편(남명렬 분) 모두 직설적인 반응, 격한 감정을 드러내지 않는다. 어림짐작으로 추측된 애인의 현존, 다소 모호하고 암시적인 상황, 거기에 대해 당사자는 머뭇거리며 모든 걸 감추어낼 뿐이다. 감추어진 이면의 모습들, 복잡한 내면 심리, 이를 떠올려내는 작업, 그 매개체는 다름 아닌 주춤거림이요 말 줄

Labo C. J. K & 모아엔터테인먼트의 〈바다와 양산〉
(마사다 마사타카 작 · 송선호 각색 · 연출, 2007)

임 행동이다. 침묵과 머뭇거림으로 대응하기에 관객은 그 이면의 정감 흐름을 다양하게 상상하고 추리해 낸다.

죽어가는 아내의 마지막 소망, 바다를 꼭 보고 싶다는 염원, 의사의 외출 허락, 아내는 들떠 있다. 이 옷, 저 옷을 바꿔 입으면서 남편의 조언을 구한다. 옷장 선반 위에 놓인 핸드백을 꼭 가져가고 싶다며 수선을 떤다. 어떤 일이 있더라도 이런 아내의 소망을 들어주고 싶다. 이런 염원을 가로막는 사건이 발생한다.

소설가 준모의 원고를 받으러 출판사 여직원 영신(김지현 분)이 나타난 것이다. 인물들은 각자 똑바로 상대를 마주 보지 못한다. 반쯤 등을 보이는 남자(남명렬 분), 병든 아내가 바로 옆에 보고 있다. 아내 정숙(예수정 분) 역시 이들의 관계를 어렴풋이 짐작하지만 확연하게 말할 수 없다. 작별 인사차 온 영신 역시 자신의 속마음을 전하려 왔건만 여의치 않다. 병들어 죽어가는 상대의 아내, 그녀 앞에서 무슨 말을 한단 말인가. 속내를 감추고 삭인 채 서로의 눈치를 보는 자들, 겉도는 이야기, 겉도는 제스처,

원고 봉투를 건네주려 하여도 직접 마주 보고 건넬 수 없다.

어색한 만남, 숨 막히는 상황, 이게 깨뜨려지는 사건이 발생한다. 찻잔을 건네려던 아내, 긴장한 탓일까, 병든 몸을 가누지 못해서일까. 찻잔이 엎질러진다. 물이 쏟아진다. 한참을 바라보는 자, 잠재의식의 발로인가, 여자로서 투기 심리가 발동해서일까.

여보, 뭘 해!

재빨리 수건을 건네주는 여인, 그걸 건네받는 남편, 두 사람의 손이 닿을 듯하다. 병든 아내인 자신 앞에서 남편과 저 여자와의 접촉을 허용해야 할까. 다양한 상상을 불러일으키는 장면이다.

남편의 손을 갑자기 잡아당기는 아내, 그 손을 부여잡고 움직일 줄 모른다. 짐승 같은 여성 본능일까. 남편 준모도 놀라고 여인도 놀란다. 모두가 할 말을 잃는다. 말하여지지 않는 상황 그리고 침묵으로 작가는 이 미묘한 정감 교차를 빚어낸다. 아내의 돌발 행동, 속내를 드러냄 없이 무언가에 집착하는 모습, 강렬한 추리와 연극적 상상력을 유발시킨다.

버스는 이미 떠나버렸다. 바다 소풍 계획은 망가져 버렸다. 남편 준모, 착잡하기 이루 말할 데 없다. 영신과의 만남이나 작별 상황 역시 개운치가 않다. 아내가 그녀를 거실로 끌어들이지만 않았어도 이런 일이 없었을 텐데.

거실로 들어와 아내를 찾는 준모, 아내의 모습이 보이지 않는다. 재봉틀 의자를 들고 이곳저곳 헤맨다. 침통함을 주체 못하는 준모, 얼굴을 푹 수그린다. 아내의 목소리가 들린다. 놀라 쳐다본다. 아내는 마당에서 환한 빛을 발하며 서있지 않는가. 비온 뒤끝, 햇살이 비친 것이다.

10월말, 쏟아지는 마당 햇살, 무지개, 천진난만한 웃음, 이는 무얼 의미할까. 무지개를 보는 자, 무지개 안에 당신과 내가 있다니……. 이건 현실의 언어인가, 아니면 죽어가는 자의 환청 언어인가. 관객은 다양한 상상을 하면서 애절함, 안타까움을 주체 못한다. 동화적 색조는 다시 현실적 진지함으로 바뀐다.

> 저기……(조금 진지한 얼굴로),
> 응?,
> 나, 잊어버리면 안돼요?,
> ……음…….

죽기 전까지 남편을 붙들고 싶어 하는 소망 때문인가. 영신 앞에서의 행동, 여성 특유의 본능에 기인하였다면 이제 자신의 죽음을 담담하게 받아들이려 하는 것은 아닐까. 햇살, 천진함, 무지개, 이는 조화, 포용, 초월을 의미하는 것일까.

마당에 서서 미소 짓는 자, 부부라는 관계 끈을 놓지 못해 몸부림치는 자, 죽음을 초연히 맞이하는 자와 이를 애타게 견디며 몸부림치는 자, 이런 부부의 사랑과 애증 함수, 이는 빛과 어둠, 차분함과 불안함의 대조 그림으로 변용되면서 강렬한 성찰의 파장을 드리워낸다. 참다운 부부란 이런 거리를 좁히려는 사이인가, 아니면 거리를 허용하고 인정하는 사이인가. 관객은 간절함과 애절함을 경험하면서도 이런 부부의 관계 미학을 철학적으로 사유하기 시작한다.

2) 울림과 정적, 고독의 실존

이 연극은 정적과 침묵으로 승부를 건다. 그 정적은 내면의 울림으로 이어진다. 그 정적은 의도적인 빈 사이 설계를 토대로 남겨진 자의 고독, 그 실존적 초상을 밀도 있게 성찰토록 유도한다.

텅 빈 무대, 그러나 관객은 긴장하고 상상한다. 무대 측면 부엌이나 안방 공간에서 벌어지는 일이 심각하기 때문이다. 보여 지는 사건들, 보여 지지 않는 사건들, 이를 위해 무대 설계 작업은 채움과 비움의 교차 작업이 정밀하게 실현된다.

무대 옆 공간에서 소리만 들려온다. 쓰러져 정신을 잃은 자, 그를 살리려는 자, 무대에서 말없이 급히 움직이는 자, 말하여지지 않는 것, 보여지지 않는 것, 이런 요소들이 이런 빈 공간 활용을 통해 연출되면서 상상력 확장에 기여한다.

추운 겨울 날 아내가 세상을 떴다. 장례에 참석한 자들, 장례식에서 먼저 돌아온 집주인 내외, 이들의 반응이 먼저 거실에서 펼쳐진다. 수다를 떨었던 자들, 갑자기 말이 없어졌다. 서로 떨어져 앉아 있는 두 인물(박지일, 이정미 분), 웅크리고 앉아 있는 자, 허공을 쳐다보는 자, 검정 복색, 한동안 말을 잃어버린 듯한 분위기다. 장례를 치루고 온 분위기, 외롭고 쓸쓸한 장례 상황에 대한 보고가 이들의 반응 언어를 통해 자연스레 배어 나온다.

슬픔, 애통, 안타까움, 아쉬움 등등 다양한 정감이 교차한다. 최소한의 정감 언어, 극도로 절제된 행동만이 선을 보인다. 말 줄이기 작업, 침묵에 가까운 움직임만이 무대를 숨 쉬게 한다.

무대 중심을 차지하는 대청마루 공간, 그 좌우에 거실과 부엌이 배치되어 있다. 대청마루 뒤에 마당이 있고, 그 뒤에 담이 설치되어 있다. 마당을 통해 지나가는 자, 마당과 담을 통해 외부 풍경과의 소통을 시도하려는 자, 마당을 통해 만남이 이어지고 마당 우측 현관을 통해 별리가 이루어진다. 전망 씬을 통해 외부 공간을 향한 동경과 소망이 암시된다.

장례 현장에 온 남자가 오빠일까. 왜 부모는 장례식에 오지 않았을까. 질문과 대답 형식의 대사, 이를 통해 궁금증이 촉발된다. 이를 통해 극적 텐션이 살아난다. 공연의 백미는 홀로 남겨짐, 텅 빔의 공연 풍경이다. 아픔을 함께 하려 했던 자들, 위로 하려 들었던 자들 모두 떠난다. 장례식에 끝까지 함께 해준 출판사 남자 직원 경주(박수영 분)마저 떠난다. 모두가 각자의 일상으로 되돌아가야 한다. 이게 인생사이다. 홀로 있음, 이는 인생 당사자가 짊어져야 할 숙명이다.

아내의 체취와 흔적이 배어있는 대청마루 거실, 함께 거닐며 이야기 나누었던 저 마당, 눈이 내린다. 추운 날씨, 문을 닫으려다가 다시 문을 열어놓는다. 눈 내리는 풍경, 아내가 좋아 할 것 같다. 무의식적으로 불러본다.

이봐…… 눈 내린다…….

대답이 없다. 놀라는 준모(남명렬 분), 그 때에서야 아내의 부재를 깨닫는다. 텅 빔, 정적, 공허한 울림은 홀로 지내야 하는 단독자의 슬픔을 증폭시킨다.

이제 무얼 해야 할까. 아내의 체취가 묻어 있는 것, 식탁을 가지런히 펴본다. 아내의 자리를 마주하며 앉아본다. 밥과 국이 담긴 쟁반을 들고 온다. 밥, 국, 반찬을 가지런히 놓는다. 그러나 식탁 맞은편에 있어야 할 아내가 보이지 않는다. 밥을 입에 넣어본다. 모래 씹은 듯하다. 도저히 먹을 수 없다. 그 동안 아무 것도 먹지 못했다. 입맛이 없을 때 어떻게 해야 하나? 아내의 대응 권유 음성이 들리는 듯하다. 밥그릇에 물을 붓고. 숟가락을 들어본다. 춥고 어두운 거실, 물 말아 먹는 소리만이 들린다.

후루룩……. 후루룩…….

무대 점차 어두워진다. 어둡고 음울한 색조의 선율이 들려온다. 외로움, 고독감이 엄습한다. 남명렬의 농밀한 언어 호흡과 울림 연기, 흑백 창살 구조물에 대한 반응 연기가 선율과 만나고 어둠과 만나면서 적막감이 새롭게 연주된다. 눈에 드러나지 않지만 그리고 보이지 않지만 무형의 실존적 아픔이 관객을 가슴을 짓누른다. 연극은 잠언 색조의 시로 마무리된다.

나는, 그러나
아내에게 무거움이 있다는 것을 깨닫고 놀랐던
젊은 날의 감미로운 곤혹困惑 속을 지금도 헤매인다

아마도, 라고 나는 생각한다
먼 곳에서 오는 복수와는 또 다른 기원을 갖는
먼 곳에서 오는 축복이 있었던 것이라고, 그리고

여자의 몸에 맡겨져, 남자의 마음에 무거움을 더하는
알 수 없는 자비와 같은 것을
잠들어 있는 아내 곁에서 주체하지 못하곤 한다
—마사다 마사타카

부부, 배우자의 무거움, 고뇌를 알지 못하며 살아왔는가. 그 곤혹 속을 헤매며 복수만 주고받는 관계였는가, 아니면 진정 축복을 나누었던 관계였는가. 아니면 알 수 없는 자비를 나누는 사이인가. 관객은 어느 순간 시인이 되어 철학적 사유를 하기 시작한다. 모두가 자리에서 움직일 줄 모른다.

3) 말 줄임, 말없음 그리고 상상력

제기된 문제, 이게 말 줄임 기호로, 말없음 기호로 처리될 때 길증은 더욱 커진다. 소설가 준모가 해고당한다. 병든 아내, 그녀를 치료하기 위한 힘든 상황이었는데 학교 직장마저 잃게 된 것이다. 문제가 해결되기도 전에 더 어려운 상황이 발생한 것이다. 몇 개월째 집세마저 내지 못한 상태다. 그런데 결정적으로 더 큰 사건이 터진 것이다. 아내가 쓰러지고 만 것이다. 3개월 넘기기 힘들다는 의사의 판정, 그 어디에서도 해법이 보이지 않는다. 과연 어찌해야 할까.

이런 심각한 문제, 그런데 정작 당사자는 말 줄임 행동 및 말없는 행동으로 일관한다. 관객은 더욱 애탈 수밖에 없다. 이 연극에선 긴박감이 자제되어 있다. 격렬한 스릴과 서스펜스 유발 상황이 축소되거나 내지 생략되어 있다.

작가 마쓰다 마사타카의 인물 설계 철학은 독특하다. 그의 인물들은 문제 상황을 놓고 심각하게 고민하고 울부짖는 초상들이 결코 아니다. 동양적인 인물 철학, 즉 늘 문제를 마음 깊은 곳에 담아두는 인간 유형들이 자주 등장한다. 인물들은 안절부절하거나 격렬한 감정을 드러내지 않는다.

교직 해고 상황, 그럼에도 소설가 준모(남명렬 분)는 차분하다. 아무 일이 없었던 것처럼 그는 일찍 집에 들어온 것이다. 그는 태평스럽게 대청마루 끝자락에서 손톱을 자른다. 양산을 찾아오면 좋겠다는 아내(예수정 분)의 소망에 그는 말없이 순응한다.

아내의 쓰러짐, 3개월이라는 시한부 판정, 그는 차분하다. 조용하고 담담하다. 속으로 할 말이 너무 많다. 그러나 그는 감정을 자제한다. 교직 해고의 가슴앓이, 아내가 얼마 살지 못할 것에 대한 절망감, 그리고 슬픔, 오열과 전율로 그는 힘들어할 것이다. 그런데 이런 모든 가슴앓이 심리가 말없음과 침묵으로 대체된다. 주춤거림, 머뭇거림 이미지로 그는 일관한다. 침묵으로, 빈 여백 그리고 의도적인 말 줄임이 그의 행동 전부이다.

말없음, 그 빈 틈새 공간에서 오히려 상상력은 증폭된다. 관객의 능동적 사유와 상상 작업은 주인공 준모의 아픔, 고독감의 영역을 극대화 시킨다. 보이지 않는 것을 보게 만들고 들을 수 없는 것을 들을 수 있게 만드는 작업, 무한한 상상력을 촉발시켜 엄청난 우주를 체험케 하는 작업, 이게 참다운 예술 창조 작업이다, 이게 우리다운 리얼리즘 연극의 매력이요 묘미다.

상대의 속내를 알아차리는 인물들, 그러면서 결코 상대를 향해 비판 행동을 자제한다. 인물들은 좀처럼 상처 주는 언행을 자제한다. 아픔을 가슴 깊숙한 곳에 숨겨 놓을 뿐이다. 인물들은 문제 발생의 책임을 상대 탓으로 돌리기보다는 오히려 자신에게 돌리려 한다. '죄송합니다' 라며 에둘러 말하는 어법이 자주 등장한다. 상대 인물의 관점에서 사물이 조망된다.

작별 인사차 찾아온 출판사 여직원(김지현 분) 앞에서 아내의 투정어린 행동이 예기치 않게 폭발된다. 당혹스런 준모, 그러나 그는 아내에게 미안하다며 말을 건넨다. 미안해야 할 자는 심술부린 아내임에도 말이다. 집세를 받으러 온 주인 역시 맥주를 얻어 마시면서 '죄송합니다' 를 되풀이한다. 집세를 내지 못한 준모 내외가 오히려 죄송하다. 이는 역설이다. 늘 상대 입장에서 사물을 조망하는 동양적 세계관, 상대의 인격을 늘 배려하는 캐릭터, 이를 통해 보다 진한 연민, 보다 진한 사유의 의미가 우러나온다.

심각한 문제에 처했을 때 말 줄임, 침묵 그리고 알송달송한 애매한 기호가 자주 선을 보인다. 그렇다고 문제의 본질이 해소된 것이 아니다. 문제를 담담하게 받아들이려는 캐릭터들, 담담함 속에서도 연민이 고조된다. 동시에 인생을 관조하며 걸어가는 동양 철학의 사고가 배어 나타난다. 그들의 소리 없는 엘레지가 일상으로 용해되지만 동시에 여백과 울림으로 변용되면서 무형의 새 우주가 빚어진다. 일상극은 관조극의 아름다움으로 확장된다.

4) 추리 놀이, 희극 놀이

추리 놀이와 희극 놀이 처방, 이를 통해 관객은 연극에 빠져들고, 활력과 해방감을 경험한다. 이는 그만큼 이 작품의 비극과 희극을 향한 공연 스펙트럼이 다양하고 두텁다는 것을 의미한다.

담담한 일상, 소소한 일상, 작가는 여기에 연극적 추리 작업을 설정한다. 작가의 관조 작업이 시작된다. 무의미한 일상의 사물은 연극적 에너지를 내포한 의미 깊은 사물로 변용된다.

너무 흔한 일상 상황, '왜' 라는 질문, 통찰력이 뛰어난 극작가의 기본자세다. 교사 남편, 왜 일찍 왔는가? 그러나 준모는 좀처럼 그 이유를 말하지 않는다. "음…… ……어, ……응……" 등 애매한 어법이 그의 답변의 주종을 이룬다. 집주인 아주머니가 무슨 일이 있어서 온다. 무슨 일이

냐? 묻지만 집주인 아주머니는 대답을 유보한다. 준모와 정숙의 추리가 시작된다. 왜 그녀가 왔을까? 방세 때문일까. 그럴까? 아닐 거야? 이런 의문, 다양한 추리와 추론, 궁금증은 더욱 커진다.

뒤이어 양산 분실 삽화가 설정된다. 놀이터에 놓고 온 양산, 찾을 수 있을까. 벤치에 양산은 여전히 있을까. 아내는 왜 놀이터에 갔을까? 양산을 쓰고 오라는 의미는 무얼까. 단순한 재미 때문일까.

소소하고 자잘한 일상, 모두가 스쳐지나가는 사물, 이를 관심과 흥미거리로 유도하는 작업, 작가의 통찰력과 추리 구성 능력, 이를 통해 극적 텐션이 계속 살아난다.

이 연극의 미덕은 무거운 주제임에도 희극적 재미와 활력이 설정되어 있음에 있다. 속보이는 행동, 감추기와 드러내기 사이에서 몸부림치는 희극 인물들이 있다. 집주인 내외 순배(박지일 분)와 화자(이정미 분), 방세를 받을 요량으로 등장하지만 준모 내외 앞에선 아무 말도 못한다. 이들은 선하고 착한 본래의 모습을 포기하지 못한다. 집주인 아낙 화자는 남편 순배만을 닦달한다. 어서 빨리 방세 문제를 이야기하라고. 남편 순배를 몰아붙이는 화자, 그러나 그녀 자신 역시 준모 내외 앞에서 방세 이야기를 꺼내지 못한다. 그 대신 가지무침 반찬 요리를 놓고 갈 뿐이다.

이들은 선한 인간관계 유지를 위해 노력한다. 돈을 받아낼 속마음, 방세가 필요한 속마음, 이를 감추려는 몸부림이 드러난다. 순배는 방세 문제를 말하지 못했다 하여 아내 화자로부터 바가지 공세를 받는다. 병뚜껑 찾는다며 딴전 피우며 너스레를 떠는 순배, 그 속보임 행각이 폭소를 야기한다. 열세를 만회하기 위한 전략, 재빨리 역공하는 순배의 재치와 익살이 펼쳐진다. "니, 여 뭐 하러 왔노?", 갑작스런 질문 공세, 방세 받으러 왔다는 말을 하지 못해 끙끙거리는 자, 힘을 지닌 자가 일순간 찌그러지고 낭패를 당한다. 관객 모두 희극 쾌감의 활력에 젖는다.

　연극은 동시에 감동이 있어야 한다. 그 울림과 여운이 오래 가야한다. 얼마 후에 죽어가야 할 운명, 이를 모른 채 병석에 누워있는 아내, 그런 아내에게 무슨 위로의 말을 해주어야 할까. 남편 준모의 마음, 무겁기만 하고 찢어질 듯하다. 그런데 관객의 마음을 더욱 아프고 애절하게 만드는 언어 꾸밈 작법이 선을 보인다.

　아내는 놀이터에서 만난 여자 어린아이와의 빠끔 살이 놀이를 즐거워 한 바 있다. 빨강색 빈 물통, 커피를 따라주는 놀이 제스처, 맛있게 받아 먹는 연극 놀이, 그 천진한 놀이를 통해 아내는 즐거움과 자유를 맛본다. 병상 생활이 얼마나 힘들었으며 저토록 어린아이와의 빠끔 살이 놀이에 즐거움을 느낄까. 마음이 아프다. 그런데 그런 아내에게 자신의 교직 해 고 상황이란 어두운 소식을 들려주어야 한다. 이 역시 마음 아픈 일이다. 그러나 아내는 오히려 위로자의 심정으로 남편에게 다가간다. 이런 아내의 태도에 준모는 더욱 마음이 아프다. 얼마 후 아내는 쓰러진다. 병상 생활하는 자가 먼저 미안하다고 말한다.

　　……. 저기.
　　뭐…….
　　……. 미안해요…….
　　뭐가…….
　　정말 미안해요…….
　　그러니까 뭐가…….
　　…….
　　……. 무슨 말을 하는 거야……. 미안할 일이 아무 것도 없잖아……. 아무 것도 잘못 한 게 없는데…….
　　…….

얼마 후 죽을 아내가 거꾸로 미안함을 토로한다. 심각한 문제 발생 상황, 문제의 원인을 자신 탓이라 여기는 캐릭터들, 이는 관객 모두로 하여금 진한 연민을 경험케 한다. 천진난만한 인간상, 상대를 배려하려는 인물상, 아름다운 영혼을 갖춘 인간상이 이들 부부의 대화를 통해 실현된다. 관객 역시 이들 인물의 품격과 가치 충만한 행동에 완전한 동질감, 일체감을 느낀다.

말하여지지 못한 사연, 그 말 줄임 사연, 그 언행 이면에 눈물짓기 행동이 펼쳐질 수 있다. 애절함을 주체 못해 속으로 눈물짓는 정감 심리가 언어 이면에 숨겨져 있다. 보이지 않는 것들을 이렇게 상상하게 만드는 작법, 이게 이 연극의 최대 매력이자 미덕이다.

5) 창의적인 문답 놀이와 추리 미학

이 작품엔 잔잔한 일상극 색조임에도 늘 극적 텐션이 살아 꿈틀거린다. 삶과 죽음, 만남과 이별의 철학적 주제가 비움과 채움으로, 밝음과 어둠으로 멋지게 분할, 대비되면서 공연의 의미망 역시 무한대로 확장된다.

치매 혹은 약간의 노환 증세를 갖고 있는 것으로 짐작되는 주인댁 할아버지, 그를 어디에서 찾아야 할까. 치매 할아버지 행방불명 문제, 늘 미해결 상황으로 남겨져 있다. 과연 집주인 내외는 어찌해야 할까.

지역주민 운동회, 장애물 참가 선수를 찾을 수 없어 고민하는 순배, 그역시 이 문제를 어떻게 해결해야 할까. 사다리, 담벼락 울타리, 그 너머에 아무 것도 보이지 않는다. 과연 아무 것도 보이지 않는다니, 정말 그럴까. 이는 무얼 상징하는 걸까. 구원 처방을 찾지 못한 준모 가정의 상황에 대한 메타포 처방은 아닌가.

운동회 전날부터 알레르기가 일어난다는 준모, 그는 지역 운동회 참가

권유를 받는다. 과연 운동회에 나가야 할 것인가, 말 것인가. 운동회 나가기를 바라는 자, 그렇지 못해 힘들어하는 자, 이들 사이의 연극적 줄다리기가 잔잔한 긴장을 자아낸다.

원고를 받으러 온 출판사 직원 경주는 준모를 '선생님'이라 부른다. 그런데 그 동안 출판사 여직원인 영신은 남편을 '준모씨'라고 부른다. 왜 그럴까? 두 사람 사이의 사연이 있었단 말인가.

> 선생님이라고 했어요…… 그랬죠…… (눕는다)
> 응?…… 응……『갯바람』요즘, 잘 팔린데……
> ……그래요?
>
> 사이
>
> 그 사람은 준모씨라고 했는데……
> 응?
> 영신씨.
> ……
> 윤영신씨.
> …… 그랬었나……
> 그랬어요.
> ……

남편의 말꼬리가 흐리다. 얼버무리려 한다. 남편의 언어, 부언가 미심쩍하다. 정숙, 여자로서의 육감이 번득인다. 남편과 영신 사이에 은밀한 사연, 과연 정말 있었단 말인가. 그렇다면 이제 정숙은 어떻게 행동해야 할까. 관심과 호기심이 증폭된다. 핵폭탄의 뇌관, 바로 불이 켜질 찰나,

위기 발생의 징조다. 그러나 이런 갈증을 남기고 연극은 건너뛴다. 장면과 장면 사이, 그 빈 공간에서 관객의 상상은 시작된다.

직설적으로 드러내지 않는 속사연, 말 줄임 기호, 생략 어법이 빛을 발한다. 엄청난 속사연이 말 줄임 행동 안에 숨겨져 있다. 관객은 어림짐작으로 두 사람 사이에 무언가 있었겠구나 하는 상상을 하게 된다. 정숙과 준모 사이의 미묘한 긴장, 위기 상황이 예견될 수 있다.

작가는 이런 소소한 일상 어법만으로도 위기와 서스펜스의 맛을 살려놓는다. 평범한 일상극 소재, 그럼에도 창의적인 문답 놀이, 효과적인 문제 제기와 추리 놀이는 관객의 관심과 집중력을 고조시키는데 기여한다.

연극 〈바다와 양산〉에는 감추기와 드러냄, 그리고 그 넘나들기가 우리식 정감을 토대로 절묘한 앙상블을 이루어내고 있다. 소리와 침묵, 비움과 채움이 상상의 의미망을 확장시키기도 하고 더 나아가 섬뜩한 긴장을 유두하기도 하다, 무엇보다도 우리식의 아픔과 울림이 절제와 감춤 그리고 터트림 작법으로 공연화 되면서 감동과 사유의 아우라가 무한대로 확장되어 간다.

삶과 죽음, 만남과 헤어짐을 동양적 우주관으로 접근, 이를 밝음과 어둠, 흑과 백의 빛깔 대조, 비움과 채움의 대조 구성으로 무대화시켜 나갔음은 이 연극 공연의 최대 미덕이자 품격이다.

4. 나는 누구인가, 너는 누구인가: 예술의 전당의 〈강 건너 저편에〉

1) 만남의 철학, 기다림의 아름다움

자본주의 물결에 휩쓸려 가슴앓이를 하는 자들이 있다. 신자유주의 풍파에 내몰려 주눅 들어버린 자들이 있다. 일그러진 우리네 초상, 일상 탈출을 꿈꾸는 샐러리맨, 과연 나는 누구이고 너는 누구인가. 무엇 때문에 우린 지금 이곳에 머물러 있어야 하는가.

문제된 일상 그리고 정체성의 문제, 이를 집요하게 파헤쳐 감동과 되돌아보기의 묘미를 자아낸 연극이 있다.

일본 아사히 연극상과 한국연극평론가상을 수상한 한일 공동 합작 연극 〈강 건너 저편에〉(히라타 오리자 · 김명화 공동 극작, 이병훈 · 히라타 오리자 공동 연출, 예술의 전당 토월극장, 2005년) 공연은 만남의 철학, 기다림의 아름다움을 상징적으로 일깨워 준다.

직장 퇴출과 입시 지옥, 이로 인해 방황하는 초상, 소풍 나온 자들이 구경한다. 구경은 간섭으로 이어진다. 자존심, 문화 차이, 대립은 긴장 에너지를 발하면서 정체성을 건드린다. 도피와 일탈을 잉태하고 있는 벚꽃 나들이, 감추는 자, 드러내려는 자 사이의 충돌이 이루어진다. 충돌은 유년기적 추억과 회상을 거치면서 제2, 제3의 자아와의 만남을 가능케 한다. 수많은 무형의 만남, 진정한 자아와의 만남, 이를 향한 기다림과 인내가 관조의 깊이로 이어질 줄이야. 바로 그 순간을 놓치지 않고 빚어간 공연 설계가 이 연극의 매력으로 남는다.

강둑을 따라 걷는 여자 노인(백성희 분), 강 안쪽 이편에 벚꽃이 만개해 있다. 벚꽃을 바라보는 여인의 눈길, 강 건너 저쪽을 바라보는 시선이 예사롭지 않다. 그녀의 걸음걸이가 달라진다. 그녀의 눈빛이 달라진다. 그녀의 얼굴에 세월이 그려져 있다. 그녀의 발걸음에도 지난 세기의 애환이 드리워져 있다. 얼굴이 아닌 몸짓에 그리고 걸음걸이와 눈빛에 말 못할 애틋함과 깊이가 드리워져 있다. 어떤 사연을 간직한 여인일까. 연극은 서두부터 화두를 풀어가도록 유도한다. 화두 풀이의 묘미, 이 연극의 또 다른 품격에 속한다.

여인, 홀로 있음, 내면과의 만남, 과거 사연과의 만남이 이루어진다. 과거 사연을 향한 연극 여행이 시작된다. 그러나 이 연극은 재빨리 그 몸체를 드러내지 않는다. 스토리텔링 연극에 익숙해 있는 기존 풍토, 이 연극은 관객의 재래적인 갈증과 욕구에 쉽사리 부응하지 않는다.

어느 날 김문호 가족에게 문제가 발생했다. 한국어학당 교사인 김문호(이남희 분), 일본 연수생들과 이곳 여의도 둔치에서 벚꽃 나들이를 할 예정이다. 동생 재호 내외(서현철, 정재은 분)도 어머니를 모시고 이곳으로 역시 소풍을 나오기로 되어 있다. 문제는 어머니(백성희 분)가 사라진 것이다. 연로한 어머니, 왜 하필 사라진 것일까. 공연은 이런 수수께끼를 던져 놓으면서 의문 풀기를 향한 긴장미를 내내 유지시킨다.

둘째 아들 김재호 내외에게 어머니의 실종은 심각한 문제로 다가온다. 소풍의 화기애애한 분위기를 빌미로 캐나다 이민 계획을 허락 받을 예정이다. 그들만의 계획, 성공할까, 수포로 돌아갈 것인가. 사라진 어머니, 과연 그분은 어디서 무얼 하는 걸까.

예술의 전당 기획 공연 〈강 건너 저편에〉
(히라타 오리자 · 김명화 공동 극작, 이병훈 ·
히라타 오리자 공동 연출, 2005)

사람 찾는 방송 멘트가 간헐적으로 들려온다. 여의도 둔치 공원, 모두가 벚꽃 놀이를 하러 나온 상황, 맛있는 음식과 술이 준비된다. 그 맛을 보기 위한 해프닝, 한쪽에선 이미 술판이 벌어지기 시작한다. 저쪽 일본 연수생들, 이미 그 나눔이 한창이다.

벚꽃 나들이, 약속 시간이 지났다. 먼저 온 자들이 나들이의 즐거움에 젖어 있다. 기다림도 즐겁기만 하다. 기다림 이미지가 일본 색조로 변용된다. 정중하게 무릎 꿇는 이미지, 정교하게 돗자리를 깔아 이웃을 환대하려는 주부 사사키 히사코(미타 카즈요 분), 그리고 벚꽃을 향한 싱그러움은 그녀의 정성 어린 기다림과 교차한다. 만남과 기다림이 나의 삶의 전부다. 시인 릴케의 말이다. 그렇다. 만남을 준비하는 자들, 기다림에 들떠 있는 자들, 이들의 내면에 싱그러움과 아름다움이 교차한다. 배우들은 주변 오브제와 소품에 대한 창의적인 반응을 통해 이를 자연스레 빚어 놓는다.

풍경에 취하고 술에 취할수록 구경꾼들은 서서히 간섭자가 된다. 내면에 감추어진 좌절과 우울 정서가 드러난다. 기다림의 연속, 오지 않는 자, 찾아 나서는 자, 찾지 못해 몸부림치는 자, 이게 일본적인 색조, 한국적인 색조로 각기 다르게 변용된다. 술 취함, 그 절정에서 드러내기 행동은 감추기를 압도한다. 인물 간의 갈등은 다채롭게 교차, 변주된다.

무대 좌우측 공간에 일본 연수생 공간, 좌측 한국 재호네 공간, 그들의 반응이 현저한 대조를 이루고 경우에 따라 교차, 충돌하면서 아기자기한 극적 묘미가 우러나온다.

자신이 준비하여 온 음식, 이를 차리면서 모두를 즐겁게 해줄 기쁨에 들떠 있는 주부 사사키 히사코(미타 카즈요 분), 그는 남편의 직장 따라 이곳 한국에 두 번째로 와 있다. 해방 이전 일제 치하, 그녀는 유년기를 한국에서 보냈다. 한국에서의 어린 시절, 그 추억이 확실하게 다가오지 않지만 자신의 발걸음을 이끌어내는 그 무언가를 느끼고 있다. 추억의 보고인 유년기, 가장 한국적인 정감 속에서 살아왔던 어린 시절, 그녀는 그걸 잊지 못한 탓일까. 한강 둔치 풍경에 대한 그녀의 반응, 유달리도 자연스럽다.

인간적 아름다움이 배어 있는 그녀의 캐릭터와 행동, 막판 무대의 공연성 확장에 결정적 기여를 할 줄이야.

2) 몰이해와 소통, 그 충돌의 희극성

강 건너 저편, 그 이미지는 어떻게 변용되고 있는가. 강둑, 저편을 향한 응시 이미지, 이상향인가, 탈출구인가 아니면 추억의 보고인가. 우리 모두의 내면의 고향은 아닐까.

추억에 젖어 있는 자가 있다. 과거를, 과거의 흔적을, 이를 읽어 나가려는 반응 움직임, 둔치 둑을 걷는 어머니 역의 백성희, 조용히 단아하게 걷는 그 아름다움, 한복의 선을 살린 움직임, 벚꽃을 조망하는 순간, 떨어지는 벚꽃을 마주하는 순간, 내면의 풍경, 외부의 풍경은 저절로 관객의 마음속에 하나의 판타지로 자리하기 시작한다. 이게 배우 예술의 아름다움이다. 이게 반응 예술의 묘미이다.

벚꽃 풍경, 이를 마주하는 순간, 일본 여인 사사키 히사코(미타 카즈요 분)의 행동은 강둑 위의 어머니(백성희 분)를 향해 있다. 그녀의 반응은 정중하면서도 단아하고 잔잔하다. 돗자리 깔기, 준비해 온 음식 차리기, 음식 나누기, 마음 아파하는 이웃을 섬세하기 배려하려는 움직임, 일을 멈춘다. 없는 듯 있다. 자연스레 상대의 그림자와 하나 되어 간다. 시선, 호흡, 동작, 그 변화 사이클이 다채로우면서 자연스럽다.

한일 두 여자 노인의 첫 만남, 강둑 위에서 마주하는 두 여인, 두 손을 마주하고 공손히 인사하는 일본 여인, 가방 든 오른손으로 인해 왼손을 들고 답례하는 어머니, 그 움직임에 기품이 배어 있다. 그 눈길에 도도함과 의연함이 배어 있다. 그 손길에 친근함마저 살아 꿈틀거린다.

이들의 조우에 온 우주마저 잠시 숨을 멈춘다. 벚꽃마저 잠시 움직일 줄 모르다 꽃잎을 떨어뜨리기 시작한다. 배우 예술의 묘미가 무한대로 우러나온다.

무대는 양분되어 있다. 무대 좌측에 일본 연수생들이 자리를 깔고 앉는다. 우측은 김문호 가족의 소풍 공간이다. 맨 우측에 벚꽃 나무 오브제가 설치되어 있다. 실제 벚나무를 연상케 할 정도로 아름답다. 꽃잎이 간헐적으로 떨어진다. 떨어지는 양, 떨어지는 시점이 정교하게 계산되어 있다. 이는 인물간의 갈등, 인물의 내적 심경을 상징적으로 일깨워내기 위한 방편이다. 풍경은 우리 내면에 대한 비유이기 때문에 더욱 그렇다.

만남이 있기에 기다림이 존재한다. 기다림은 엇갈림으로 이어진다. 엇갈림 속에서 각 인물 고유의 아픔이 드러난다. 엇갈림, 이에 대한 반응이 다르다. 이에 대한 색다른 반응으로 서로 갈등하기 시작한다. 두 집단은 자연스레 구경꾼이 되어 있다. 서로가 서로를 훔쳐본다. 그 매개체는 한국어학당 교사 김문호(이남희 분)다. 김문호 가족에 대한 일본 연수생들의 바라보기, 일본 연수생들을 향한 동생 재호 내외의 바라보기, 각자의 자국 언어로 자기들끼리 반응하고 이야기한다. 상대가 알아듣지 못한다. 문화의 차이, 상대국 사람들의 어이없는 행동, 이질적 반응은 점차 비판으로 이어지고 그 질타의 정도 역시 확장되어 간다.

결정적인 순간, 각 인물들은 상대국 사람들의 태도에 반응한다. 상대가 이해함을 알아차렸을 때의 당혹감, 그러나 심각하지 않는 낭패 상황이다. 관객은 일순간 공모의 희극 쾌감에 젖는다. 폭소가 쏟아진다. 소통 영역과 소통 불능의 영역, 이들 사이의 경계가 기묘하게 무너진다. 그 무너짐은 정보 공유를 향한 넘나들기로 이어지고 관객은 우월적 쾌감을 주체 못한다.

일본 연수생들의 소풍 연희가 무대 좌측에서 먼저 펼쳐진다. 남편 따라 한국에 온 여자 주부 사사키 히사코(미타 카즈요 분), 학교 교육에 적응 못해 한국에 피신해 온 청년 학생 하야시다 요시오(카니에 잇베이 분), 먼저 등장한 이들의 얼굴은 밝다. 돗자리를 깔고 벚꽃을 바라본다. 향기에 취하고 아름다움에 취한다. 그들의 언어에 풍성한 내면이 담겨져 있다.

배우들은 육화된 그들만의 기호로 이를 자연스레 살려 놓는다.

프리랜서 자유 여행가 키노시타 유리에(츠바키 마유미 분), 재일교포 사격선수 박고남(코스타 야스토 분), 그리고 박고남 애인 이신애(김태희 분), 실버용품 세일즈맨 니시타니 지로(사토 치카우 분)등이 시간차를 두고 나타난다. 이들을 가르치는 한국어학당 교사 김문호(이남희 분)가 이들과 합세한다. 그는 무대 우측에 자리할 가족들을 기다린다.

음식을 준비한 자, 음식 맛을 보고 즐거워하는 자, 벚꽃에 취해 즐거움에 젖어 있는 자, 한국 술인 소주를 마시고 즐거움을 만끽하는 자, 한일 간의 문화적 차이로 다투는 교포와 그의 애인, 그러면서 늘 시끌벅적거리는 분위기다.

뒤이어 등장한 김문호 가족, 동생 재호 내외가 소풍 나들이 차림으로 등장한다. 그런데 어머니가 보이지 않는다. 극 초반 어머니 같은 여자 노인이 강둑에 말없이 나타났다가 사라진다. 어머니는 정말 실종되어 버린 것일까. 이웃 일본 연수생들의 소풍 공간은 와자지껄, 활력이 넘친다. 이에 반해 이쪽 공간은 썰렁하다. 어머니가 없으니 불안할 수밖에 없다. 어머니로부터 오늘 중요한 사안을 허락 받을 예정이다. 도저히 허락되지 않을 캐나다 이민, 뱃속에 아기를 임신한 아내의 성화는 여전하다.

일본에 대한 적대적 편견이 심한 동생 재호, 일본 연수생들을 향한 눈길이 그리 곱지 않다. 며느리가 어머니를 찾으러 떠난다. 여성을 예우하지 않고 혹사시킨다는 비판성 눈길, 일본인들의 따가운 눈길, 재호(서현철 분)는 그게 싫다. 문제된 교육 현실, 이게 싫어서 캐나다 이민가려는 재호, 일본 연수생들은 그런 재호가 이해되지 않는다. 관칠자와 관찰 대상으로 전락한 자, 음식을 나누며 즐거움에 젖는 자와 그럴 분위기가 아니어서 마음 한편이 어두운 자, 일본 연수생들을 향한 재호의 적대감은 극에 달한다. 두 영역 사이에서 미묘한 긴장감이 감돈다.

3) 나는 누구인가, 너는 누구인가

거칠고 섬뜩한 시멘트 둑방 블록, 차디찬 이미지의 다리 교각 오브제, 이는 무얼 상징하는 걸까.

지친 일상, 살기 힘든 여건, 탈출하려 하지만 여의치 않는 여건, 이를 상징하는 것은 아닐까…… 학교에서 왕따 당한 일본 학생, 신혼여행 왔다가 가족으로부터 버림받은 관광객 사쿠라이 타로오(시마다 요조 분), 캐나다 이민을 가기 위해 몸부림치는 샐러리맨 김재호 부부, 그러면서 좀처럼 사그라지지 않는 한일간의 정서적 갈등과 그 앙금, 이를 일깨워내듯 각인물들은 이 오브제를 배경 삼아 그들의 아픔을, 애환을 드러낸다. 각 인물들은 하나 같이 정체성 상실로 인한 아픔을 내면에 담고 있다.

한국어학당 교사이지만 소설가의 꿈을 버리지 못하는 장남 김문호(이남희 분), 이로 인해 그는 늘 외롭고 홀로 있기를 바란다. 아들의 결혼을 바라는 어머니의 염원을 알고 있음에도 그는 소설의 몽상에 젖어 늘 음울함을 주체 못한다.

작은 아들 재호(서현철 분)는 회사 인사과 샐러리맨 일상이 지긋지긋하다. 사람이 사람을 재단하여 퇴출시키는 현실, 자녀들 역시 입시 문제로 진정한 꿈을 잃어 간다. 문제된 현실 탈출, 한국을 떠나 살고 싶지만 여의치 않다. 일본 연수생들 역시 일탈을 꿈꾸어 본다. 이로 인해 자주 다투고 술 취해 주정을 하며 큰소리로 상대를 탓하여 본다. 그리고 자리를 박차고 그 어딘가를 향해 나아간다. 어떤 이는 교각 오브제 뒤편으로, 다른 이들은 둑방에 올라 언덕 저 너머로 도망치듯 사라진다. 빈 공간에 남은 앙상한 다리 교각, 섬뜩한 제방 블록, 거칠고 황량한 이미지의 오브제들은 정체성 상실에 대한 상징 기호 역할을 톡톡히 한다.

어머니는 꿈을 꾼 듯, 무언가에 홀린 듯한 모습인가. 뒤늦게 나타난 어머니(백성희 분), 정말 길을 잃어버렸는지, 아니면 무언가에 도취되었는지, 알 길 없다. 벚꽃 놀이 인파에 휩쓸려 있던 어머니, 피곤에 절어 있는 어머니, 과연 둘째 아들의 캐나다 이민 계획을 허락할 수 있을까.

며느리 뱃속의 아기, 손주를 보고 싶어 했던 어머니, 손주를 안고 싶어 했던 어머니, 그런데 캐나다로 떠나다니, 절망을 삭이기 위한 몸부림, 언어로 대응할 길 없는 당혹스러움, 김해김씨 몇십 대손 대 이어감은 또 어떻게 하란 말인가. 한동안 말이 없다. 한동안의 동문서답과 같은 분위기, 충격이 얼마나 컸길레 언어마저 잃어버릴 정도인가. 내공이 깊은 백성희의 육체 언어 설계, 그녀의 육화 연기는 관객의 숨소리마저 들리지 않게 만든다. 떨림, 전율을 향한 반응 기호, 시선이 포착해 나가는 연희 공간, 긴장 공간은 토월극장 무대에 머무르지 않고 관객의 무한한 내면 영역으로 확장된다.

어릴 적 일본 소녀 친구에게 선물 받은 양갱 과자, 먹기 아까워 고이 집으로 가져오던 그 지순함, 그러나 부모로부터 늘씬 두들겨 맞았던 가슴 아픈 추억, 그토록 가문을, 혈통을, 민족의 자존심을 위해 살아 왔건만 자식은 그 조국이 싫어 나간다 하니, 억장이 무너진다.

치열한 줄다리기가 시작된다. 갈등은 이미 둘째 아들 내외의 내면에서부터 시작되어 있었다. 어머니의 내면에서 발생한 갈등은 관객 모두에게 파급, 확장된다. 몰입의 미학, 감정 전이의 힘이 유발된다.

과연 나는 누구인가. 내 자식 역시 어떻게 살아가야 할까. 이민, 반드시 가야하는 걸까. 사람은 누구나 각자의 불완전성으로 인해 고뇌하고 방황한다. 인간은 노력하는 한 방황할 수밖에 없다. 시인 괴테의 말이다. 그렇다. 각자 자신의 정체성 찾기를 향한 노력이 있었기에 저런 것은 아닐까.

그 불완전성, 그걸 있는 그대로 인정할 줄 아는 넉넉함이 과연 나의 지향 세계는 아닐까.

극도의 허탈, 무의 상태, 체념은 허락으로 이어지는 걸까. 심연의 맨 밑바닥으로 내팽개쳐진 상태, 이제 올라가는 길 이외에 다른 방법이 없다. 그리고 인정하는 것 이외에 또 무엇이 있으랴. 짧은 몇 마디 대사에도 불구하고 백성희는 노련한 육화 연기를 통해 판타지 영역을 섬세하게 빚어놓는다. 이 연극의 하이라이트가 바로 노배우 백성희를 통해 완성되어 갈줄이야.

강 건너 저편, 내면의 불빛을 비추게 했던 곳, 그곳을 향해 소풍 나온 자들은 그들만의 이상향을 꿈꾸어 본다. 단 한 번도 그 이상향에 도달한 자는 없다. 그럼에도 꿈꾸기는 여전히 계속된다. 한일 양국 민족 간의 편견, 아픔, 서로에게 강 건너 저편은 늘 문제이면서 때 묻지 않은 유년기의 환상은 아닐까.

젊은 아들 내외와의 견해차, 역시 노인은 노인을 이해하고 위로할 수 있는가. 일본 여자 노인 사사키 히사코(미타 카즈요 분)가 어머니(백성희 분)의 손을 맞잡는다. 나이 들어감, 이는 인생을 관조하는 눈을 갖게 한다. 서로의 불완전성을 이해하는 눈이 떠진다. 손을 잡고 화답의 노래를 부른다. 노래를 따라 한다. 벚꽃이 휘날린다. 감격한 둘째 아들, 어머니를 등에 업고 춤을 춘다. 노래의 절정에서 구경꾼과 피에로의 경계가 없어진다. 모두가 춤을 추는 한 가면 벗기는 자연스럽다. 모두가 진실해진다. 벚꽃이 휘날린다. 새로운 우주가 펼쳐진다.

자신이 누구인가, 모두가 하나가 되는 집단 춤에서 관객은 그 해법을 깨닫는다. 하나 되기의 아름다움, 바로 이게 이상향은 아닐까. 그 이상향 꿈꾸기를 경험한 감동이 너와 나, 우리 모두의 내면으로 확장된다.

5. 비유와 서정이 어우러진 사유의 교향악: 극단 청춘의 〈뼈와 살〉

1) 선율 퍼포먼스와 낭만 연극

무대가 호수로 변한다. 호수가 물거울로 변한다. 물거울이 회상 거울로 전이, 확대된다. 피아노 선율이 울려 퍼진다. 현재의 물거울 이미지, 이는 회상 속 물거울로 변용된다. 피아노 선율은 인물들의 낭만성과 서정적 색조의 시어와 앙상블을 이룬다. 배우들은 이런 상황에 탄력적으로 반응 연기를 선사한다. 이게 연극 예술의 묘미다. 이게 무대 조명예술의 매력이다. 이게 배우 반응연기 예술의 절정이다.

안개 속을 향한 항해, 호수 위에서 고향을 향한 항해, 시원의 세계, 원초와 우주의 세계를 향한 항해, 가장 인간다움이 살아 숨 쉬는 곳, 그것을 향한 항해, 어떤 인물은 이를 보면서 항해한다. 어떤 이는 이를 보지 못하기에 괴롭다. 이게 문제다. 이강백 식의 서정연극, 낭만 연극이 이렇게 선보일 줄 꿈에도 몰랐다.

무대 아래 객석 저 깊숙한 곳에 대형 그랜드 피아노가 놓여 있다. 선율 연주 퍼포먼스, 이는 그 자체로서 대단한 볼거리요 들을거리다. 그 자체로서 대형 상징 그림으로 다가와 객석을 그리고 감상층을 압도한다.

과거 잃어버린 것들을 되살려 내주는 선율, 그것도 그 옛날 사모했던 여인이 연주했던 선율, 그 선율 연주 장소인 양조장 집 이층 방, 배는 현재 바로 그곳 위를 지나가고 있다. 잃어버린 사랑, 그러나 물거울 풍경 그림, 아니 마음속 회상 풍경, 이를 볼 수 있기에 사공은 그 물거울 호수를 떠나려 하지 않는다. 사공이 되어 잃어버린 삶의 터를 항상 볼 수 있다는 낭만적 믿음이 있기에 그는 이곳을 떠나지 않는다. 수몰민 모두가 떠나려 함에도 말이다. 이 연극은 이런 낭만주의적 서정성이 곳곳에서 힘을 발휘한다.

떠올림의 언어, 서정적 선율, 따라서 이 연극은 시적인 분위기로 시작한다. 배 위에 타고 있는 문신과 영자, 이들의 얼굴은 어둡다. 어두운 얼굴 표정, 선율과 더불어 그 옛날을 떠올리자 주인공 문신의 얼굴 표정은 더욱 불안해지고 착란 증세에 가까워진다. 왜 그랬을까. 사공은 그것도 모르고 자신의 옛 짝사랑 여인 미연, 그리고 주인공들의 삼각연애 이야기를 재미있게 이야기한다.

한국소리문화의 전당을 찾은 전주 관객들, 광주 극단 청춘의 〈뼈와 살〉(이강백 작 · 이행원 연출, 2003년) 공연을 접하면서 그 옛날 수몰로 잃었던 삶, 수몰로 잃었던 터전, 이를 물거울로, 더 나아가 회상 거울로 바라보기 시작한다. 잃어버린 옛 사랑, 옛 체험, 이를 되살려내는 작업, 잃어버린 소박한 꿈을 다시 찾아 나서는 연극 여행, 그 낭만주의적 즐거움에 젖어 관객은 극 속에 빠져 들어간다.

달빛, 호수, 배 위에서의 술 한 잔, 이 얼마나 멋진 그림인가. 수면 위의

극단 청춘의 〈뼈와 살〉(이강백 작 · 이행원 연출, 2003)

달, 수면 물거울 아래에도 달, 술잔 위에도 달, 그 달빛을 받으며 지나간 삶을 이야기하고 되돌아보고, 회상이란 물거울 속에서 자신을 다시 본다는 것, 서정성, 낭만성의 어우러짐이 이루어진다. 그럼에도 즐겁지 않는 사람이 있다. 부엉이 소리, 뻐꾹이 소리, 물고기 자맥질 소리에도 깜짝 놀라는 사람이 있다. 피해의식에 젖어 있는 어두운 얼굴 표정, 그 장본인은 다름 아닌 문신(이기인 분)이란 주인공이다.

좀처럼 해결되기 힘든 문제, 그 발생과 더불어 또 다른 방해 상황이 발생한다. 극적 중압감, 긴박감은 자연스럽게 증대될 수밖에 없다.

문신의 고민거리, 아내 영자(조정자 분)가 옛 애인 효식(오성환 분)의 씨를 밴 것이다. 이미 만삭이 된 아내 영자, 그녀는 화가 난 문신 앞에서 잔뜩 주눅 들어 있다. 효식에 관한 이야기만 나오면 문신은 신경을 곤두세운다. 사공(오설균 분)은 그런 줄도 모르고 더욱 신바람 내며 그 옛날을 떠올린다. 잉그리드 버그만 간판이 그려진 영화관, 세 사람의 삼각관계, 그 데이트 그림이 생생하게 전달된다. 영자도 회상 속 물거울을 통해 그들의 옛 그림을 바라볼 줄 안다.

그러나 문신만은 그렇지 못하다. 부엉이 소리, 신경이 곤두세워진 문신, 그걸 그는 '효식'이라고 우긴다. 지나친 정서적 과민 반응인가, 아니면 정말 그랬던 것일까…… 아리송한 빈 틈새, 이는 관객의 상상 몫이다. 효식에 대한 원한, 아니면 효식에 관한 피해의식 속에서 그는 제정신이 아니다.

배가 뭍에 도착하자마자 다짜고짜 아내 영자에게 무릎 꿇으라며 윽박지르는 문신, 그럼에도 영자는 꼼짝 못한다. 그녀의 뱃속에 들어있는 생명, 효식의 씨를 잉태한 죄 때문이다. 그러나 문신의 화는 좀처럼 풀리지 않는다. 가족 부양을 위한 서울에서의 힘든 샐러리맨 생활, 문신 자신이 출근한 사이, 아내를 연모한 효식이 나타나 문제를 일으킨 것이다. 잠자리를 같이한 영자, 그렇다면 영자는 화냥기가 충만된 문제 있는 인물인가. 또 다른 의도가 있다면 그것은 무얼까. 그 속사연 캐기 과정이 연극의 주요 축을 이룬다. 효식의 씨이기에 문신은 떼어 버리라고 강요한다. 영자는 꼼짝 못한 채 들어야 한다. 뱃속 아이의 생명을 죽이는 것, 커다란 죄다, 그렇다면 어떻게 해야 할까. 도무지 해법이 없다. 해법 불능, 미해결 상황의 확대, 이는 극적 서스펜스 유발의 기본 문법이기도 하다. 이 연극은 이를 충실히 지켜 나가면서 관객을 공연 내용 속으로 흡인시켜 나간다.

2) 핏줄 사랑과 뒤집기 연극 미학

당산나무 아래에 어떤 영감이 유골과 뼈를 새끼줄로 엮어 나무에 걸어 두고 앉아 있다. 단단히 골이 나 있다. 그 누군가라도 오면 달려들어 때릴 기세다.

화난 표정의 최영감(박규상 분)과 유골, 이 유골은 문신이네 할아버지 유골이다. 형들은 그 유골을 되찾기 위해 몸부림치다가 문신을 부른 것이다. 문신은 아내 영자 일로 머리가 아플 지경인데 또 다른 문제까지 겹쳤으니 사건의 미해결 상황은 더욱 커진다. 다음 장면에서 어떤 해결 변수가 나올까, 그러나 해결은커녕 제2, 제3의 방해물마저 터져 나온다. 해결을 사모하는, 조화와 안정을 추구하려는 관객의 기본 정서, 이 때문에 해법을 향한 극적 기대감은 더욱 고조된다.

이 작품이 명작으로 인정받게 된 요인, 이는 이강백 특유의 삶의 철학, 참다운 살아가기를 향한 눈뜸 작업, 이를 서정적으로 승화시켜 냄에 있다. 사유 언어와 서정적 이미지가 앙상블을 이룬다. 관객은 서정적 판타지에 매료되고 동시에 깨닫기의 묘미를 통해 즐거움을 유지한다.

왜 영자는 만삭이 된 뱃속 아기를 효식의 씨라고 공개하였을까. 효식의 부친인 최영감(박규상 분)은 왜 화나 있는 것일까. 할아버지 유골이 최영감네 선친 무덤에 묻혀 있음이 밝혀진 것이다. 수몰, 산소를 옮기는 과정, 엄청난 사건이 들통 난 것이다. 문제는 화가 난 최영감이 유골을 돌려주지 않음에 있다. 당산나무에 걸어두고서 수몰되기를 기다리고 있는 최영감, 세 형들이 그토록 간절히 빌고 사정하여 보았지만 막무가내다.

최영감에겐 이 선산 문제가 일차 문제지만 더 나아가 가문의 대가 끊길 위기를 맞이함에 있다. 아들 효식의 행방불명, 그 원인이 바로 이런 해괴망측한 일 때문이라 믿는 최영감이다. 그러나 노발대발 할 수밖에 없다. 조부의 유골이 당산나무에 대롱대롱 매달려 있다. 최영감은 화날 때마다 문신이네 형제들 앞에서 조부의 유골을 향해 화풀이를 해댄다. 장대로 탁탁 두들겨 패는 기상천외한 그림, 관객은 폭소를 터트린다. 유골을 감시하는 영감의 행동 역시 희극적이다. 최영감과 문신 형제들의 대화 역시 희극성을 자아낸다.

팥떡을 갖다 바치는 큰 형, 정종 술을 갖다 바치는 둘째 형, 양담배를 갖다 바치는 셋째 형, 어눌하고 다소 모질한 듯한 언어 음색, 겁에 질린 표정, 세 형들은 최영감에게 엎드려 간청한다. 화난 최영감, 그의 욕설은 익살과 해학의 묘미로 이어진다.

너나 처먹어!
너나 처마셔!
너나 쳐 피워라, 이 후레자식아!

최영감을 회유하려는 형들, 너는 무얼 갖다 바칠래? 준비 없이 온 문신, 기가 막히고 황당하다. 문제는 조부에게 있지, 문신 자신에게 아무 잘못도 없다. 남의 무덤에 들어간 조부의 유골, 이는 철저히 현재 그들의 의지와 무관한 것이 아닌가…… 오히려 문신은 효식 문제로 화나 있는데 말이다. 효식에 대한 적대 감정, 이를 최영감을 향해 풀기 시작한다. 두 사람의 부딪침은 기묘한 희비극적 에너지를 발한다.

이로 인해 문제 해결은 커녕 문신의 집안은 더욱 꼬이기 시작한다. 최영감(박규상 분)은 문신을 보자마자 아들 효식 생각이 난 것이다. "네 놈이 우리 효식이 애인 꿰차고 서울로 도망가 버린 놈이지……" 실연의 아픔, 이를 이기지 못해 아들 효식의 방황이 시작되었고, 그로 인해 대가 끊길 위험에 있다. 최영감도 이 때문에 화가 난 것이다. 문신도 억울하다. 문신 자신도 피해자인 셈이다. 쫓겨 온 형들도 모든 문제가 문신의 탓이라고 우긴다. 기가 막히다.

조부의 유골과 더불어 기름종이 문서가 나왔다. 남의 선산 무덤에 묻히게 된 이유, 이는 자손들의 살인을 미리 막기 위함이다. 정감록을 믿으며 살아왔던 옛 어른들, 충분히 그러고도 남음이 있다. 살인을 막기 위함이라니……, 그렇다면 살인 행위를 주도할 장본인은 누구일까. 다시 말해 살인자는 누구일까. 형제들은 괴롭다. 이제 각자가 담배 한 대 피우는 시간 동안 궁리한 뒤 고해성사를 해야 한다. 어눌하고 부족한 듯한 이미지 형들(김상호, 이현기, 송명근 분), 그들의 고해성사는 가관이다. 순진, 소박, 우둔함, 어리석음의 극치, 이로 인해 희극적 상황이 강화되면서 폭소의 강도는 더욱 커진다.

명절날 돼지나 닭만 잡아도 죄책감에 시달린다는 큰 형, 파리나 모기만 잡아도 벌벌 떠는 둘째, 셋째 형, 이들의 고해성사, 결국 초점은 문신에게 집중된다. 모두가 약속하듯 문신만 바라본다. 영자의 뱃속 아기를 죽이라고 강요했던 적이 있다. 관객과 문신만은 이를 알고 있다. 모두의 시선이 문신에게 집중된다. 일순간 공모의식, 폭소가 터트려짐은 당연하다. 그러나 문신은 억울하다. 살인 행위의 초점을 자신에게 돌리는 것, 기가 막히게 맞아떨어지지만 아직까지는 아니다. 그 역시 피해자인데 말이다. 아직까지 펄펄 뛰어야 할 상황인데 말이다.

해법이 없자, 결국 형들은 유골 찾기를 포기한다. 이제 동네 사람들, 부끄러워서 더 이상 살 수 없다는 논리, 그렇다면 그 다음은 어떻게 해야 하는가. 못난 형들, 서울로 올라와 문신이네 집 신세를 요청한다. 큰방, 작은 방, 모두가 두 형네 식구들의 차지, 그러하다면 자신의 가족은 부엌에서 살아가야 하지 않는가. 한참 동안의 고민, 딜레마, 이를 어떻게 해결해야 할까.

한참 동안의 침묵, "형님, 저 담배 한 개비만 더 주세요?" 후손들 중 살인자는 자기 자신일 수 있지 않은가. 쏜살같이 달려가는 문신, 화난 표정을 주체 못한 채, 어디론가 달려간다. 제정신이 아닌 문신이 등장한다. 최영감 앞에, 그것도 삽자루를 들고서, 마치 그 영감을 죽일 듯이…… 최영감의 아들 효식, 결국 그로 인해 자신은 피해자인데 말이다. 문신을 보자마자 여전히 노발대발하는 최씨 영감, 문신 역시 삽을 들고서 최씨 영감을 향해 후려칠 기세다. 일촉즉발의 위기 상황이다. 한동안 긴장이 계속된다.

한참 동안의 실랑이가 벌어진다. "영감 아들 효식이 놈이 내 마누라를 꼬드겨 뱃속에 씨를 잉태시켰단 말이에요." 화를 주체 못하는 문신, 부끄러운 진실을 결국 터트려낸다. 최영감, 잠시 어안이 벙벙하다. "뭐라고?" "출근한 사이, 효식이 놈이 내 마누라 영자를 꼬드겨 애를 갖게 했단 말이예요." 참 기가 막힌 사건, 도저히 감내하며 말하기 힘든 경천동지할 이야기, 문신은 스스로의 입으로 이를 이야기하면서 괴로워한다.

예기치 않는 반전 상황이 벌어진다. "히히히, 헤헤헤", 갑자기 최영감의 태도가 바뀐다. 무슨 영문일까. 어안이 벙벙한 문신, 그리고 관객이다.

어린애 같은 웃음, 망령든 웃음 이미지가 뒤섞인다. 영자의 뱃속 아기가 핏줄이라니, 최씨 대 이어가기가 가능할 수 있다고 보는 최영감, 이제 그의 행동은 유치함, 속보이는 행각으로 이어진다. 막대로 상대 문신을 두들겨 패듯 노려보았던 영감이 태도를 갑자기 바뀐다. 굴종자, 비겁자 이미지가 드러나면서 관객, 폭소를 금치 못한다. 유골을 향해 화풀이하며 두들겨 팼던 자가 이제 그 유골을 향해 용서를 빈다. 잘못했다며 절하기 시작하는 자, 변덕스런 행동, 속없고 어리석은 행동, 관객의 우월 정서가 유발되면서 희극성은 커져간다.

무동을 태워 달라는 요청, 유골을 고이 모시기 위한 전략, 죽어도 여한이 없다는 영감, 이제 자신은 목매달아 죽을 것이니 어서 유골을 모시고 떠나라는 영감, 황당, 어이없음의 이미지가 반복, 축적되면서 희극성은 더욱 고조된다. 뱃속 아기가 손녀가 될지 모르니 빨리 목매달게 해달라는 해괴망측한 주문, 관객의 폭소는 최절정에 이른다.

뱃속 아기와 조부의 유골을 맞바꾸기 하자는 어린애 같은 제안, 그 유골을 등에 짊어지도록 촉구하는 자, 어서 빨리 달려가 좋은 곳으로 모시

252

라며 역정을 내는 영감, 대 이어가기, 핏줄 이어가기를 위해 죽음도, 체면 손상도 불사하겠다는 모습, 우리네 민족 심상의 원형, 그 희비극적 아름다움을 체험케 하는 대목이다.

대 이어가기, 핏줄 이어가기, 우리네 민족은 유독 이 문제에 집착해 왔다. 선산 지키기, 할아버지 유골 모시기, 이 점 역시 우리가 외면해서는 안 될 주요 덕목이다. 극중 인물들은 항상 이 문제로 고민하고 이 문제로 다투고 괴로워한다. 조상의 선산을 잘 쓰는 문제, 잘 지켜내는 문제, 이는 그 후손들의 생존과 번영과 발전 상황과 불가분의 관련을 맺는다. 이 문제에 관한 한 주인공들은 다른 문제를 다 포기하고서라도 해법 찾기에 골몰한다.

돌아오는 도중 문신은 그를 뒤쫓아 온 효식과의 만남을 갖게 된다. 눈만 퀭한 채 뼈만 남은 효식, 얼마 후 다시 살을 벗겠다는 철학적 화두, 즉 죽음을 결심하는 효식이다. 효식과의 마지막 대화, 문신은 진실을 접한다. 아내 영자의 진실, 효식과 잠자리를 가지게 된 배경, 그 진실이 밝혀진다. 죽기 직전의 효식, 그와의 마지막 만남과 대화는 서정적이면서도 인생의 깊이를 관조하게 해준다.

> 효식: 우리가 세상을 모자라게 보면서 불행했다면, 영자는 세상을 넉넉하게 보면서 행복했었어. 그런데 우리가 그 행복을 깨뜨렸지. 영자한테 우리 둘 중에 하나만 택하라고 강요했거든. 어서, 어서, 자꾸만 재촉하는 나에게 영자가 슬픈 얼굴로 물었었네. 만약 자기가 문신이 자네와 결혼하면, 혼자 남을 나는 어떻게 할 거냐고……
>
> 문신: 나에게도 물었어. 효식이 자네와 결혼하면, 나는 어찌 할거냐…… 그래서 난 당장 쥐약 먹고 죽어 버리겠다며 앙탈을 부렸어.
>
> 효식: 나는 그렇게 극악스럽게는 하지 못했네.

문신: 그럼 뭐라고 대답했는데?

효식: 어떻게든 혼자 살아보겠다고 했지.

문신: 그랬었군……

효식: 영자는 살겠다는 내 말을 믿고, 죽겠다는 자네와 결혼했어. 그걸 화
　　　냥기라 생각하면 큰 잘못일세.

문신: (침묵한다.)

효식: 살 벗는 이제서야 세상이 온전하게 보여. 저기 저 고목나무와 여기
　　　이 꽃핀 나무, 둘다 있는 풍경이 보이는 거야. 영자는 처음부터 봤었
　　　는데…… 난 이제 겨우 보여……

　단 하나의 생명이라도 귀하게 여기려는 아내, 영자 영혼의 아름다움이
상기되는 대목이다. 문신은 효식의 이야기를 통해 영자의 진실을 발견한
다. 화냥기를 주체 못한 여인으로 간주했던 지난 날, 그녀를 닦달하며 볶
아댔던 자신이 부끄럽다. 진정한 휴머니티를 소유한 숭고한 영혼, 그 장
본인이 아내 영자가 아니가. 눈물겨운 내용, 낭만적 아름다움, 이강백 식
의 아름다움 이미지가 상기된다.

　유골을 짊어지고 돌아오는 길목에서 만난 영자, 그녀는 이미 절망 상태
다. 그녀는 뱃속 아기를 뗄 요량으로 자신의 몸을 자학하고 있다. 결혼하
지 않으면 자살하겠다던 현 남편, 결혼 못하더라도 혼자서 아픔을 삭여내
야겠다던 효식, 그 효식의 마지막 소원, 이를 외면할 수 있단 말인가. 기가
막힌 상황이다. 영자는 이를 허락하고 만 것이다. 그리고 울어야만 했다.

　세상의 부족함과 넉넉함의 틈새를 볼 줄 알았던 영자, 그 부족함을 메
우기 위한 살보시 헌신, 그러나 문신 자신은 어떠했는가. 자살하겠다고
영자를 협박하지 않는가. 뱃속 아기를 떼라고, 죽이라고 강요하지 않았
던가.

　문신, 깊은 깨달음, 아내에게 부끄럽다. 깨달음은 관객 모두의 깨달음

254

으로 전이된다. 사유의 묘미는 공연장 밖 현실 세계로 확산된다. 이강백 색조의 사랑관, 인간관이 배어 나타난다. 이는 〈느낌, 극락 같은〉에서도 이미 구체화된 바 있다. 아버지 함묘진의 두 제자 동연과 서연, 이 두 불상 예술가를 동일하게 사랑한 함이정, 그러나 결혼한 이후 남편 동연은 지나친 형식 논리와 세속관으로 그녀를 짓누른다. 결국 가출, 서연과의 함께 지내는 함이정의 삶, 서연의 죽음, 장례식 치러 주기, 결국 삼라만상 속에서도 부처의 느낌, 참 극락의 느낌, 서연이 살았다는 느낌, 이를 일깨워내는 마지막 함이정의 대사, 이는 관객 모두의 능동적 사유를 불러일으킨다.

3) 변신의 미학과 시적 판타지

이제 마지막 극적 반전이 이루어진다. 영자는 뱃속 아이를 지우려고 몸부림치고, 문신은 이런 그녀의 행동을 말리기 위해 몸부림친다. 삶의 참모습에 눈 떠가는 문신, 모든 걸 포용하기 시작하는 문신, 그녀를 학대하려던 문신이 그녀의 자학 행위를 말리기 시작한다. 부딪침의 방향, 갈등의 양상이 뒤바뀔 줄이야. 기묘한 삶의 아이러니다. 화해가 이루어지고 모든 게 해결된다. 할아버지 유골 이장 장면, 형들과 형수(정은희, 문진희, 류지영 분)들의 대화, 우화, 익살, 해학적 그림이 관념적 지루함을 덜어주는데 기여한다.

망가를 불러야 할지, 곡을 해야 할지, 슬퍼해야 할지, 이를 놓고 갑론을박할 때 큰 형 문열(김상호 분)의 죽은 조부와의 대화는 익살과 해학의 극치를 장식한다.

> 세 형의 처들: 우리도 그래요. "아이고— 아이고—" 곡을 해야 하는 건지, 말아야 하는 건지, 갈피를 못 잡겠어요.

(문열, 심각하게 생각하는 표정으로 앉아 담배를 피운다)

문열: 내가 담배 피우면서 곰곰이 생각해 봤는데……. 이런 문제는 직접 할
　　　아버지께 여쭤 보는 게 낫겠다. (담뱃불을 끄고 가마 앞에 다가가서
　　　공손히 묻는다.) 어찌하면 좋겠습니까, 할아버님? 상여 타고 싶으시
　　　거든 그렇다 대답하여 주시옵고, 가마 타고 싶으시거든 아무 말씀 안
　　　하셔도 좋습니다. (가마에 잠시 귀를 기울인다.) 아무 말씀 없으시군.
　　　가마가 좋으신 모양이야.

문수처: 그럼 아주버님, 곡은 어찌해야 할지 여쭤 봐 주세요.

문열: (가마를 향해 다시 묻는다.) 저희가 이런 일은 처음이니까 자꾸만 여
　　　쭤 봅니다. (중략) 할아버님 생각은 어떠하십니까? (가마에 귀를 대
　　　고, 고개를 끄덕인다) 아…… 네, 네…… 그렇게 하지요.

문열처: 뭐라고 말씀하세요?

문열: 슬픈 날도 아닌데, 억지로 울지는 말라는 거야.

　죽은 자가 말을 할 수 없다. 죽은 조부 유골과의 대화, 조부 유골을 선
산 좋은 곳으로 모시려는 그 아름다운 영혼, 형 문열은 조부와의 대화를
시도한다. 이강백 특유의 우화 내지 우의극적 색조다. 연극적 약속, 연극
적 우화, 관객은 이를 번히 알고 있기에 더욱 이를 즐긴다. 이는 물거울
속 풍경 고찰로 그치지 않고 마음속 회상 풍경 고찰로 전이, 확대되는 과
정에서 구체화된다.

　아내 영자의 참다운 인생 살아가기 뜻, 이를 알아 가는 문신, 이제 그는
아내와 화해하고 효식과도 화해한다. 그리고 뱃속 아기도 사랑으로 키워
갈 것이다. 이런 메시지를 이강백은 막판 멋진 서정 언어, 정교한 비유 언
어로 빚어 놓고 있다.

　첫 장면에서 문신은 강한 피해의식, 강한 미움과 저주의식에 사로 잡혀
있었다. 마음의 눈, 회상의 눈이 떠지지 않았고, 마음의 귀, 회상의 귀 역
시 열리지 않았다.

화해, 용서가 이루어지면서 마음속의 눈이 떠지고 마음속의 귀가 열리기 시작한 것이다. 그리하여 뱃사공의 언어, 회상 언어에 화답하고 물거울 그림과 회상 속 그림을 동시에 일치시켜 볼 줄 안다.

(사공, 잠시 귀를 기울인다. 피아노 소리가 들려온다)

사공: 가만 가만…… 들리지?
문신: 음, 들려.
사공: 미연이가 오늘은 굉장히 기분 좋은 모양인데.
문신: 어떻게 알아, 기분 좋은 줄은?
사공: 저 피아노 소리를 들어보면 아네. 수면 위의 물결이 부드럽게 잔잔하고…… 미연이가 기분 나쁜 날은 아무렇게나 피아노를 치니깐, 출렁출렁 물결이 사나워져.
영자: 저 곡은 미연이가 참 좋아했었죠.
사공: 나도 좋아했어요. 언젠가 한번은 우체국에 가서 등기우편을 보냈었습니다.
문신: 누구에게……?
사공: 누구기는, 미연이한테지.
영자: 신청곡을 써서 보냈었군요?
사공: 네. 지금 들려오는 저 곡을 쳐달라구요.
문신: 그랬더니 쳐 주던가?
사공: 그럼, 오직 나를 위해서.
문신: 자넨 참 행복했었겠네.
사공: 난 우체국 의자에 앉아서 들었었네. 열린 창문으로는 양조장 지붕방이 바라보이고…… (물밑을 가리키며) 저 물밑의 양조장을 바라보게. 지금도 지붕방 창문엔 하늘의 구름 같은 커텐이 흔들거리고 있네.
영자: 읍내가 조용하군요.
문신: 여기에서 보니까 세상이 다 보여. 하늘 위도 보이고, 물 아래도 보이고…… 그리고 또 저기 땅에는 고목나무…… 우리 할아버지 뼈가 매달

렸던 고목나무도 보이고…… 또 꽃들이 활짝 핀 나무도 보이고……

피아노 음악 선율과 더불어 떠올림 과정은 자연스러워 진다. 배우들의 시선은 수면 아래를 바라보면서도, 마음의 눈으로는 그 옛날 살았던 회상 속 풍경을 바라본다. 물거울 이미지, 떠올림 이미지, 그 일치 묘미가 재치 있게 실현된다. 이런 물거울 비유 착상, 이강백의 상상과 창작 세계는 가히 놀랍다. "어떤가, 자네 눈에도 보이는가? 수천, 수만의 뼈들이 살을 벗고 살을 입네!", 인생을 깊이 있게 관조해 낸 작가의 멋진 언어, 이는 마음의 눈, 관조의 눈을 뜨지 못해 기쁨이 적은 오늘의 관객 모두에게 적용되는 언어다.

이런 깨달음이 있는 한 우리는 멋진 뼈와 살의 교향곡을 들을 수 있다. 작가가 사유하는 창작 항해, 이는 집요함과 과학적 치밀함, 여기에 낭만주의적 상상력이 어우러져 있다. 그게 연극 공연이요 '뼈와 살' 의 교향악이다.

점쟁이 할멈의 똥 누는 그림, 여기저기의 똥이 나의 표시라는 상징 언어, 삶이란 억지로 이루어지는 게 아니라 자연스레 배설하고 또 자연 속으로 사라지고 다시 살을 입어 되살아나는 것, 이런 순환과 나눔의 연속, 이를 점쟁이 할멈의 똥 누기 그림을 통해 우리는 다시 한 번 성찰하게 된다. 똥만이 내 흔적이요 내 삶을 드러내는 것, 심각한 문제 상황에도 똥과 똥 누기 상징으로 해결할 수 있다는 철학적 발상, 그 아이러니컬한 희극적 발상은 기발하다. 사유 연극, 서정 연극, 낭만연극, 비유 연극, 여기에 익살과 희극의 재미가 어우러지기에 연극 공연의 품격은 더욱 아름다워져 간다.

6. 꿈꾸기 놀이와 관조의 아름다움: 극단 코러스의 〈아버지〉

1) 꿈의 연극과 스트린베리

꿈이 현실을 지배할 수 있는가. 환영이 현실을 압도할 수 있는가. 그럴 가능성을 열어 놓은 연극이 있어 화제다. 꿈의 연극, 환영의 연극 작법, 스트린베리 특유의 극 소재를 정교하게 소화해 낸 무대, 극단 코러스의 연극 〈아버지〉(스트린베리 작, 지차트콥스키 연출, 서강대 메리홀, 2006년)는 삶의 깊이, 그 희망과 절망의 양면을 정밀하게 성찰토록 유도한다. 꿈과 현실의 대조 작법으로 인생을 관조하도록 유도했던 이 공연은 그 동안 고급 연극을 애타게 갈망해 왔던 예술 마니아에게 감동과 전율을 만끽하게 해준다.

어두움의 현실, 그 극점에서 환영이 시작되는가. 꿈꾸기가 힘을 발휘하는가. 주인공의 내면이 가장 어두워질 때 꿈이 시작된다.

극단 코러스의 〈아버지〉(스트린베리 작 · 지차트콥스키 연출, 2006)

　무대 좌측 천장에 세워진 사십오도 각도의 거울, 무대 뒤 바닥, 직사각형 그림의 조명 설계 구도, 바로 그곳에 무언가가 어른거린다. 맨발 차림의 소녀가 등장한다. 바닷가 풍경, 철썩거리는 파도 음향, 거울 영상을 통해 소녀가 모습을 드러낸다. 어린 소녀의 실루엣인가. 멀리서부터 들려오는 목소리, "아빠～아아아～", "아빠～아아아～", "아빠～아아아～", 맑고 청아한 음향, 때 묻지 않은 소녀의 목소리, 사랑하는 딸 베르타, 드디어 실물이 등장한다. 환영과 실물 이미지가 교차한다. 카펠류쉬의 무대 미학, 꿈의 연극, 환영의 연극, 그 오묘함과 깊이를 가늠케 한다.

　하나의 사물이 내면과 외부 세계로 분할된다. 그러다 두 이미지는 어느 순간 하나가 된다. 불러보는 이, 반응하는 자, 곁눈으로 볼 때 배우들의 시선은 비켜가는 것처럼 보인다. 하지만 미지의 꿈 영역에서 이들은 하나다. 아버지라 불러보는 순간, 시적 판타지가 절정에 달한다. 현실과 꿈의 경계는 자연스레 무너진다. 꿈꾸듯 움직임을 설계해나가는 몸 언어 설계, 이를 농밀하게 소화시켜 나간 윤주상의 배우 철학, 소녀 배우 이승은과의 콤비 플레이, 여기에 소리 설계와 조명 설계가 앙상블 창출에 기여한다.

순간 공연 예술, 모든 게 사라진다. 그러나 사라짐을 뛰어 넘는 힘, 관객을 완전 사로잡는 연극성, 이를 향한 설계의 기쁨과 일루전 체험의 묘미가 있는 한 연극 예술은 생명력을 발한다. 이 때문에 예술가는 무대를 떠날 수 없다. 비록 황폐하고 힘들지라도 말이다.

내면과 외면이 동시에 우러나오도록 설계한 공연 작법, 이는 지금 바로 우리 모두가 추구해야 할 예술창작의 화두이다. 릴케의 〈표범〉이 명작인 이유는 내면과 외부의 시선이 날씨줄로 겹쳐져 입체화됨에 있다. 이를 통해 삶의 본질, 사물의 본질이 정밀하게 표현, 창출되기 때문이다. 붕괴되어가는 아버지, 실성함 속에서도 꿈이 있다. 절망적 상황에서도 사랑을 꿈꾸고자 하는 비전이 있는 한 그 환영은 생명력을 발한다. 유년기적 추억, 떠올리기의 과정에서 현실의 경계는 자연스레 무너진다.

2) 분쟁에서 의심으로, 격분에서 실성으로

지나친 의심은 파멸을 초래하는가. 분쟁은 의심을 낳는다. 격분은 실성으로 이어진다. 그리고 파멸이 그 당사자들을 기다린다. 의심의 구렁텅이, 격분의 함정에 빠지는 게 이토록 무서운 것일까. 이게 독이 되어 인간을 파괴시키고 가정을 파멸시킬 줄이야.

딸을 위한 양육 문제로 분쟁이 시작된다. 자존심을 건드리는 언어, 발설해서는 안 될 데드라인 선이 무너진다. 자존심 상한 당사자들, 물불을 가리지 않는다. 상대를 제압하고픈 본능적 유혹, 이 유혹에 빠져 파멸 당할 줄이야. 자존심 상한 아내, 남편의 고집을 꺾기 위해 음모, 술수를 마다 않는다.

기병대장 부부, 그러나 본능을 주체 못하는 짐승으로 전락한다. 부부 싸움, 승리한 자와 패배한 자, 그러나 가정의 붕괴가 그들을 맞이한다. 순간의 분노, 순간의 자존심 싸움, 그 본능에 얽매여 있는 한 파멸은 자명하다. 이를 알면서도 이를 떨쳐내지 못한 자들, 인간 삶의 모순과 부조리가 통렬하게 고발된다.

집착이 강한 아내 로라(이혜진 분), 한번 뜻을 세우면 기필코 관철시키고야 마는 스타일, 그녀는 딸 베르타의 양육권을 빼앗기지 않기 위해 온갖 수단을 다 동원한다. 여성의 정절이나 순결을 결코 믿지 않아 왔던 남편 아돌프(윤주상 분), 그에게 의혹과 의심의 불씨를 지피는 일이 벌어진다. 말다툼 와중, 베르타가 자신의 친딸이 아닐지 모른다는 이야기를 듣는다. 도저히 믿기 어려운 이 말, 의혹은 눈덩이처럼 커진다.

의심의 독은 아돌프를 무너지게 만든다. 아내가 정말 불륜녀란 말인가. 친딸이 아니라면 양육의 헛수고를 할 필요가 없지 않는가. 불신, 의혹, 혼돈, 그는 점차 분열되어간다. 힘을 갖는 기병대장이 이를 통해 무기력한 모습으로 전락하는 과정을 이 공연은 객관화시켜 나간다.

딸 베르타를 도회지로 보내 교육 시키고자 하는 아돌프(윤주상 분), 딸 베르타를 시골집에서 키우고 하는 로라(이혜진 분), 이들의 사소한 말싸움이 문제의 발단이 된 것이다. 딸의 양육권을 당연히 아버지가 갖고 있어야 한다고 믿는 아돌프, 딸을 교육시킬 권리는 안주인인 자신에게 있다는 로라, 두 사람의 갈등, 밀고 당기는 줄다리기 상황이 다채롭게 변조된다. 이런 긴장 유발 장치는 극구성의 당연한 곁틀로 작용한다. 작품의 의도는 다른 데 있다. 무얼까.

남편 아돌프와의 기싸움, 그의 기세를 무력화시킬 요량, 편지 가로채기, 실성했다는 헛소문 퍼트리기, 이런 상황을 알아차린 아돌프, 격분을 주체 못한다. 정서적 혼란, 극도의 헷갈림, 격분을 참지 못하고 그는 로라를 향해 등불을 내던진다.

로라의 덫에 휘말려 든 것이다. 격분과 혼란, 반쯤 실성한 것으로 보이는 상황, 로라는 이를 기화로 그를 정신병자로 내몬다. 그리고 지안 식구들을 사주하여 그를 감금시키는데 성공한다.

격분, 억울함, 어이없음, 이게 의심이란 증세와 만나 미침 증세를 도지게 만든 것은 아닐까. 아돌프는 본래부터 실성한 자일까. 아니면 주변에서 이를 부추긴 것일까. 작가는 이를 관객의 상상력, 추리력에 맡긴다. 인과 구조의 극구성이 생략된다.

아돌프의 정신 착란 상황, 문제 환경, 문제 상황이 격분한 그를 실성하게 만든 것일까. 문제 인물 탓인가, 아니면 문제 환경 탓인가. 작가는 이런 다양한 가능성을 늘 열어 놓는다. 관객은 객관적이고 능동적인 입장에서 문제된 상황과 요인을 성찰하려 한다.

3) 꿈의 연극 미학, 시낭송의 아름다움

공연의 백미는 '꿈의 연극', '환영의 연극' 작법이 구현되는 장면에 있다. 현실과 꿈의 대조가 멋지게 실현된다.

먼저 현실 장면을 보자. 부부간의 신경전이 전반부의 주종을 이룬다. 불신, 염탐, 엿보기, 연락물 가로채기, 생활비를 주면서 영수증을 요구하는 남편, 침울하고 무거운 분위기, 진정한 소통이 없다. 부부 간의 애틋함을 찾기 힘들다. 장화 신은 채 침상에서 일을 보는 그림, 샌드백을 두드리는 행동, 고함, 불만 섞인 말투, 이 모두 불신과 단절 상황 클로즈업 작업에 기여한다.

활력 넘치는 꿈의 공간, 어둡고 칙칙한 현실과 대조를 이룬다. 바닷가 파도 소리, 유년기 추억 떠올리기, 이를 일깨워내는 유모(백성희 분)의 행동 그림, 자애롭고 따뜻하다. 안락함이 느껴진다.

그 절묘한 시점에서 어린 딸(이승은 분)이 등장한다. 철썩거리는 파도 소리, 해변을 거닐었던 딸의 행동, 그 움직임과 반응, 멀리서 들려오는 딸의 목소리, 때 묻지 않는 음색, 청아함과 생기 가득한 목소리, 맨발, 하얀 색조의 의상, 천사 이미지가 상기된다. 저 멀리서 부르며 다가오는 소녀, '아빠' 는 '아~ 빠~아~아~' 로 변조된다.

비스듬하게 세워진 거울, 거울에 투영된 소녀의 모습. 자연 사물의 소리와 유년기의 음색이 상호 절묘한 앙상블을 이룬다. 친진힘이 연출된다. 만남이 시작된다. 고개 숙임, 어두운 표정의 아돌프, 딸의 목소리를 알아차린다. 반응하는 인물, 밝아지는 표정, 첫 만남 그림은 비켜가기 작법으로 처리된다. 환영 속 인물을 향해 반응하는 자, 비켜가기 반응이 이채롭다. 관객 역시 상상의 나래를 편다. 상상 공간 안에서 관객 역시 그들과 만난다. 이게 예술이다.

내가 그대 이름 불러 주었을 때, 그대는 한송이 꽃이 되어 있었다.

그렇다. 사랑스런 딸이 "아빠"라 불러준다. 이제 아버지로서의 현존이 회복되는 순간이다. 어린 딸에게 아버지로 인정받는 기쁨, 이 환희, 시낭

264

송 퍼포먼스가 빚어진다. 문학예술의 절정, 환상 쾌감의 절정은 무엇으로 표현될까. 극적 코드로 시작할 경우 사용되는 미학적 코드는 무얼까. 다름 아닌 시낭송 코드다.

딸과 아버지가 함께 시를 낭송하고 화답한다. 시의 테마는 아버지다. 아버지를 향한 사랑, 아버지라 불러 보고픈 소망, 시낭송을 통해 그 알레고리 의미가 확장된다.

> 아돌프: 무엇을 읽어줄까. 옳지. "당신은 아시나요. 저기 레몬 꽃"
> (사이)
> 베르타: "피는 나라"
> 아돌프: 옳지 하하하 "그늘진 잎 속에서 금빛 오렌지"
> (사이)
> 베르타: "피는 나라"
> 아돌프: "푸르른 하늘에서 부드러운 애기 바람"
> (사이)
> 베르타: "불어오구"
> 아돌프: "월계수 감람나무 아름다운 노랫소리"
> (사이)
> 베르타: "불어오는"
> 아돌프: 옳지
> 아돌프, 베르타(함께): "그 나라를 아시나요/ 그 나라를 아시나요/ 그곳으로 그곳으로 / 가고 싶어요/ 아버지 당신과 함께 가고 싶어요"

'당신은 아시나요'라는 시구, 상호 번갈아가며 읽고 낭송하고 화답하는 그림, 아버지의 행복이 연출된다. 막판 상호 반응 연기, 눈빛 주고받음은 낭송의 아름다움, 화답의 묘미를 배가시켜준다. 꿈의 연극성, 그 백미가 멋지게 실현된다.

그러나 현실은 이런 꿈꾸기를 더 이상 허용하지 않는다. 살벌한 현실, 감금의 현실, 미친 병자로 간주되는 현실, 과연 어찌해야 할까.

4) 풍경 비유와 관조의 묘미

연극의 기본 생명은 긴장 창출 여부에 달려 있다. 조금만 잘못 건드려도 폭발할 것 같은 상황, 이를 조성해 나가는 극작 방식, 이는 작가의 구성 능력을 가늠케 하는 바로미터다. 그러나 이보다 더 중요한 게 있다. 인생의 숨어있는 비밀, 이를 발견하도록 유도하는 작법, 깨닫게 하기 위한 막판 비장의 숨은 카드가 필요하다. 이 공연은 이 놀라운 보석, 인생의 깊이를 관조하도록 요구하는 교훈적 의미가 숨겨져 있다. 사유의 쾌감을 자아낼 보물은 과연 무얼까.

비밀 발견을 향한 장치, 이는 능동적 성찰 유도 작법이다. 알레고리 의미를 알아차리도록 유도하는 거리두기 관찰 유도 수법, 이를 통해 심미성이 발현된다.

공연 전반부가 아돌프(윤주상 분)와 로라(이혜진 분)의 심리적 격돌이 주종을 이루었다면 후반부의 사건은 보고와 관찰 그리고 적극적 성찰을 유도하는 사건이 주종을 이룬다. 보고 내용은 아돌프의 실성 및 감금되기까지의 사연이다. 감금당한 자, 감금시킨 자, 이들의 싸움, 게임은 끝난 것이나 다름없다. 모든 사람들, 로라의 음모에 휘말려 들어간다. 톱질 소리가 음산함을 연출한다.

목사(이준희 분), 하녀(김지희 분), 당번병(안치욱 분), 유모(백성희 분), 로이드 병사(황순여 분), 의사(박종현 분) 등 모두가 이층에서 들려오는 톱질 소리에 촉각을 곤두세운다. 광기 폭발의 전조, 문을 부수고 나올 태세, 로라 역의 이혜진이 공간 움직임의 주도권을 장악한다. 주변 배우들 역시 로라의 움직임에 맞추어 긴장 국면을 빚어간다. 일사불란한 반응 연기는 불안 조성, 긴장 조성의 주요 함수다. 간헐적으로 들려오는 톱질 소리, 인근 배우들, 긴장과 반응의 스펙트럼을 각기 달리한다. 다양한 반응, 그러면서 합일성과 통일성이 구현된다.

여자의 명령 언어 하나에 기민하게 움직이는 공모자들, 침대를 옮긴다. 서랍 안의 편지지를 꺼낸다. 남편을 감금한 아내가 사령관에게 편지를 쓴다. 이돌프의 실성을 알리기 위한 것인가, 그에게 족쇄를 채우기 위한 방편인가. 편의 애장품들이 짓뭉개진다. 서재 물품들, 책, 분광기, 운석, 가구들이 전혀 남다른 각도로 변형되고 해체된다.

남편을 침대에 결박시키는 전략, 긴장을 자아낸다. 결박당한 남편, 위에서 쏘아보는 아내, 이제 로라는 승리자인가. 그를 맘껏 요리할 수 있기에. 그런데 이게 딸 베르타를 위한 진정한 길인가. 이 집 공동체의 평화와 안정을 위한 참다운 해법인가. 그녀의 고뇌는 관객 모두의 고민으로 전이된다.

풍경은 내면의 비유다. 붕괴된 내면, 착종된 심리, 짓눌려 죽어가야 할 운명, 흐트러진 집안 구조물이 이를 상기시킨다.

부조화 구도, 불균형 구도로 배치된 가구들, 열림은 폐쇄 이미지로 돌변한다. 유리 병풍은 더욱 침상 주위를 비좁게 만든다. 침상, 안식의 공간이다. 이 공간이 무시된다. 아돌프는 침상에서 허우적거리다 죽어간다. 전반부 서재 공간의 주도권이 아돌프에게 있었다면 이제 그 공간은 해체되고 없다. 침상이 환하게 열려져 있었다면 이제 모든 게 왜소하게 변형된 상태, 즉 폐쇄 이미지로 전락되어 있다. 치밀한 비유 공간 설계 전략이다.

이 작품의 또 다른 심미성 유발 매체로 집단의 정적과 침묵을 들 수 있다. 의사, 목사, 당번병, 유모, 하녀 모두 말이 없다. 책임 있는 태도를 취해야 할 목사, 책임 있는 판정과 진단을 해주어야 할 의사, 결정적일 때 침묵으로 일관한다. 그들은 문제 발단의 책임 일부가 분명 로라에게 있음을 알고 있다. 로라의 문제된 성격이 사건 발단의 한 요인이라는 것을 그들 모두 알고 있다.

예수 십자가 처형, 자신은 아무 관계없다며 손을 씻는 총독 빌라도, 이들의 방관, 침묵과 방조는 마치 빌라도의 방관적 자세를 연상케 한다.

집단의 담합, 침묵과 방조, 딸을 향한 아버지의 애틋한 부성애는 완전 무산된다. 어이없이 정신병자로 살아가야 하는 상황, 이는 죽음을 의미한다. 소통 불능, 구원 불능, 해법 불능의 상황을 직감한 것일까. 아돌프는 침상에서 결박당한 채 죽어간다.

아버지 아돌프의 죽음, 이는 누구 탓일까. 이 시대 수많은 아버지들이 몰락하고 있다. 정신적인 사형 선고를 당하고 있다. 이 작품은 오늘 이 시간을 살아가는 병든 아버지들에게 적용된다. 그들의 아픔, 그들만의 자괴감, 그들만의 가슴앓이, 죽어라 일만하고 들어오니, 가정 공동체는 요지경이 되어 있다.

아버지만의 고뇌와 아픔, 이 시대의 모든 아버지에게 진한 위로와 동병상린의 정서를 이 공연은 톡톡히 불러 일으켜 준다.

지나친 고집, 아집은 파멸을 초래하는가. 이를 알아차리면서 실수를 범하는 자들, 제2, 제3의 로라가 우리 주변에 항존한다. 이 작품은 바로 그 당사자들에게 진지한 각성과 경종을 울려 준다.

결국 막판 웃는 자, 승리자는 누구인가. 집안의 안주인 로라(이혜진 분)인가. 남편과의 기싸움에서 승리한 자, 해방감으로 충만할 것이다. 성취의 기쁨이 가득할 것이다. 그런데 전혀 그렇지 못하다.

이게 내가 의도하는 바가 아니었는데.

로라(이혜진 분)의 얼굴이 일그러진다. 눈물을 주체 못한다. 그녀에게 돌아오는 것, 남편의 저주와 욕설이다. 남편의 죽음이 그녀를 맞는다. 가정의 붕괴, 몰락, 눈을 떠 주변을 돌아본다. 이미 때는 늦었다. '그 누가 승리를 운위할 수 있으리오. 극복이 전부인 바에야.' 시인 릴케의 이 언어가 오늘 따라 더욱 설득력을 발한다.

스스로 자가당착에 빠져 허우적거리는 현대인들, 연극은 이를 통렬하게 고발하면서 냉철한 자기 성찰을 유도한다. 승리했다고 장담했던 그 순간, 더 큰 패배와 절망이 도사리고 있다. 묘한 씁쓸함, 형언할 길 없는 페이소스를 주체 못한 채 관객은 서강대 교정 이곳저곳을 거닐어 본다.

5) 실성의 미학, 꿈의 미학

연극 후반부의 공연 매력은 단연코 2차 꿈 장면이다. 절망의 극점, 착란의 극점에서 우리는 무얼 갈구하는 걸까. 인간은 근본적으로 꿈을 꾸려 한다. 그리고 그 꿈을 통해 잃어버린 추억, 잃어버린 희망을 되찾으려 한다. 2차 꿈꾸기는 이런 절망의 나락에서 벗어나 보려는 몸부림인지 모른다. 두 번째 꿈의 작업은 낭만적인가. 아니다 오히려 비장하기까지 하다.

떠올리기 언어, 쇼팽의 피아노 선율, 이는 마음속의 과거, 마음속의 미래를 하나로 흘러가게 만든다. 그 접점에서 아돌프는 딸 베르타와 두 번째 조우를 한다.

그렇다면 실성 이미지는 어떻게 연출되었는가. 흐트러진 속옷과 머리카락, 코 밑까지 길게 늘어진 안경, 한손에 몇 권의 책을 들고 히죽거리는 모습, 푸시킨, 아가멤논이 언급된다. 이 모두 부정한 아내, 부정한 여인으로 인해 파멸을 겪은 인물들이다. 그들은 하나 같이 아돌프의 파멸에 대한 알레고리다. 그러나 현실은 미친 자의 언어를 들으려 하지 않는다.

그의 눈빛, 초점은 완전 흐트러져 있다. 실성한 자, 주절주절 무언가를 쏟아내는 자, 미친 자의 독백 언어, 또 다시 히죽거린다.

안식 부재 상황은 상징 의미를 지닌 오브제 설계 작법을 통해 자연스레 상기된다. 벽면에 비좁게 세워진 사다리, 그 꼭대기에 앉아 있는 자, 더구나 실성한 자, 불안의 극치를 경험케 한다.

그만이 알아들을 수 있는 말, 그의 시야에 의사(이준희 분)와 목사(박종현 분)가 들어온다. 말을 건네지만 상대방은 반응을 하려 들지 않는다. 미친 자라 여기기 때문이다. 극도의 소통 부재 상태다. 소외의 극점에서 꿈꾸기가 이루어진다. 딸과의 만남, 현실은 이를 허용하지 않는다. 꿈만이 이를 허용한다. 딸과의 만남, 즐거움과 기쁨도 잠시다. 충격적인 언어를 들어야 한다.

> 난 아빠의 친딸이 아니래요.
> 그렇다면 네 엄마는 더러운 여자가 되는 거야.
> 그건 잘못된 생각이야.

고통을 삭이며 어린 딸을 설득시켜 본다. 설득이 안 된다. 사다리 꼭대기에 서있는 아돌프, 그를 향해 손을 뻗치는 어린 딸, 딸의 손을 잡기 위해 버둥거리는 아돌프, 닿을 듯 닿지 못한 안타까움, 이는 소통 불능에 대한 상징이다. 교감 불능 그림은 새롭게 변조된다. 아돌프의 두 손이 어린 딸을 안수하듯 껴안으려 한다. 단호히 밀쳐내는 어린 딸, 한동안의 실랑이, 한동안의 침묵, 그리고 간절한 부성애로 호소했건만 소용없단 말인가. 절망인가. 꿈의 공간, 환영 공간에서 희망은 사라졌는가. 딸과 나란히 누워있고자 하는 소망, 그러나 이것도 꿈이기에 오래가지 못한다. 불쌍한 아버지, 쇼팽의 선율이 울려 퍼진다.

> 나의 기쁜 맘,
> 그대에게 바치려 하는 이 한 노래를
> 들으소서
> 그대를 위한 노래,
> 아…… 아……
> 정답게……

어른거리는 실루엣 바닥 조명, 그 사이로 아버지와 어린 딸이 나란히 다정하게 누워있다. 이는 현실이 아니다. 이 환상 즉 꿈에 불과하다. 아돌프를 자신을 실성한 환자로 간주하는 상황, 이게 아버지의 비극적 현실이다. 쇼팽의 피아노 선율이 들려온다, 딸 옆에서 아버지의 속사랑을 전하고픈 애틋함이 연출된다. 실성한 자의 꿈을 통해 참 진실을 볼 수 있다니, 이는 대단한 역설이다.

꿈과 현실, 분노와 실성, 광기와 냉철함, 따스함과 차가움, 윤주상은 이런 극단의 대조 정서를 농밀하게 소화시켜 나간다. 현실과 꿈 사이의 절묘한 넘나들기, 상반된 정서의 대조, 교차가 정교하게 실현된다. 기병대장 아돌프를 어린 아기로 변용시켜 반응을 유도하는 과정, 강렬한 긴장 국면임에도 상대를 따스하게 껴안는 그 힘, 부드러움과 인자함을 자연스레 빚어가는 백성희의 육체 언어 운용 철학이 빛을 발한다.

어둡고 우울한 분위기 사이로 유머와 익살을 재치 있게 살려내려는 전략, 여백과 사이를 통해 상상 공간과 유년기의 추억 공간을 자연스레 연출해나가는 작법, 이를 향한 백성희, 윤주상, 두 연기예술자의 정밀 호흡 맞추기와 앙상블 작업은 한국연극예술사에서 오랫동안 회자될 명장면이리라.

절망의 아버지의 내면, 이를 위해 차가운 눈보라 음향(이현섭 설계)과 눈보라 풍경(카펠류쉬 설계)이 연출된다. 쇼팽 피아노 선율과 눈보라, 그 어디에서도 구원처를 찾을 수 없는가. 암울한 바깥 현실, 고독한 자, 해법이 없기에 말없이 죽어가야 하는 자, 침묵과 정적이 그의 마지막을 장식한다.

황량함 속에서도, 단절 상황에서도 이 시대 아버지들은 가족 구원의 꿈을 버리지 못한다. 그 꿈을 갈망하는 자들, 꿈꾸기를 통해 구원과 안식을 회복하려는 예술가적 몸부림이 있는 한 아버지로 살아가고자 하는 비전과 희망은 늘 유효하리라.

제5장
꼭두 놀이와 코러스의 상상력

1. 익살과 비틀림의 꼭두 놀이:
극단 파티의 〈자객열전〉

1) 익살과 비틀림의 꼭두 놀이

극단 파티의 〈자객열전〉(박상현 작·이성열 연출, 아르코 예술극장 소극장, 2004년)엔 익살과 비틀림의 놀이 묘미가 우러나온다. 백범이란 인물은 이 극에서 어릿광대처럼 비틀려진 채 빚어져 있다. 문제는 이 희극 인물 빚기 전략이 기묘한 감동과 여운으로 연결됨에 있다.

연극은 전체적으로 가벼움과 무거움의 조화를 멋지게 이루고 있다. 형가, 조말, 예양의 이야기, 러시아 혁명가 및 체첸 여전사들의 이야기가 어둡고 무거운 색조를 띠고 있다면 주요 플롯을 이루는 백범과 이봉창의 제자 수업 그림은 밝은 분위기 속에서 익살스럽게 전개된다.

"장사 한번 가면 다시 오지 못하리라." 김구는 형가의 마지막 비장한 언어를 능청스럽고 부담 없이 되풀이한다. 그는 익살과 유머의 달인으로

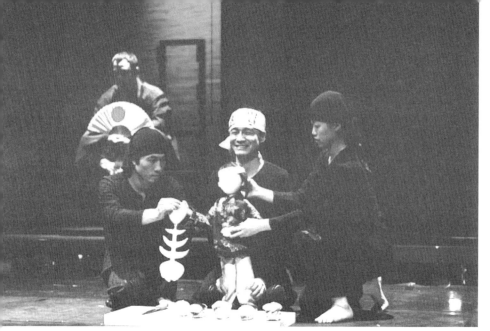

극단 파티의 〈자객열전〉(박상현 작 · 이성열 연출, 2004)

등장한다. 심지 깊은 인물, 유머와 골계를 즐기는 인물, 어린애처럼 순진한 인물, 허풍을 떠는 인물, 이 연극의 백범 김구에서 볼 수 있는 행동이다. 그 동안의 다른 에피소드에서 수많은 자객들의 아픔과 고뇌가 무겁고 섬뜩하게 그려졌지만 이와 대조적으로 김구의 행동은 밝게 나타난다.

김구에 대한 고정 관념, 고답적인 기존 이미지가 완전 제거되어 있다. 김구(김세동 분)의 제자 수업 내용은 유머극장을 방불케 한다. 멱살 잡고 스승인 자신을 떠메쳐 보도록 유도하는 과정, 제자 이봉창의 기운이 부실하다고 하며 몸보신을 권하는 대목, 빈털터리 주제에 중국집 최고 일급 요리를 주문하는 과정, 인생의 마지막 상황이니 여자를 소개시켜 주겠다는 등, 그의 행동은 경박과 우스꽝스러움으로 점철되어 있다.

기상천외한 익살 공간이 창출된다. 왕사장(정철만 분)과 종업원 장소저(정진희 분) 앞에서 폼을 잡고 허세를 부리는 그림, 왕사장 일행에게 무시당한 채 청소부로 전락하는 그림, 제자 앞에서 허풍을 떨다가 들통

나는 과정은 관객의 폭소를 유발시키기에 부족함이 없다. 허풍과 위세를 부리며 제자 이봉창을 가르치는 대목에서는 그 행동과 언사가 반복, 과장, 확장되어간다. 그 동안의 에피소드가 긴장과 무거움으로 점철되어 있었다면 메인 플롯 이야기는 익살과 유머가 힘을 발한다. 관객은 희극적 활력을 경험한다.

한국 사람들과 중국요리집 왕사장네 사람들, 중국어와 한국어가 뒤섞인다. 서로가 알아들을 수 없는 외국어라고 상대를 마음 놓고 기만하고 농락한다. 소통 불능을 핑계로 이웃 인물을 농락시키려는 발상, 이는 김구에게서 시작하여 왕사장의 언행으로 전이, 확산된다. 폭소는 그칠 줄 모른다.

일본 왕을 격살시키러 가는 이봉창(임진순 분), 그를 위로하기 위한 식사 대접 역시 과장과 허풍으로 점철되어 있다.

> 백 범: 지엔 섬머 아, 지엔 미엔.
> 장소저: 하오 하오.
>
> 장소저가 주방으로 들어간다.
>
> 이봉창: 뭐라 하신 겁니까?
> 백 범: 오늘은 우리가 긴히 할 얘기가 있으니 손님 받지 말고, 거 일품요리 정식으로 푸짐하게 준비해주게, 했지. 앉게, 봉창이.
> 이봉창: 시래기국이나 한 그릇 주시면 될 텐데, 굳이 이런 델……
> 백 범: 아무 말 말게. 내 자네를 원수의 땅으로 보내는 마당에 이 정도도 못하겠는가. "장사일거혜불부환壯士一去兮不復還 - 장사 한번 가면 다시 오지 못하리니" 다시는 탕수육도 깐풍기도 맛보지 못할 걸세.

손님 받지 말라고 허풍을 떠는 김구(김세동 분), "장사 한번 가면 다시 오지 못하리니 다시는 탕수육도 깐풍기도 맛보지 못할 걸세." 언어의 해학, 반응 행동의 골계미학이 돋보이는 대목이다. 형가의 비장한 언어가 탕수육, 깐풍기라는 먹는 이미지와 뒤섞인다. 장중함을 가벼운 이미지로 병치시키려는 의도는 무얼까. 별리의 눈물을 감추고자 하는 의도적인 제스처다. 상대를 편안하게 해주려는 따스한 배려, 가장 인간 냄새가 나는 대목이다. 인간의 내면을 패러디를 통해 그려낼 수 있음은 이 연극의 최대 덕목이자 매력에 속한다.

이봉창에 앞서 보냈던 수많은 열사들, 그들은 대부분 실패하고 있다. 훈련 부족, 폭약 성능의 미비, 현실 적응력 부족, 나약함, 자금 부족 등이 주요 요인이다. 이를 주도하고 조종해 왔던 김구, 그러나 그는 이런 문제에 대해 심각한 고뇌와 아픔의 반응을 드러내려 하지 않는다. 그는 골계미가 섞인 유아적 반응만을 드러낸다. 익살과 우스꽝스러움으로 점철된 백범의 행동, 기존 백범의 이미지를 비틀려 희극성을 겨냥하려는 의도, 수용 미학 측면에서 밝음과 어둠, 강약고저의 정서 사이클이 교차한다.

가난, 빈곤, 척박, 처절함을 이겨내기 위한 의도, 사랑하는 제자, 죽으러 떠나는 제자에게 희망과 평안을 일깨워주려는 정서, 진정한 인간 이해, 인간 사랑을 향한 희극 전략이다. 따라서 막판 그가 부른 애국가는 눈물겹고 감동적이다. 수많은 거사(테러)가 실패로 돌아갔다. 그토록 믿었던 이봉창마저 실패하고 말았다. 이제 절망뿐인가. 술에 절어 아픔을 삭이는 백범, 이제 마지막으로 윤봉길(유성진 분) 카드만 남았다.

홍구 공원에서의 폭탄 투척 계획, 초조해하고 긴장해 하는 이는 오히려 김구다. 시계를 서로 바꿔 찬다. 사진도 찍어 본다. 이봉창 덕분에 왕사장에게 폭탄도 무상으로 선물 받는다. 폭탄 선물, 사진도 무상이다. 이를 능청스럽게 언급하며 유아처럼 기뻐하는 백범, 그는 가장 긴장해야 할 상황임에도 마지막까지 유머를 잃지 않는다. 자신의 긴장과 초조감을 감추기 위해 그는 끝까지 희극 배우 역할을 철저히 해낸다. 그 목적은 단 하나, 윤봉길의 거사 성공이다.

드디어 윤봉길의 거사 성공 소식이 전해진다. 어린애처럼 펄쩍 펄쩍 뛰며 만세를 부르는 백범 김구(김세동 분), 그는 스웨덴 민요곡인 올드랭 사인 선율에 맞추어 노래를 부른다. 서러운 색조, 나라 잃은 아픔을 일깨워주는 색조, 다름 아닌 애국가가 울려 퍼진다.

> 동해물과 백두산이 마르고 닳도록, 하느님이 보우하사 우리나라 만세. 무우궁화 사암천리 화려가앙산, 대한사람 대한으로……

그 동안 함께 했던 열사들, 자객들, 무대 여기 저기, 상상의 혁명 실천 현장으로 나와 애국가를 따라 부른다. 관객 역시 백범처럼 눈물을 흘리며 뭉클함을 주체 못한다. 열사, 혁명가, 그래 저분들의 내면에 저토록 지순한 숨결, 어린애 이상의 순진무구한 정서가 있지 않은가.

혁명, 테러, 조국 광복 투쟁, 살벌함과 초긴장의 정서를 철저히 감춘 채 우리다운 익살 희극으로 일관했던 백범 김구, 인물의 행동 설계 과정에서 숨기기, 포장하기, 드러내기 메타포가 빛을 발할 줄이야. 두세 겹의 역설적인 이미지를 한꺼번에 경험케 하고 성찰토록 하는 인물 설계 전략은 가히 기가 차다. 박상현만의 정교한 창의력과 상상력에 기인한다. 숨기기를 향한 골계 언어와 유머가 어린이다운 반응 색조와 만나 심미적 앙상블과 감동을 빚어낸다.

2) 스릴과 긴장의 연극 묘미

〈자객열전〉엔 익살과 비틀림의 재미뿐만 아니라 스릴과 긴장의 묘미가 우러나온다. 무대 현장에서 협객들의 다이내믹한 칼싸움이 전개된다. 살벌한 분위기, 오금을 저리게 하는 숨 막히는 대접전, 관객은 육감적이나마 아슬아슬함과 서스펜스 정서를 주체 못한다.

가무음에 젖어 향락을 즐기는 왕, 비수를 숨기고 다가가는 협객, 예측 불허의 습격과 현란한 무예 그림이 펼쳐진다. 위협에 굴복해야 하는가, 순순히 무너져야 하는가, 한동안 저울질과 밀고 당기는 두뇌 싸움이 벌어진다.

권력의 역사 이면에 자객들의 피 말리는 노력, 불안, 초조가 숨어있다. 천하보다 귀한 목숨, 이를 기꺼이 내던지는 자기희생, 이들은 이를 인생이 절대 가치, 우주의 절대적 아름다움으로 간주하려 한다.

빼앗긴 땅을 되찾고, 주군의 왕권을 되찾아드리는 것, 무질서의 우수를 질서의 우주로 되돌려 놓으려는 작업, 문제된 현실을 질서의 현실로 되돌리려는 노력, 이를 향해 몸부림치다 죽어가야 하는 초상들이 다양한 이미지로 반복, 변조된다.

춘추전국시대의 조말(유성진 분), 예양(정진희 분), 형가(윤택윤 분)가 그랬고 러시아 차르 독재 정권 타도를 위한 러시아 혁명 테러리스트들이 바로 이들이다. 폭탄 투척의 거사가 성공했다 하더라도 그 뒤엔 수배와 쫓김의 운명이 그들을 기다린다. 사랑하는 동료의 아기를 임신한 채 도피와 기다림 사이에서 고뇌하는 러시아 혁명 여전사 제시(서진 분)의 몸부림은 관객 모두를 동일한 딜레마에 젖게 한다.

거사 준비 과정에서 초조와 불안이 뒤따른다. 성공했다 할지라도 수배

명단이 뒤따른다. 도망 다녀야 하는 숙명이 그들 앞에 놓여있다. 실패는 죽음을 요구한다. 쫓김은 별리로 이어진다. 이런 가슴앓이 숙명 속에서 그들은 사회 개혁 의지를 버리지 않는다.

풍소소혜역수한風蕭蕭兮易水寒, 장사일거혜불부환壯士一去兮不復還
  – 바람소리 쓸쓸하고 역수는 차갑구나. 장사 한번 가면 다시 오지 못하리라

춘추전국시대 자객 형가의 유명한 대사다. 적국 왕을 죽이러 떠나가는 형가(윤택윤 분), 역수 강변에서 친구들과 별리의 아픔을 나눈다. 그 누구도 자신의 삶과 죽음을 대신할 수 없다. 인생, 한번 떠나면 다시 되돌아올 수 없다. 쓸쓸한 바람소리, 차가운 역수 강물, 다시는 만날 수 없는 가족과 친지들, 그 아쉬움과 회한의 정서가 오죽했으랴……

지략과 무예가 뛰어난 형가이지만 진왕을 죽이는 데에 실패한다. 형가의 삶과 죽음, 이는 그 자체로서 극적이다. 자국에 피신 온 적장 번오기를 설득, 그의 목을 베어 가지고 간다. 진왕을 안심시키는 전략이다. 적국 왕과의 대면, 긴장된 순간이다. 그는 재빨리 상대의 옷소매를 끌어당긴다. 비수를 휘두른다. 성공인가. 아니다. 상대의 옷소매만 잘려 나가지 않았던가. 단검과 장검의 대결, 형가는 어이없게도 진왕의 날쌘 장검에 의해 죽임을 당한다.

형가의 비극적인 이야기가 해설자(김민선 분)의 음성 언어로 진행된다. 음성의 색조는 무겁고 기괴하다. 인형극과 그림자극이 펼쳐진다. 인형 조종 행위가 의도적으로 노출된다. 자객들의 거사 행위가 그림자극으로 무대화된다. 연극은 비유이자 상징이다. 무대 가장자리 단이 효과적으로 활용된다. 강함과 약함, 습격을 가하는 자와 쫓기는 자, 배우들의 다양한 몸 그림이 이를 펼쳐 보인다. 무예, 칼싸움, 속고 속이기 그림, 나라와 나라

간의 알력 다툼, 현상금이 붙어 도망 다니는 자, 그를 쫓는 자, 땅 덩어리를 빼앗기는 상황, 가슴앓이 하는 약소국 왕의 딜레마, 침략국 왕의 교만한 자태, 이를 상황극화하기 위해 검정 복색의 배우들은 다양한 공연 기호를 탄력적으로 만들어간다.

예측 불허의 공격과 방어, 다양한 볼거리와 들을거리, 이를 통해 연극적 재미는 배가된다. 연극 만들어가기, 그 바라보기의 재미가 점차 증대된다. 테러, 거기에 온 삶을 바칠 정도로 진정한 가치가 있는 것일까. 관객은 서서히 진지한 성찰을 하기 시작한다.

이 연극에선 또 다른 자객들의 애절한 삶, 고통스런 삶이 무대화된다. 러시아 체첸 여전사들(서진, 김경희, 김현영 분)의 항거 이야기, 뉴욕 밤의 거리 14번 가에서 몸을 팔아 거사 자금을 만들 수밖에 없는 엠마(김현영 분)의 처절함이 제2, 제3의 상황극으로 펼쳐진다. 체첸의 독립을 위해 싸우다 죽어간 남편과 가족들, 이를 목격하며 전사로 자원한 여인들, 그러다 모스크바 뮤지컬 극장 거사를 시도하다 결국 신경가스 살포로 죽어가는 여인들, 스스로 질식당하는 것도 모른 채 서서히 죽어 가는 과정, 날숨이 끊기고 들숨마저 중단되면서 언어 호흡을 잃어 가는 그림, 그러면서 가족사랑, 가족 그리움을 토로하는 그 마지막 장면은 일정 부분 연민을 자아낸다.

그러나 이들의 비극적 이야기, 문제된 상황은 파편처럼 나열될 뿐이다. 이는 감정이입이나 환상을 다시 차단시켜 버린다. 환상에서 깨어나 적극적인 성찰을 유도하는 작법이다. 이제 문제 극복 처방은 무얼까. 대안 창출을 향한 적극적 사유가 관객의 내면에서 이루어진다. 교훈과 성찰을 겨냥한 서사극 전략은 막판 감동의 희극 그림과 만나면서 절묘한 여운으로 이어진다.

2. 꼭두 놀이와 코러스의 상상력:
극단 진달래피네의 〈몽연〉

1) 꼭두 놀이와 코러스의 상상력

꼭두 놀이가 그림자 이미지와 만나면서 절묘한 서정성을 자아낸다. 장례 그림이 꼭두 놀이로 무대화된다. 누군가의 죽음을 객관화시켜 나가려는 전략, 꼭두 장례식 공연 그림은 그 자체로서 볼거리와 들을거리가 우러나온다.

꼭두 인형이 그림자 이미지와 만나고 '삼라만상'이란 선율과 만나면서 피안의 세계에 대한 판타지가 우러나온다. 사슴, 나비, 양, 그리고 자연사물들이 상호 교호하면서 코스모스 세계가 상기된다. 코러스 배우들이 무대 전면 중앙에 등장하여 코스모스 세계 속 사물들의 움직임에 대해 정서적 반응을 한다. 꼭두 그림자 놀이는 이를 통해 자연스레 연극적 입체성을 발휘한다.

광주 극단 진달래피네의 〈몽연夢戀〉(김정숙 작 · 최영화 연출, 광주문예회관 소극장, 2003년)은 꼭두 놀이의 오묘함이 우러나올 뿐만 아니라 코러스 작법을 통해 주인공의 내면과 외면이 무한대로 확장되어 있다.

비좁은 무대가 꼭두 기호와 코러스 사이의 자극과 반응 과정을 통해 꿈의 공간, 판타지 공간, 현실 공간으로 확장된다. 무대는 현실 공간으로 시작되었다가 어느 순간 판타지 공간으로 급변한다. 연희자의 영역, 구경꾼의 영역, 그 고정 틀을 바꾸어놓는 전략, 이를 무한대로 뒤흔들어 확장시켜나가는 코러스 전략 덕분이라 할 수 있다.

저 세상으로 먼저 떠나간 남편(윤영배 분)을 잊지 못해 몸부림치는 젊은 여인(김유진 분), 그 애절함이 꿈, 이미지, 영상 그림과 영상 시어, 코러스 기호, 실험적인 꼭두극 언어, 그림자 이미지 등으로 변용 된다. 연극 예술이 홀대받고 있는 오늘 이 시대에 우리네 연극 공연 설계 방향과 진로가 무엇인가를 이 작품은 충분하게 일깨워주고 있다.

연극 〈몽연〉은 줄거리극도 아니요 리얼리즘 무대 문법도 배제되어 있다. 무대는 크게 커다란 휘장을 쳐 놓고 이승과 저승의 공간 분할방식을 취한다. 네 개의 격자무늬 방문 세트가 무대 좌우로 각각 일정 거리로 세워져 있고 그 각각의 비좁은 공간 틈새에 코러스들이 앉아 있다. 이들은 각 상황에 걸맞게 분신 역할, 자아 역할을 하거나 심지어 상징 구조물 역할까지 한다. 주인공의 내면심리 변화 과정은 이들 코러스의 상징 이미지 구현 작업을 통해 효과적으로 창출되어 나타난다.

대최영화 특유의 공연 실험 그림답게 코러스 연극, 상징 이미지, 집단 신체 이미지, 이를 향한 기호학적 실험과 탐색 작업이 자연스레 어우러진다. 휘장 위에는 소형 꼭두 놀이가 자주 펼쳐진다. 장례 상황은 몇몇 상징 이미지로 대체된다. 죽음 소식을 알리는 과정, 검은 복색과 탈을 쓴 전령의 음색과 동작은 다소 기괴하고 음산하기까지 하다. 휘장 뒤편에서 괴이

극단 진달래피네의 〈몽연〉(김정숙 작 · 최영화 연출, 2003)

하게 움직이는 그림자, 그가 휘장 가장자리에서부터 공연장 전면으로 등
장하여 모습을 드러낸다. 죽음의 전령이다. 둥그적거림, 비틀거림, 이 모
든 게 괴이하고 반 현실적인 이미지이다. 그의 손에 들려진 막대, 맨 꼭대
기에 죽은 자의 옷이 매달려져 있다. "전라도 나주 땅에 사는 한인성의
복이요!" 그의 기괴한 외침에 뒤이어 우리 식의 만가가 들려온다. 소형
꼭두에 의한 장례 행렬이 휘장 위에서 펼쳐진다.

　문제를 제기하라. 희곡 창작의 기본이다. 살아있는 여인, 문제는 그녀
의 현실 의식이 없다는 데에 있다. 현실에서 만날 수 없는 상황, 그럼에도
그녀는 꿈속에서의 만남을 고집한다.
　남자(윤영배 분)는 이제 죽은 자이다. 가방을 든 채 검정 외투를 쓴 남
자, 검정 모자를 쓴 남자, 얼굴 형체를 자세히 알아 볼 수 없다. 아내가 그
를 향해 외쳐 부른다. "여보, 나야 나야! 나 인후, 꽃돼지……" 그러나 남
편으로부터 그 어떤 반응도 느낄 수 없다. 또 다시 달려들어 제2, 제3의

포옹 시도가 이루어진다. 넘어지고 실패하는 여자, 그녀는 여전히 남편이 살아있는 것으로 착각한다. "여보, 나 여기 다쳤어. 호오 해줘! 응." 애틋한 사랑 타령 언어, 젊은이들의 감각 뉘앙스, 그 에로틱한 속삭임, 그러나 관객은 이미 그 결과를 알고 있다. 만날 수 없는 결말, 그 참담함이 예견되기에, 밝고 환하게 웃는 모습, 화사하고 상냥하고 아무렇지 않는 듯한 여자의 환상성, 그 농도가 진해질수록 관객은 긴장한다.

구약성경 구절이 읊조려진다.

아브라함이 이삭을 낳고 이삭은 야곱을 낳고 뒤이어 누가 누구를 낳고 또 누가 또 누구를 낳고 맨 마지막엔 요셉이 예수를 낳았으니……

무표정, 무정감 색조 언어, 코러스들이 읊조린다. 뒤이어 남자가 이를 되풀이한다. 아내가 간절히 원하는 사랑, 그러나 죽은 남편은 선문답식 기호로 일관한다.

과연 저 뜻은 무얼까. 인류의 구원, 선택받은 자들의 출생과 그 이어감, 이런 이들의 삶과 출생과 죽음, 그 패러다임 속에서 우린 무얼 깨달아야 하는가. 애절해 할 필요도 없고 마음 아파할 필요도 없다는 의미일까. 무언가를 깊이 깨달은 모습, 관조자의 모습, 관객도 그 관조자의 모습, 그 속의미 파악을 위해 적극적인 성찰 태도를 유지한다. 도발의 연극학, 깨달음의 연극미학이 우러나온다.

찾으려 하지만 찾을 수 없고 만나려 하지만 만날 수 없는 상황, 그렇기에 꿈속에서나 가능한 사랑, 그리고 회상 속에서나 가능한 사랑, 현실에서 이루어질 수 없는 그 절절함이 있었기에 꿈속 사랑, 즉 '몽연夢戀'에서의 여인의 이미지는 언뜻 미친 듯이 보이기도 하고 자기 꿈에 절어 살아가야 하기에 더욱 애처롭게 보인다.

이루어질 수 없는 사랑, 그 애잔함이 무겁고 어두운 색조로 설계되었다면 회상 속의 옛 사랑 그림, 하객을 두고 벌이는 난장 혼례 뒤풀이는 밝고 활력이 넘친다. 남도 사투리, 남도적인 익살 음색, 관객과 더불어 부르는 사랑가, 관객은 일순간 혼례의 하객 역할을 하게 된다.

사 사랑을 할려면 요 요렇게 한단다 / 요내 사랑 변치 말자 굳게굳게 다진 사랑 / 어화 둥둥 내 사랑 둥당가 둥당가 덩기 둥덩기 내 사랑 / 꽃과 나비 너울너울 춤을 추고 / 우리네 사 사랑은 아이가이가 두둥실 좋을시고……// 당당신은 내 사랑 아이 알뜰한 내 사랑 / 일편단심 변치 말자 굳게굳게 다진 사랑/ 어화 둥둥 내 사랑 둥당가 둥당가 덩기 둥덩기 내 사랑 / 너를 보면 신바람이 절로 나고 / 너를 마 만나면 아이가이가 두둥실 좋을시고……

은근하게 감추기를 좋아하는 사랑 문법, 그러나 사랑의 속마음을 완전 까발려 드러내는 사랑 몸짓, 남도 민요풍으로 변조된 사랑가, 따라 부르기를 유도하는 소리 광대(윤선영 분), 온몸을 부르르 떠는 익살 넘치는 몸 그림 설계에 객석의 폭소는 끊일 줄 모른다. "우리네 사 사랑은 아이가이가 두둥실 좋을시고……."

오색 이불 홑창 소품 하나로 여배우가 신혼 초야 그림을 펼쳐 보인다. 이불 안에서의 사랑 그림, 적나라한 사랑 행각 언어, 질펀한 구어 언어, 속삭임과 유혹 언어가 난무한다. 몸이 달아오른 신부, 그녀의 감각적 반응, 내면 심리를 주변 코러스들이 즉흥과 재치로서 탄력 있게 만들어간다. 관객 역시 감추기 사랑 문법 대신 온몸으로 까발리는 사랑 행각에 신바람이 난다. 익명의 관객, 집단 해방감은 극에 달한다.

밝음, 난장, 해방감이 애절함과 안타까움 사이로 비집고 들어간다. 연극적 수용 과정에서 가벼움과 무거움, 밝음과 어두움의 조화와 균형이 이루어진다.

2) 그림자 이미지와 꿈 속 판타지

연극 〈몽연〉은 액자극이나 프로시니엄 극구조는 더욱 아니다. 망자를 위한 씻김굿이 벌어진다. 씻김굿 기호는 어디까지나 상징으로 머물러 있다. 그 기호들은 실제 퍼포먼스를 대행한다. 씻김굿 노자 마련을 위한 장치로서 관객은 일시에 굿의 구경꾼이 된다. 노자 마련 장면에서 관객은 굿과 극의 내용에 참여한다. 죽은 자의 넋을 위로하는 과정, 코러스들이 굿 행위에 합류한다. 소리의 공연성은 점차 확대된다. 굿은 절정에 도달하고 아내는 죽은 남편의 체취를 느끼기 시작한다. 사랑하는 임을 영원히 떠나보내고 싶지 않다. 젊음이 있는데, 그 때의 사랑 흔적이 있었는데 이렇게 속절없이 떠나보낼 수 없다. 여인(김유진 분)은 이를 막기 위해 안간힘을 다한다. 울부짖는 여인의 움직임은 객석으로 확장된다. 별리의 문제는 지금 바로 이곳 객석의 현실에서도 계속되기 때문이다. 관객은 바로 자신 스스로 별리의 파트너가 되어 이 문제를 성찰한다.

여인의 절규, 남편을 그리워하는 외침은 또 다시 무대 휘장 뒤편에서 계속된다. 무대 휘장 이쪽 편에서 이를 들어야 하는 저승 세계의 남자, 그러나 그의 대답은 여전하다.

"아브라함이 이삭을 낳고 이삭이 야곱을 낳고 야곱은 유다와 그의 형제를 낳고, 유다는 다말에게서 베레스와 헤스론을 낳고……."

비장미 넘치는 음악 선율과 더불어 코러스들이 춤을 춘다. 여자는 각 코러스들 사이사이를 맴돌며 방황을 계속한다. 남자는 각 코러스들 하나하나를 성경 속의 인물을 지칭하며 만져 준다. 남자의 손이 닿을 때마다 변화가 일어난다. "야곱, 스룹바벨, 아비훗, 엘리아김……." 코러스들의 얼굴 표정, 동작, 하나하나가 달라지기 시작한다. 코러스는 일시에 구약 인물에 대한 상징 역할을 하기 시작한다.

우리네 만남은 미해결 상황으로 끝나는가. 이를 향한 능동적 성찰 작업이 일어날 즈음, 갑자기 무대 판이 뒤바뀐다. 대중 통속가요가 갑작스레 들려온다. 코러스들, 그 노래에 맞추어 춤추고 즐거워한다. 판이 깨진다. 이들 남녀의 옛 사랑 장면, 춤과 노래를 통해 사랑 나누는 흥겨운 분위기가 연출된다. 사랑의 꿈, 사모의 꿈, 그 절정에서 옛날에 대한 회상 그림 연결은 기발한 착상이다. 회상의 파편 다발들, 비록 그것들이 파격적인 것처럼 보이지만 내적으로 사랑 모티브로 연결되어 있다.

사랑의 최고 형식은 혼례다. 과감한 시간 생략, 그리고 혼례 뒤풀이가 극중 놀이로 펼쳐진다. 관객은 자연스레 축하객이 된다. 함께 사랑가를 부르는 작업, 객석 불이 켜지고 떡과 술을 마주 나누는 공연 그림, 즉흥적으로 여자 관객이 축하객이 되어 현장에서 결혼 축하곡을 불러 준다.

관객을 놀이극에 동참케 하는 작업, 이를 통해 흥겨움과 해방감이 우러나온다. 무거운 공연 분위기는 자연스레 변화되고 밝아진다. 함께 연극을 만들어가고 함께 즐기는 민족 심상의 원형, 공동연희의 극철학이 작품 배면에 깔려 있다.

이승과 저승의 갈림길, 공간의 갈림길은 무대 휘장을 통해, 빛의 설계를 통해, 죽은 자에 대한 검정의상과 산 자에 대한 현실 의상 대조를 통해 펼쳐간다.

그렇다면 시간상의 갈림길은 어떻게 펼쳐졌는가. 꼬끼오, 닭 울음소리, 새벽 여명이 밝아온다. 꿈속의 만남, 꿈속에서의 사랑은 이른 아침과 더불어 더 이상 지속되지 못한다. 닭 무늬 이미지가 몸통에 새겨진 남자 배우들(정일행, 이승협 분), 그들의 덤블링 연희가 일종의 볼거리로 장식한다. 밤의 시간, 이는 꿈속 시간이기도 하다. 그러나 새벽은 어김없이 다가온다. 밤과 낮의 분기점인 이른 아침 시간, 그런데 바로 그 시간을 어떻게 알릴까. 새벽 아침 체조 음악과 꼬끼오 소리 설계다. 음악과 더불어 닭 1,2 역할의 배우들이 체조 연희를 벌인다. 환상 깨뜨리기는 기상천외하다. 꿈 속 낭만성은 국민체조라는 현실적 소리 효과를 통해 여지없이 깨어진다. 여자는 꿈 속 사랑을 간직하고 싶다. 꿈을 깨뜨리는 닭들이 반갑지 않다. 항변하여 보지만 다가오는 새벽 시간 흐름, 이를 막아볼 길 없다. 여자는 닭1,2 역의 배우들과 함께 국민체조를 벌여야 한다.

멋진 텀블링 묘기를 선보이는 닭 역할의 배우들, 서커스 연희와 재미를 경험할 수 있다. 박수를 유도하는 여자, 연극적 환상 깨뜨리기가 이루어진다. 긴장극을 향한 기호 설계, 성찰극을 향한 기호 설계, 그 양면을 동시에 접할 수 있어 연극 만들기와 실험적 관심은 증대된다.

이 연극은 놀이극이면서 동시에 서정적 품격을 갖추고 있다. 남녀의 현실적인 만남이 불가능하기에 비현실 공간에서 만남 그림이 설계된다. 꿈 속 사랑, 그 궁극적인 목표는 어떤 것일까. 그리고 어떤 이미지로 형상화되어질까. 연출이 승부를 건 것은 그림자 이미지 설계 작업이다.

자연 사물들, 노루, 토끼 이미지가 무대 휘장에 그림자로 펼쳐진다. 이들의 만남이 이루어지는가…… 이들의 만남이 평화롭게 펼쳐진다. 서정적인 선율인 '삼라만상', 이를 통해 조화와 사랑, 열림과 하나됨을 향한 소망이 암시된다. 그러나 비현실 영역, 즉 꿈속 영역이기에 이들은 그림자 이미지로 변용되어 나타난다. 오로지 조그만 그림자 기호와 선율 그리고 자연 사물들의 소리만이 전부다. 유토피아에서 가능한 영역, 언어로 표현하기 힘든 영역, 그 경계를 뛰어넘는 작업, 선율은 이를 가능케 하면서 감상층 모두에게 진한 서정성을 불러 일으킨다. 그 서정의 아름다움이 자연 영역, 무형의 내면 영역, 무한 광대한 우주와 삼라만상의 모든 자연 사물 체험으로 확대된다.

이를 경험하게 만드는 힘, 이게 연극성이요 예술성이다. 그림자 기호학, 동물들의 청각적 소리 기호, 시공 경계를 뛰어넘게 만드는 선율 기호, 그 유기적 조화와 앙상블이 창출된다.

멋진 이미지극, 그 해석과 적용의 무궁무진함이 일깨워진다. 서정성이 살아나면서 극은 마침내 "당신을 사랑했습니다"라는 시적 언어로 마무리된다. 이들의 꿈은 선율과 더불어 천상 영역으로 확대된다. 천상 이미지를 수놓는 스크린에 한동안의 정적과 침묵의 순간이 이어진다. 그리고 활자 언어가 투사된다. 눈에 보이는 언어 기호, 정적 속에서 관객은 그 속 의미 파악을 향한 적극적 성찰을 하기 시작한다. 서정성에 뒤이어 자기 깨달음을 향한 적극적이고 능동적인 사유 작업이 관객의 내면에서 이루어진다.

사랑학 강의 현장, 꿈속 사랑 기호, 저승에서의 사랑 기호, 현실에서의 질펀한 사랑 기호가 다채롭게 펼쳐진다. 여기에 파격과 깨뜨리기가 이루어진다. 주관과 객관의 줄다리기 끈, 그 끈의 팽팽함은 공연 내내 이어지기에 작품의 품격은 계속 살아난다.

3) 코러스 놀이의 아름다움

이 연극의 매력은 오브제 연극의 신선함에 기인한다. 여인은 꿈속에서 저승 여행을 한다. 저승 신랑과의 첫날밤이 치러진다. 신방 차리기, 이미 죽은 남편과의 신방 살림이 가능할까. 한동안의 즐거움, 이불 속의 은밀함이 계속된다. 그러나 감각적 사랑과 환상은 곧바로 깨뜨려진다. 신랑의 육신과 영혼 모두를 접하고자 했던 소망은 완전 차단된다. 몸부림, 발버둥치는 여인, 가는 곳마다 그녀의 욕구는 차단당한다. 분출구, 탈출구를 찾지만 그 어디에서도 구원 처방을 찾을 길 없다. 갇힘의 극단 상황이 펼쳐진다. 여인은 절망한다, 여인은 쓰러진다. 과연 이를 위해 어떤 공연 그림이 설계되어야 할까.

다름 아닌 오브제 연극 처방이다. 코러스들이 상황이 맞추어 신방 방문 격자 소품을 기동력 있게 들고 나온다. 신방 상황이 재치 있게 만들어진다. 몸부림치고 이동할 때마다 격자 방문 구조물 역시 갇힘의 상황을 향해 이동, 설계된다. 코러스 역의 배우들, 답답함의 상황을 강화시켜 나가기 위해 움직임은 격렬해지고 민첩해진다. 여인 역의 배우는 실제 갇혀 어찌할 바 모르는 반응으로 일관한다. 오브제 연극 실험과 연극교육의 멋진 장면이다.

기상천외한 오브제 연극의 묘미는 '천상 음악' 장면에서 그 절정에 이른다. '천상 음악' 선율과 더불어 두 남녀는 피안의 세계에서 서로를 찾아가는 미지의 여행을 하기 시작한다. 피안의 세계, 어떻게 만들어갈 것인가. 배우들이 줄 도구를 갖고서 배를 만들어 놓는다. 배를 타고 가는 꿈이 연상된다. 배우들이 오각형 혹은 마름모 형상의 그림을 줄과 몸그림 기호로 만들어간다. 피안의 세계, 이상향의 세계, 사랑하는 이를 만날 수 있는 영역, 구체적인 현실 사물과 다른 색감의 사물들, 그 추상 그림이 배우들(김선영, 장원나, 최지현 외 다수)의 다양한 신체 오브제를 통해 창출된다.

비눗방울이 몸그림 오브제들 사이로 쏟아져 나오고 또 맴돈다. 사랑을 찾아 나선 두 남녀, 그 오브제들 사이로 움직인다. 서로를 찾아 나서지만 결코 만날 수 없는 것, 이게 이 공연의 사랑학이고 만남의 불능성, 그 극함수이기도 하다.

피안의 세계, 추상의 오브제들이 있기에 가까운 지근거리임에도 배우들의 무반응 기호 설계는 연극적 힘을 얻는다. 상호 엇갈림에도 불구하고 상호 알아보지 못하는 상황, 이는 의도적 무반응 기호 설계 덕택이다. 좁은 공연 무대 공간은 계산된 무반응 기호와 추상의 오브제 기호, 그리고 '천상의 음악'이란 선율과 만나 무한 광대한 천상 영역으로 확대된다. 이게 우리시대 연극 만들기 문법이다. 이게 공간 변용의 연극성이다.

함께 배를 타고 가는 꿈은 실현될 것인가. 천상의 세계, 수많은 천사들의 움직임, 피안의 세계에 있는 인물들, 남자는 구약의 인물들을 거명한다. 아브라함, 이삭, 야곱, 솔로몬, 스룹바벨 등등…… 그런데 사랑하는 아내의 목소리가 들려온다.

> "오늘은 당신이 왔으면 좋겠는데, 거기 있어요? 잠이 안 와, 당신에게 갈 수 없어요. 오늘 우리 서방님이 있으면 좋겠는데…… 그런데 당신 어떻게 갔어. 나만 혼자 놓아두고 어떻게 갔어. 나 혼자 너무 힘들어. 잠아, 잠아 어서 오너라. 우리 서방님 보러가게."

무대 휘장 뒤편에서 아내의 이런 소망과 투정은 그림자 이미지로 변용되어 나타난다. 오늘밤엔 잠도 오지 않고 따라서 꿈도 꿀 수 없다 한다. 꿈속에서도 남편을 만나기가 어렵다 한다. 남편을 찾는 아내, 남편을 찾아달라고 요구하는 아내, 남편을 제발 한번 껴안고 살아봤으면 하는 바람, 그 간절함은 애원에서 투정으로 반응이 없자 눈물겨운 기원이 이루어진다. 그러나 그 어디에서고 반응도 없다. 메아리도 없다.

천상 영역은 무대 휘장 전면에 설계되어 있다. 아내의 호소를 천상 사람들은 그저 물끄러미 듣고 있다. 여자의 절규와 호소가 커진다. "내 남편, 내놔! 내 남편! 여보! 나 그곳으로 데려다 줘!" 죽음까지 불사하겠다는 여인의 각오, 그러자 남자의 태도가 급변한다. 아내의 요구를 들어줄 수 없는 남자, 아내의 외침이 커질수록 남자 언어 음색은 서서히 절규로 바뀐다. 구약성경 인물들의 언급은 단순한 언급 대상으로 머무르지 않는다. 감정 이입의 대상으로 변조되기 시작한다. 남자의 반응 역시 상대와의 교감으로 연결되지 않는다. 이를 알기에 그 역시 괴롭다. 괴롭지만 괴롭다는 언어 한 마디 할 수 없다. 이게 저승의 언어 문법인지도 모른다. 작가 특유의 상상 영역 설계가 이채롭다.

자신을 저 세상으로 데려가 달라고 떼를 쓰는 과정, 휘장 뒤편에서 여자의 허우적거림이 극에 달한다. 급전 상황이 벌어진다. 이승에서 저승으로, 삶에서 죽음으로 전환이 이루어질 찰나. 이승과 저승을 가로막던 그 무대 휘장, 장중한 음악 선율과 더불어 드디어 그 무대 휘장이 제거된다. 드디어 만남이 이루어지는가?

그러나 피안의 영역에서 남자의 얼굴 표정은 어둡다. 천사들의 얼굴 표정 역시 어둡다. 전인권의 '사랑한 후에' 라는 선율은 비탄의 아리아를 방불케 하며 공연장을 압도한다. 코러스들, 이 선율에 맞추어 춤을 춘다. 저승에서 만남과 사랑이 불가능하다. 그들은 이를 알기에 괴롭다. 무대 바닥을 나뒹구는 집단 춤 그림, 고개 숙인 채 생명력이 상실된 이미지, 괴로움을 이기지 못해 몸통을 땅바닥에 대고서 일그러져 가는 상황, 고뇌를 상징하는 웅크림 이미지가 연출된다.

이들 코러스 춤그림 사이로 여자는 사랑을 찾아 나선다. 드디어 사랑했던 남자를 발견한다. 포옹하러 달려가는 여인, 환희와 행복감에 충만한 여인, 격정적인 얼싸안음, 그러나 남자의 태도는 다르다. 잠시 후의 별리를 알고 있다. 죽음 이후의 새로운 탄생, 이 순환 율법에 따라 남자는 움직여야 한다. 아내는 지금의 저승 세계로 왔지만 자신은 이제 또 다시 현실 세계로의 귀환 즉 이승으로의 이동을 해야 한다. 참 기가 막힌 운명이다. 두 사람 사이의 대화가 불가능하다. 그의 대응 언어는 또 다시 성경 인물들 읽기이다.

인간 탄생과 죽음 그리고 구원의 역사, 그 경건하고 장엄한 성경 읽기 그림이 독특하게 변조된다. "아브라함이 나를 낳고, 이삭이 나를 낳고…… 요셉이 나를 낳고, 예수가 나를 낳고……" 아니 저 말의 뜻은 무엇일까. 잠시 후 간호사가 아들 출생을 알린다. 아기 출생, 이는 남자의 또 다른 거듭남인가. 피안의 세계에서 현실 세계로 떠날 채비하는 남자의 모습이 클로즈업된다. 뒤이어 현실에선 여인의 장례 상황이 펼쳐진다. 서양 만가 선율이 초현실적인 분위기, 다소 음산한 분위기를 자아낸다. 여인의 죽음이 죽음의 전령에 의해 기괴한 음색으로 선포된다. "전라도 나주 땅에 사는 유인후의 복이요." 우리식 색조의 만가가 울려퍼진다. 장례 행렬이 소형 꼭두극 이미지로 다시 형상화된다.

빛, 휘장이 열리고 무대 현실에서 이 쪽 저승 즉 피안의 세계로 걸어 들어오는 여인, 검정 외투 차림의 여인(김유진)의 움직임, 너무도 차분하다. 그러나 그 움직임 하나하나가 관객의 숨을 멈추게 만든다. 작가의 독특한 출생과 죽음의 시각이 드러난다. 아기 출생과 더불어 남자 역시 이승의 영역, 삶의 영역으로 나아간다. 남자 배우는 무대 휘장 뒤로 걸어 나아간다. 이 때 두 남녀의 짧은 만남이 이루어진다. 순간 상호 비껴감이 이루어진다. 잠시 짧은 순간의 알아봄, 그리고 여인의 미소, 스쳐 지나감과 동시에 이들의 짧은 만남은 영원한 별리로 이어진다. 저승 즉 피안의 세계에서 여자는 이제 차분하다. 출생과 죽음의 비밀을 이제야 알아차렸기 때문일까.

그러나 현실의 남자가 아내를 찾아 헤맨다. 남자의 절규 음성만이 공연장을 가득 메운다. 무대 휘장 뒤 현실 영역에서 몸부림치는 그림자 이미지, "인후야, 인후야, 여보, 여보……", 남자의 절규 음성은 서서히 커지고 격렬해진다. 제 아무리 크고 격렬해져도 여자의 대꾸는 없다. 구약성경 인물들의 이름이 여인에 의해 낭독된다. "아브라함이 이삭을 낳고 이삭은 야곱을 낳고 야곱은 유다와 그의 형제를 낳고……." 여인, 냉철하며 관조자적인 태도다. 이와 대조적으로 남자는 격정적이다. 여자의 무표정,

무반응 태도는 계속된다. 이는 그 자체로서 대단한 긴장을 낳는다. 불러 보는 자와 무반응으로 일관하는 자, 그 둘 사이의 관계가 역전되어 있다. 만나러 갔지만 임은 또 다른 영역으로 가버리는 상황, 삶과 죽음의 순환, 우주적 순환과 질서 때문인가. 관객은 깊은 성찰에 젖어본다.

만남과 소통, 그 불안전성, 출생과 죽음이라는 거대한 순환, 이를 보지 못하는 한 인간은 영원히 몸부림치고 방황할 수밖에 없는가……

전인권의 "사랑한 후에"라는 선율이 감상층의 가슴에 파고 들어온다. 현실에서의 사랑 방정식, 그리고 저승(천상)에서의 사랑 방정식, 그 차이로 인해 만남의 미해결성은 영원히 계속된다. 이를 아는 자와 모르는 자, 사랑을 알았기에 더욱 애타는 자들, 죽음 이후 사랑학을 알았기에 관조자적인 태도를 취하는 자, 그 비탄의 아리아와 성찰의 묘미가 맞물려 이 공연의 연극성은 무한히 확대된다.

무거움, 고개 숙임, 헤어짐, 만남을 향한 몸부림, 헤어짐의 결말을 알았기에 체념하는 모습, 이 모든 게 배우들의 집단 신체 이미지로 형상화된다. 집단 상징 동작들은 여림과 격렬함, 느림과 빠름, 비껴감과 강한 포옹의 그림으로 변용 된다. 관객의 창의적인 사유 작업은 오래 계속된다. 상징의 맛을 자아낸 품격 높은 연극이다. 동시에 품격 높은 성찰극의 맛과 서정적인 색조가 우러나온 연극, 동시에 질펀하고 후련한 놀이극적 색조가 배어 나온다.

배우들의 몸의 언어가 오브제로, 코러스로, 분신 및 제 2의 자아로 변신할 수 있음을 알렸다는 점에서 이 연극은 우리식 연극 설계문법의 방향이 어떤 것인가를 보여주고 있다.

3. 꼭두 기호와 내면심리, 그 불안의 변주곡:
국립극단의 〈브리타니쿠스〉

1) 어둠의 상상력, 내면의 연극성

어둠 속에 빛을 발하는 물체들, 자세히 들여다보면 궁중 궁궐의 기둥들이다. 그 주변은 어둠으로 덧칠되어 있다. 빈 공간, 어둠의 공간은 상상의 공간으로 변용된다. 그 사각기둥 네모 공간 안에 배치되어야 할 옥좌, 아늑한 침실 공간에 배치되어야 할 황제의 침대, 그것들을 연결시켜 주는 상징 공간 구도, 이미지 변환을 일깨울 공간 배치구도, 그러나 이 연극은 기존 리얼리즘 무대 설계 문법에서 일단 벗어나 있다.

연극은 사실 재연이 아니라 세계에 대한 미학적 반응이다. 그렇다. 국립극단의 연극 〈브리타니쿠스〉(장 라신느 작·다니엘 메스기슈 연출, 국립극장 해오름극장, 2000년)는 이 점에 있어서 일관된 상징 문법과 모델을 제시하여 준다.

배우들은 어둠의 무대 부분 공간에서 등장하고 또 다른 어둠 공간으로 사라진다. 그 빈 공간은 어둠으로 채색되어 있다. 그 어둠은 생태학적 공간도 아니요 자연 생물학적 어둠도 아니다. 그 어둠의 공간은 상상의 공간이라는 점에서 충만의 공간이다. 수많은 유형, 무형의 인물과 사물들의 만남과 부딪침이 상정될 수 있다. 빛과 어둠이 만들어낸 상상의 세계, 이를 향한 일관된 반응연기가 이루어진다. 연극만이 갖추고 있는 엄청난 환영의 공간, 인물 내면에 도사린 무한한 욕망의 공간이 되살아난다.

나약하고 선한 성격의 인물 네로(이상직 분)가 아리따운 여인, 그것도 남의 애인을 만나면서 질투의 화신, 폭군의 모습으로 변해갈 줄이야. 애욕의 포로가 되어 가는 과정, 이를 놓고 충돌하고 갈등하는 내면심리 변화 과정, 극 예술가는 어떤 창의적 처방으로 승부를 펼쳐갔는가.

자신의 기득권을 잃지 않기 위한 몸부림, 그것도 아들을 품안에 두고서 펼쳐 보이려 했던 야욕, 그것이 강한 반동적 상황과 만났을 때 어떤 반응을 기대해야 할까. 아들 네로를 황제로 만들어 놓은 그 야욕, 그런데 그토록 믿었던 아들이 배신할 줄이야. 충격, 당혹, 분노의 감정, 모자간의 갈등이 권력 쟁탈을 향한 갈등 모티브와 교묘하게 뒤섞인다. 교활한 아그리피아(조은경 분)의 분노, 이를 억누르지 못해 터트려내는 기상천외한 괴이함, 이런 인물 설정은 로마 시대의 유품 박물관 전시물로만 볼 수 없다. 그것은 박제화를 통한 볼거리 상품이라기보다는 술수와 야욕으로 얼룩진 일그러진 오늘 우리 주변의 초상이 아니고 또 무어란 말인가.

어둠 속에서 덩그러니 놓여있는 침대, 그 썰렁함, 그 홀로 있음, 그러나 그 침대 위의 하얀 그리고 기다란 침대 커버, 배우는 그것으로 유형, 무형의 내면 언어를 펼쳐 보인다. 침대 위에 관능과 본능의 방향에 따라 자신의 몸을 내맡기는 육체 그림, 그리고 시트를 덮다가 다시 벗어 던지는 동작, 그 강약고저의 불규칙 바운드가 네로라는 인물이 갖는 격정 흐름의 사이클에 맞추어 다채롭게 펼쳐진다. 온 몸에 그 침대 시트를 칭칭 감는 동작, 마침내 침대에서 쓰러져 내려오는 배우. 하얀 천의 침대 시트, 기다란 천의 움직임, "쏴아악, 쏵", 절제와 조화와는 거리가 먼 인물의 움직임과 음성, 거기에 불규칙 음향과 불안한 움직임을 계속해나가는 배우, 애욕의 포로가 되어 있는 네로의 잠재의식이 자연스레 일깨워진다.

궁중 황실 계단 위에 침대 시트가 덧입혀진다. 그 층계 위를 등장인물들이 지나간다. 황제의 침대 시트를 짓밟으면서 말이다. 유약한 황제 네로의 불안함, 위엄이나 품위 상실, 그리고 파멸 과정이 조심스럽게 예고되는 것은 아닐까.

적자가 아님에도 황제로 등극한 네로, 모두가 이복동생이자 적자인 브리타니쿠스(노석채 분)가 당연히 황제로 등극할 줄 알았는데, 이로 인해 네로는 항상 적자가 아님으로 인한 콤플렉스에 시달린다. 황제 자리가 위태로워질 수 있다는 불안감은 더해만 간다.

간신 나르시스(서희승 분)는 연약한 네로를 부추긴다. 브리타니쿠스 제거의 첫 작업으로 그의 애인 주니아(계미경 분)를 유폐시키는 것. 그런데 문제가 발생한 것이다. 브리타니쿠스의 애인 주니아를 처음 보는 순간 네로는 그녀의 청초한 아름다움에 완전 넋을 잃을 정도다. 정적 브리타니쿠스를 자연스레 제거하려다가 오히려 정적의 애인으로 인해 거꾸로 혼란에 빠져버린 것이다.

이런 숨은 과거 이야기를 전제한 라신느의 극작 설계는 그 자체로서 대단한 흥미를 자아낸다. 사랑의 열병에 빠진 네로, 그러나 상대 주니아는 영문을 모른다. 오로지 그녀는 약혼자인 브리타니쿠스와의 면회를 통해 유일한 위안을 얻을 뿐이다. 용기를 내어 자신의 속마음을 펼쳐 보이는 네로, 그러나 상대 주니아는 좀처럼 마음 문을 열지 않는다. 어느 누구도

황제의 사랑 의도를 이해하려 들지 않는다. 어머니 아그리피아도 반대한다. 자신의 지배권, 기득권이 흔들린다고 생각하면서 강력하게 이를 반대하고 있지 않는가.

과연 이 관문을 어떻게 헤쳐 나가야할까. 답답함을 덜어줄 사람이 나타난다. 간신 나르시스(서희승 분)다. 나르시스의 요설 언어, 상대를 꿰뚫는 눈은 마법을 발휘하는 듯하다. 이런 만남을 통해 그는 자신의 비정상적 사랑 열망을 실현시켜 보려한다. 하지만 여의치 않다. 몸부림과 답답함의 연속, 결국 이복동생 브리타니쿠스의 독살이 감행되고, 이에 충격 받은 주니아, 네로의 여인으로 남을 수 없다. 절망한 나머지 그녀는 신탁의 신전에 온몸을 내맡긴다. 네로의 광기는 극도에 달하고 그는 점차 폭군으로 변해간다.

충격적인 사건, 도저히 정상의 이성으로 받아들이기 힘든 상황, 그런데 이를 받아들이라 하니, 어찌 제 정신, 제 정서로 반응을 해야 할까. 궁중, 어둠의 이미지, 그 속에서 배우들은 어둠을 사이에 두고서 멀리 떨어져 있다. 만남이 있지만 진정한 교감을 느끼기 힘든 상황, 충신의 언어가 있지만 받아들여지지 않는 상황, 이 때문에 배우들의 동선 설계 작업은 기존 리얼리즘 배우술 내지 철저 사실주의 공연설계 구도에서 벗어나 있다.

어둡고 푸른 빛 배경, 음산함, 배신, 야욕, 철저 이기주의, 열림이 배제된 각 만남, 각 인물들은 상대의 닫힌 마음을 열도록 하기 위해 몸부림친다. 그 첫 상징 처방으로 상대를 향해 격렬하게 다가가는 움직임이 클로즈업된다.

궁중 바닥에 나뒹구는 젊은 황제 네로(이상직 분), 정상인들이 허용할 수 없는 사랑 욕망, 사랑의 포로가 되어 버린 채 더욱 유약해진 젊은 네로의 이미지, 게다가 지금까지 어머니 아그리피아의 눈치를 보아야 했고 세네카, 부르스 등 충신들의 직언을 들으며 눈치를 보아야 했다. 황제 스스로의 독자적 현존세계를 구축하지 못한 채 그저 주변 인물들의 언어에 휩쓸리기 쉬운 연약한 이미지, 여기에 사랑의 열병이 발생하자 답답함과 초조함은 점차 고조되어간다. 무대 중심 전면에 놓인 조그마한 상자, 그 속에 온몸을 숨기며 상대 사람들의 밀애를 듣고자 하는 괴이함, 경우에 따라 침대에서 몰래 엿들으려 하는 행위, 이 때문에 황제의 옥좌 소품은 옆으로 나뒹굴고 있다. 옥좌가 제 위치에 놓인다 할지라도 네로는 단 한 번도 위엄 있게 앉아 본적이 없다.

그의 비정상적 사랑 행각을 더욱 부추기는 간신 나르시스, 이 때문에 나르시스에 대한 네로의 의존도는 더욱 커간다. 격정적으로 튀어 달려가는 그림, 황제가 신하의 가슴에 얼굴을 파묻는 그 어처구니없음. 괴이한 힘을 지니며 상대를 압도해 나가는 간신 나르시스의 언행, 황제 네로를 거꾸로 제압하는 음색과 표정 그리고 자신감 넘치는 육체 언어 설계, 교활함을 가장한 이중 이미지, 이는 죄책감으로 불안해하는 네로의 유약함과 현저한 대조를 이룬다.

2) 꼭두 기호와 내면심리, 그 불안의 변주곡

연극 만들기의 재미, 연극 감상의 쾌감과 그 아기자기함, 이를 향한 연극적 파장은 기상천외한 상징 기호와 구체 이미지와의 만남을 통해 실현된다. 상자 속에 담긴 소형 꼭두는 실제 인물에 대한 상징 기호다. 이 축소판 상징 꼭두와의 만남을 통해 황제 네로의 내면 심리가 멋들어지게 드러난다.

간신 나르시스, 그는 상자 속의 꼭두 인물들을 하나하나 꺼내면서 황제 네로의 딜레마를 해결할 방책을 내 놓는다. 그 소형 인물 꼭두를 향해 독백을 하며 몸부림치는 네로, 분노를 터트리는 행동과 괴로움을 주체 못하는 움직임이 교차된다. 소형 꼭두 인물들이 궁중 내부의 상징 공간 안에 놓여진다. 브리타니쿠스 독살 제의, 권력 쟁취를 향한 술수 언어, 대화 도중 자연스레 설계되어진 인형들, 그것들에 의해 만들어진 정교한 공간 테두리, 그 안에 갇혀 허우적거리는 네로, 답답함의 극점에서 불안의 아리아가 연주된다.

꼭두 인물들과의 만남, 그것들을 향한 내적 지향 언어, 그 무형의 언어를 상상하면서 자연스레 반응연기를 펼쳐 가는 과정, 이 반응 그림과 앙상블을 맞추기 위해 간신 나르시스 역의 서희승이 네로(이상직 분)의 정서적 혼란 상황을 부추기며 절제되면서 일관된 반응연기를 펼쳐 보인다. 바로 이게 오늘의 연극 연기양식은 아닐까. 바로 이게 한정된 무대 공간에서 무한한 내면 심리와 그 지향 세계를 펼쳐 보여주는 것은 아닐까.

네로는 브리타니쿠스 독살을 결심하기까지 심한 동요와 번민에 사로잡힌다. 주니아와 브리타니쿠스의 사랑 장면, 포옹 장면은 그에게 강한 질투심을 야기시키고 그 질투심은 급기야 독살 결심으로 이어진다. 독살 장면은 제3인물의 보고 언어로 대체된다. 주니아가 신전에 의탁하기 위해 궁중을 떠남 역시 시녀 알비아의 보고 언어로 처리된다. 알비아의 보고 행각과 충신 부루스의 탄식 언어가 교차한다. 도저히 정상의 의식이나 정감으로 허락될 수 없는 독살 사건, 근친 살해 사건, 로마 황제의 파멸이 절망의 언어 음률로 변용된다.

이를 향한 상징 이미지 설계는 어떻게 이루어졌을까. 옥좌 위에 서서 불안의 언어, 단말마적 언어를 내뱉는 네로, 옥좌 밑에 나뒹구는 브리타니쿠스의 시신, 절망한 나머지 극도의 무신경 증세로 일관한 주니아, 원로 신하 부루스(이문수 분)가 거꾸로 연약한 이미지의 여성 주니아의 어깨에 기대고 있다. 그 어디에서도 희망을 발견할 수 없는 상황, 허공을 향한 시선, 무질서하게 나뒹굴고 있는 궁궐 기둥 오브제가 설계되어 있다. 절망한 인물 모두가 무대 오른쪽 후면, 그 모퉁이의 어둠을 향해 천천히 나아간다. 지금까지의 비전과 야망, 사랑을 향한 격정, 이 모든 게 물거품이 되어간다. 절망, 허부의 분위기가 느린 움직임을 통해 자연스레 배어나온다.

전 세계를 지배했던 로마, 이 로마를 호령했던 황제, 그 엄청난 권력, 그 권력을 되찾기까지 노심초사하다 불안과 떨림은 계속되고, 권력 쟁취와 더불어 사랑마저 쟁취 할 수 있을까. 그러나 네로는 사랑 쟁취에 실패하고 만다. 그 실패가 결국 그의 파멸, 궁궐의 파멸, 아니 로마 전체의 파멸을 부추길 줄이야.

권력과 사랑은 과연 정비례하는 걸까. 이 작품은 이를 극명하게 성찰케 한다. 사랑하는 여인 주니아를 놓고 네로와 이복동생인 브리타니쿠스가 벌이는 싸움, 그 대결 그림 역시 대단한 상징 묘미를 체험케 한다. 침대에서 흘러 내려온 기다란 하얀 천, 그것은 권력과 애욕의 상징물인가. 침대 시트로 주니아를 감싸려는 네로, 그의 일방적이고 비정상적인 사랑 욕구, 소유욕, 관능의 노예로 전락한 네로의 이탈된 정서를 상징적으로 펼쳐 보여준다.

시트 커버로 줄다리기를 하는 두 남자, 그 사이에서 허우적거리는 여인 주니어, 자신의 본심을 네로 앞에서 드러내면 애인 브리타니쿠스는 해를 당할지 모른다. 마음에도 없는 언어로 두 남자를 동시에 위로해야 딜레머, 바로 이게 갈등 심리극의 멋이다.

네로의 생모 아그리피아, 네로는 황제이지만 권력욕 유지를 향한 꼭두

각시일 뿐이다. 따라서 네로의 비정상적 사랑 행각은 허락될 수 없다. 모든 게 아그리피아의 야망, 지배 권력 유지를 위한 도구에 불과하다. 이를 위해 특이한 인물 배치가 이루어져 있다. 아그리피아의 분신이 등장한다. 황제를 향한 질타, 아그리피아와 그녀의 분신 꼭두가 등장한다. 상대를 향한 몸짓 언어나 반응 연기가 동일 그림으로 펼쳐진다. 그 그림은 상대 인물의 양옆에서 대칭 구도로 이루어져 있다.

한 인물 속에 담겨진 이율배반적인 두 지향 세계, 아들 네로를 향한 소유욕, 로마 궁궐에 대한 지배권, 각 성격의 드러내기 과정이 이런 분신 등장 구도를 통해 상징적으로 펼쳐진다. 상징 연극, 표현주의 연극의 묘미를 깨닫게 하기에 보는 이들은 즐겁다.

애욕의 포로와 권력욕의 포로, 이 두 포로가 서로를 향해 으르렁거린다. 서로의 분신을 상징하는 소형 꼭두 인물을 향해 속마음을 터트려내는 몸부림, 이 모든 게 독특한 음률 시어로 표현된다. 욕망의 바벨탑을 쌓아 올라갔던 사람들, 결국 그들은 허무의 공간, 절망과 파멸이 기다리는 공간을 향해 사라진다. 욕망과 허무를 일깨워내는 청각 이미지는 알렉산드리너 운문 낭송으로 실현된다. 소유욕의 바벨탑, 그것의 무너짐은 운문 음률 언어로 또 다시 낭송된다. 권력의 허무, 삶의 허무와 절망을 일깨워내는 기괴한 피아노 선율은 불안의 변주곡을 연상시켜준다.

어둠과 빛, 정적과 소리, 침묵과 선율, 나타남과 사라짐, 드러내기와 감추기, 이런 무대 채우기의 요소들, 정적과 정지의 그림, 요동침에서 튀어오름의 동선 그림이 철저한 상징 이미지로 변용된다. 한 치 앞을 내다보기 힘든 우리네 혼돈 심리, 극예술 창조 매력은 이런 무형의 내면세계를 조망하고 사유하게 하는 데에 있다.

소형 꼭두 기호들이 불균형, 부조화, 불규칙 이미지와 만나면서 인물 네로의 내면 깊숙한 곳에 숨겨진 절망과 혼돈 심리가 되살아난다. 이런 상징 무대 공법으로 공연성을 확장시켜 나갔다는 점에서 〈브리타니쿠스〉는 꼭두 놀이의 상상력과 이미지 변용 및 그 확장 가능성을 무한대로 열어 놓고 있다.

4. 코러스의 놀이성과 상상력: 순천시립극단의 〈맥베드〉

1) 촛불의 상징성, 코러스의 연극성

죽음을 앞둔 여인, 무대에 내팽개쳐진 자, 괴이한 신음 소리, 이 여인의 내면을 어떻게 무대화할까. 언어로 표현하기 힘든 미묘한 내면 심리, 이 내면을 정밀한 비유 이미지 및 풍경 이미지로 표현할 수 없을까. 무대에서의 풍경 이미지, 동적인 주변 환경 그림, 어떻게 무대화시켜 나갈까.

코러스는 바로 내면을 상기시키는 상징 해법이다. 코러스가 집단화되어 등장한다. 코러스 배우들이 음산한 색조의 피아노 선율에 맞추어 움직인다. 코러스는 문제 인물의 분신을 상징한다. 여인의 신음 소리, 그 강약 고조에 맞추어 코러스의 움직임, 그 폭과 깊이, 그 물결의 움직임 역시 달라진다. 문제 여인의 내면과 외면, 그 연결 고리에 대한 비유 역할을 코러스 배우들이 톡톡히 해낸다. 죽어가는 여인, 그녀가 내면 깊숙한 곳에 담아두었던 말 못할 심리가 표현되기 시작한다.

순천시립극단의 〈맥베드〉(셰익스피어 작 · 최영화 각색 연출, 2002)

순천시립극단의 〈맥베드〉(셰익스피어 원작 · 최영화 각색 연출, 순천문화예술회관 대극장, 2002년)는 코러스 연극의 백미라 할 수 있다. 흐느적거림, 어두운 색조의 피아노 선율, 기다란 사각 조명 공간, 그 안에서의 허우적거림, 죽기 전에 말하고자 하는 내면의 몸부림이 상징 이미지로 무대화된다. 상징 이미지가 코러스의 퍼포먼스와 만나면서 동적인 생명력을 발한다. 동적인 공연성을 확장시켜 나간다.

공연 전부터 촛불은 타오르고 있다. 타오르는 촛불, 그 빛이 다가가지 못한 저편 어둠, 바로 그곳에서 숨죽이는 무리가 있다. 꼼짝하지 않고 코러스는 어둠 속에서 누군가의 내면을 바라보고 있다. 그들이 바라보는 내면, 그 주인공은 누구일까. 무언가에 짓눌린 듯한 신음소리, 여인은 그 소리를 내며 누워있다. 여인은 누구이며 그녀는 왜 이런 절규에 젖어 있는 걸까.

촛불, 이를 바라보는 자들은 누구일까. 다시 사라지는 촛불, 사라지는 코러스, 이런 오브제는 또 무얼 의미할까. 삶의 비밀 캐기, 수수께끼 투성이의 오브제들, 그 상징의 속 의미를 성찰하기 위한 몸부림, 관객은 궁금증과 더불어 추리의 묘미 깨달아가기의 묘미를 주체 못한다.

신음하는 자, 그를 바라보는 자들도, 그리고 오늘의 우리 인생 모두 사라진다. 타오름과 사라짐, 그 사이에서 우린 무얼 해야 할까. 순천시립극단의 〈맥베드〉는 타오르는 촛불과 숨죽이는 코러스, 내면 통찰을 향한 숨죽이기와 사라짐의 날숨 코드를 유감없이 활용하고 있다.

〈맥베드〉, 살해와 욕망 사이에서의 벌이는 갈등극, 죄책감을 이겨내지 못해 몸부림치는 심리 드라마, 궁중에서 벌이는 놀라운 심리게임, 바깥 세계에서는 장쾌한 스펙터클 전쟁이 벌어진다. 이를 어떻게 설계하였을까. 연극 고유의 현장미학, 그 심미성을 향한 상징 기호가 어떻게 만들어졌을까.

이 공연에선 코러스 놀이극의 묘미가 무한대로 확장된다. 코러스로 내면을 표현하고 코러스로 삶의 본질을 관조하려 한다. 코러스 언어와 움직임으로 내면 심리가 표현되고 코러스 개인과 집단, 그 대조와 교차 과정을 통해 갈등의 사이클이 멋지게 변주된다. 코러스를 통해 주변 반동적 상황이 설계되고 코러스의 변화 양상이 섬세하게 펼쳐짐으로써 주변 인물 간의 역학 구도가 품위 있게 성찰된다.

〈엘렉트라〉에서 코러스의 역할과 상징극의 묘미를 십분 살려낸 바 있던 최영화, 감춤과 드러냄, 자신감과 상실감, 권력욕을 향한 야망과 삶의 허무성, 이런 인생의 숨어있는 비밀 일깨우기를 위해 최영화 특유의 상징 기호 코드와 표현주의식 심리 코드가 동원된다.

공연 전부터 퍼포먼스는 이루어진다. 검정 천으로 무대 전체가 둘러싸여 있다. 검정 천으로 둘러싸인 어둠의 공간, 그 속에서 희미한 촛불이 불

타오른다. 바람만 불면 곧장 꺼져 버릴 것만 같은 촛불, 그것은 역사의 격
랑 속에서 허우적거리는 연약한 인간을 상징하는가…… 그렇다. 바로 그
곁에서 무언가에 짓눌린 여자의 신음소리가 들려온다. 붉은 천으로 온몸을
감싸고 동시에 그것에 짓눌려 괴이한 신음소리를 질러대는 여인 류지영
분, 여인의 모습은 오늘을 살아가는 우리들 중 누구를 가리키는 것일까.

맥베드 역의 서수현, 여인의 신음소리에도 아랑곳하지 않고 의연한 태
도로 한편의 음유시를 장중하게 읊조리기 시작한다. 그들은 과연 무얼 체
험하였기에 그리고 무슨 사연으로 인해 그러는 걸까.

낭송되는 음유시어의 마디마디에 여인의 거친 숨소리가 삽입된다. 여
인의 비명소리 더욱 거칠어진다. 무언가에 의한 강한 짓눌림, 억눌림, 한
맺힘, 이를 풀지 못한 채 그저 죽어가야 하는 여인, 그럼에도 맥베드는 그
여인의 외침에 아무런 대꾸도 하지 않는다.

그렇다면 어떤 음유시일까. 최영화 각색의 음유시가 이채롭다.

> 내일이 오고 / 내일이 지나가고 / 또 내일이 와서 / 또 지나가고 /시간은 하
> 루하루를 / 한 발 한 발 거닐면서 / 역사의 마지막 순간까지 당도한다.

> 어제라는 날들은 / 모든 우매한 인간에게 / 티끌로 돌아가는 죽음의 길을 /
> 횃불처럼 밝혀준다.

> 꺼져라 꺼져, / 짧은 촛불이여! / 인생이란 / 걸어가는 그림자에 / 지나지
> 않는다. / 잠시 동안 / 무대 위에서 / 흥이 나서 덩실거리지만 / 얼마 안 가서
> 잊혀지는 / 처량한 배우일 뿐이다.

짧은 촛불, 인생, 그리고 공연 무대, 이들의 상관 변수란 과연 무얼까.
퍼즐게임의 묘미인가. 겉 그림이 그렇다면 그 속사연은 또 무엇일까. 코

러스 역의 배우들은 바람이 되었다가 시간의 흐름을 상징 군무를 펼쳐 보인다. 코러스들은 얼마 후 신비로운 마녀놀이마저 펼쳐 보인다. 코러스는 수많은 군중이 되기도 한다.

세계에 대한 반응 기호로서의 연극, 이런 연극 문법을 최영화는 철저히 지켜내려 한다. 바다 밑 빙산이 갖춘 무형의 세계, 이에 대한 겉 그림의 재연이나 모방 무대는 더 이상 먹혀들지 못한다. 벌거벗은 사실주의 무대 그림을 최영화는 철저히 배격한다. 문제된 세계, 문제된 사건에 대한 인물의 반응이 주요 무대 설계의 이슈로 등장한다.

무대는 완전 빈 공간이다. 그럼에도 비어있다는 느낌은 단 한 번도 없다. 빛과 어둠의 구분 짓기가 극명하다. 핀 조명 변화에 따라 배우의 이동이 이루어지고 시공의 변화 과정 역시 자연스레 이루어진다. 무대 좌우 측면에 검정 휘장이 쳐지고 그 뒤로 배우들이 오가며 유령 탈 극을 만들어간다. 유령 탈에 랜턴 불빛이 투사된다. 덩컨 왕을 살상한 죄책감, 그 공포에서 벗어나지 못해 허우적거리는 맥베드, 그런데 죽은 왕의 유령이 나타난 것이다. 그러나 그 어느 누구도 그의 우군이 되어주지 못한다. 아내나 주변 사람들은 환영을 알아차리지 못한다. 유령 탈에 대한 반응과 무반응, 이는 정상과 실성 이미지의 대조로 그치지 않고 진실과 가면, 감추기와 드러내기의 대조 묘미로 이어진다.

덩컨 왕을 향한 존경심, 그러나 마녀(이정미 분)의 예언은 계속 그를 유혹한다. 왕이 되고픈 야망, 인간다운 삶을 유지하고픈 비전, 이 두 양 극점에서 갈등과 번민은 계속된다. 아내의 부추김 역시 끈질기다. 그런데 덩컨 왕이 자신의 집에 유숙한다는 전갈이 왔다. 절호의 기회가 찾아왔다. 잠자는 덩컨 왕(최성귀 분), 왕은 맥베드에 의해 시해되고 말 것인가.

우유부단함, 죄책감, 불안감, 그 떨림의 내면 심리가 최영화의 연극 기호학에선 어떻게 설계되는 걸까. 욕망의 꿈틀거림, 그 끝없는 변화 과정이 다채롭게 펼쳐진다. 맥베드의 우유부단함, 허둥대는 맥베드(서수현 분), 다그치는 그의 아내, 그러나 갈등의 장벽은 두 사람의 육체 접합을 통해 극복된다. 맥베드의 머리와 몸통, 맥부인(류지영 분)의 가슴으로 나아가다 하체로 그리고 치맛자락 속으로 들어간다. 정사 행위에 대한 상징 그림이 설계된다. 한바탕의 혼돈과 경천동지할 뜨거운 만남, 이를 향한 열망이 치맛자락 안에서 펼쳐진다. 움직임에 맞추어 남녀는 기이한 웃음과 반응을 보인다. 웃음은 에로틱한 웃음일까. 남자의 소리는 단순한 성적 황홀감에 겨워 나오는 소리에 불과한가. 그렇지 않다. 그 이상이다. 여인의 정치적 야망, 그 제어불능의 늪에서 이제 맥베드는 되돌아 올 수 없는 강을 건너기 시작한다. 여인의 무지막지한 야망이 남자에게 전이된다. 그게 파멸의 시작을 알리는 신호일 줄이야. 그게 맥베드의 비극을 잉태할 줄이야.

살인 행위의 잔혹성은 보고 언어와 그 충격을 감당 못하는 배우들의 반응 그림으로 변용 된다. 왕위 즉위를 축하하는 연회석, 그러나 맥베드는 죄를 은폐하기 위해 제2, 제3의 정적 살해를 계속한다. 살상의 그림, 이는 무대 뒷면 실루엣 이미지로 혹은 살상 이후의 충격감을 감추지 못한 반응 그림으로 표현된다. 죽은 자의 얼굴이 유령으로 나타난다. 유령은 그에게만 드러난다. 유독 그만이 반응을 보인다. 땅바닥에 나뒹구는 맥베드 왕, 결국 모두에게 웃음거리가 되고 만다. 죽은 자의 악령을 상징하는 탈이 무대 측면 검정 휘장 뒤에서 움직이기 시작한다.

멋진 탈유희극이 펼쳐진다. 죽은 자, 유령, 탈을 향해 랜턴불빛을 투사시키는 휘장 뒤의 배우들, 탈의 움직임과 휘장 뒤 배우들의 소리 기호, 그 해프닝은 무대 좌측 휘장에서 시작되다가 무대 우측 휘장으로 전환된다.

순천시립극단의 〈맥베드〉(셰익스피어 작·최영화 각색 연출, 2002)

유령 탈극은 보는 자와 그렇지 못한 자, 이는 죄책감에 겨워 괴로워하는 자와 그렇지 못한 자에 대한 상징 처방이다.

2) 코러스 놀이, 퍼포먼스의 현장성과 상징성

강력한 왕권을 행사하려는 맥베드와 맥부인, 독재, 무자비한 숙청, 겉으로는 충성하여야 하는 자들, 양심과 이성이 마비된 꼭두 집단들, 코러스 배우들이 로봇 이미지로 급변된다. 독재자 앞에서 마비된 채 마리오넷이 되어버린 자들, 장난감 병정놀이 음향, 그 음향에 맞추어 병정놀이 이미지로 전락한 자들, 코러스 배우들(윤희철, 김효승, 윤민호, 이명덕, 강용복, 이기인, 황선옥 외)이 이런 역할을 무대에서 탄력적으로 펼쳐간다.

왕이 무언가에 시달린다. 그가 나약한 자로 전락한다. 이를 알아차린 자들, 재빨리 변심한 속내를 드러낸다. 가짜 충성 마리오네트 이미지가 조롱하려는 자의 이미지로 급변한다. 장중한 음악, 경건 이미지가 연출된다. 갑자기 록 음악 선율이 흘러나오면서 분위기가 바뀐다. 록 음악에 맞추어 풍자와 조롱 의도가 구체화된다. 일순간의 상황 변화, 이게 코러스 연극 놀이 작법을 통해 실현된다.

왕위 즉위 축하 연회 장면, 경쾌한 춤과 노래, 그러나 각 인물들은 속이기 희극을 벌인다. 맥베드 왕은 자신의 죄상과 그 초조감을 숨기려 한다. 거의 실성에 가까운 맥베드, 유령 탈을 향한 공포와 초조의 이미지, 이를 감추기 위한 맥베드 아내, 문제를 은폐하려는 그녀의 거짓 연기, 의연함을 가장한 가면 연기, 이제 거짓된 삶을 살아가야 하는가. 이게 왕비로서 누려야할 축복인가. 관객은 쓸쓸함을 금치 못한다.

맥베드 앞에서 초대 받은 신하들(윤희철, 김효승 외), 가짜 경건 이미지를 연출하려 한다. 마리오넷 이미지가 집단으로 연출된다. 그들 사이에서 맥베드, 왕의 모습을 연출하려 한다. 그러나 그의 언어는 공허하다.

축하객들과 신하들 역시 가면 유희를 벌인다. '아윌 팔로우 힘 I'll follow Him', 연회객들의 가짜 유희가 이 노래와 춤을 통해 절정에 이른다. 나는 그분을 따르겠다. 진지, 경건, 차분함, 장중함의 이미지가 연출된다. 충성스런 신하들의 이미지, 과연 그럴까. 노래가 갑자기 빨라지기 시작한다. 탬버린이 연주된다. 춤과 노래는 일순간 경박함으로 전환된다. 노래와 춤은 드디어 록 음악 풍으로 변주된다. 중의 목탁 두드리기 퍼포먼스가 펼쳐진다. 록 음악에 맞추어 무희 코러스가 등장한다. 가수 복장을 한 여성 코러스(황옥선 분), 이층 계단 위로 올라가 엑스타시, 그 황홀경을 연출한다. 이는 맥베드를 패러디하기 위한 퍼포먼스다.

맥베드, 이를 알아차리면서 죄책감, 불안감이 더욱 고조된다. 이를 눈치 챈 자들, 비아냥거림, 쑥덕거림을 숨기려 한다. 코러스 작법 및 활용은 극단의 조롱 이미지를 일순간 빚어 가는 데 일조한다. 코러스를 통해 연극적 상상력이 확장되어간다.

맥베드 죄상을 알고서도 모르는 척 하는 그들, 왕비의 눈길이 남편을 향할 때 연회객들은 재빨리 본색을 드러낸다. 비아냥거림, 조롱과 조소유희, 그리다가 다시 왕비와 눈길 마주쳤을 때의 태연자약한 가면연기가 일사불란하게 이루어진다. 관객은 패러디극의 진수를 유감없이 맛본다.

죄를 은폐하기 위해 또 다른 악행이 자행된다. 이미 백성들은 맥베드에게 등을 돌린 뒤이다. 맥더프(강용복 분)가 이끄는 군대와의 최후 결전만이 그의 마지막 과제다. 아내는 어이없게도 목매단 채 숨겨있다. 엄청난 살상과 악행을 연쇄적으로 저지를 줄 아내 역시 꿈에도 몰랐다. 그녀가 먼저 무너지고 파멸할 줄이야.

마녀들의 엉뚱한 예언을 과신하는 맥베드, 그 역시 처절하게 무너지기 시작한다. 맥더프가 이끄는 군대, 숲과 바람마저 맥베드의 편에 서있지 않다. 적군과의 대접전, 비좁은 소극상에서 어떻게 이 스페터클 그림이 무대화될까. 그 해법은 다름 아닌 코러스 활용이다. 코러스 역의 배우들이 북소리에 맞추어 행진 그림을 빚어간다. 그들은 나무 잎사귀로 폭풍전야의 그림을 펼쳐 보인다. 드디어 바람이 분다. 숲이 요동치기 시작한다. 맥더프의 군대, 성난 노도처럼 밀려들어온다. 무대 중앙을 가로지르는 코러스의 행진, 원형이 되었다가 대각선을 따라 이동한다. 노도처럼 몰려오는 적군의 이미지가 멋지게 살아난다. 여림과 느림의 움직임은 접전의 극점에서 격렬한 움직임으로 전환된다.

상대를 향해 소릴 질러 보지만 맥베드의 호령은 공허한 울림으로 머문다. 코러스 배우들이 나무 가지로 그를 내리친다. 부딪침은 강렬한 현장 타악 소리로 표현된다. 서서히 무너지기 시작하는 맥베드, 무대 중앙 전면에 마지막 안간힘을 다하며 몸부림치는 맥베드, 싸늘하게 식어간 시신 이미지만이 클로즈업된다.

프롤로그에서 벌였던 음유시 언어가 새로운 문자 코드로 변용 된다. 반투명 망사 스크린에 음유시어의 문자가 투사된다. 장중한 음향과 선율, 인간의 내면에 빛을 선사하는 선율, 마음속의 과거와 미래를 하나로 합쳐 흘러가게 만드는 그 선율의 힘, 문자 언어를 통한 성찰 에너지, 선율 코드를 통한 내면 떠올려보기의 쾌감, 그런 값진 예술 체험을 주체하지 못한 채 관객은 공연장 문을 연다.

사라짐이란 촛불 코드, 우린 공연된 촛불 퍼포먼스를 보면서 희망을 잃지 않는다. 타오르는 촛불, 그 강렬함을 보면서 야망을 버리지 못한다. 그리고 얼마 후 소멸되는 촛불을 보아야 한다. 이제 인생의 허무만을 깨달아야 하는가. 〈맥베드〉 역시 촛불의 타오름과 더불어 감동의 판타지를 체험케 한다. 촛불의 소멸성과 더불어 〈맥베드〉 공연은 사라진다. 연극이란 촛불, 삶이란 촛불, 한 번 켜지면서 인생 무대를 강렬하게 밝히다가 다 타 버리면 바람처럼 사라져 간다.

5. 분신의 연극성, 코러스의 놀이성: 극단 미추의 〈조씨고아〉

1) 출생의 비밀 찾기와 추적의 분신 놀이

해체와 분열 작법으로 연극 마니아늘을 흥분시킨 사건이 일어났다. 출생의 비밀 찾기라는 서스펜스 구조로 관객을 매료시킨 연극이 있다. 진실게임, 그 정점에서 분열 이미지가 선을 보인다. 누구의 말이 옳을까. 불안심리가 고조된다. 불안 심리의 정점에서 인물은 분열한다. 분신 이미지, 분열 이미지가 이색적인 연극성을 발한다.

극단 미추의 〈조씨고아趙氏孤兒〉(기군상 작 · 티엔친신 연출 · 손진책 예술감독, 예술의 전당 토월극장, 2006년)는 인간 내면의 상반된 정서와 성격을 분신 기법으로 무대화하여 독특한 코러스극의 묘미를 맛보게 한다.

여섯 살이 된 고아, 그의 꿈에 어머니가 나타났다. 한 번도 본 일이 없는 어머니, 붉은 머리를 풀어 헤친 어머니, 수염이 난 어머니, 이런 꿈속 이미지, 과연 사실일까. 수염 난 어머니의 내력, 무슨 사연일까. 붉은 머릴 풀어 헤친 사연은 또 무엇일까. 어머니가 보고 싶다. 과연 어머니는 어떤 사람일까. 임종 직전의 수양아버지가 자신의 출생 내력을 들려주려 한다.

무대에서 분열 이미지는 어떻게 실현될까. 강인한 성격의 성인 고아, 나약한 성품의 여린 고아, 두 명의 배우가 한 인물을 연출해낸다. 열여섯 살, 성인 정서와 어린애 정서의 분기점, 성인 고아의 배우(조원종)가 여린 고아 역의 배우(이강미)와 한 몸 되어 걷는다. 여린 고아가 강한

극단 미추의 〈조씨고아〉
(기군상 작 · 티엔친신 연출, 2006)

고아의 발등 위에 달라붙어 있다. 걸음걸이와 생각, 몸놀림이 같은 듯하다. 그러나 표정과 내면은 다르다. 이 둘은 생부, 생모에 관한 숨은 과거사에 대해 상이한 반응을 보인다. 이 연극은 분신 이미지로 분열된 정서 및 불안 심리를 정밀하게 추적해 나간다.

고아를 낳자마자 죽어간 엄마 장희의 사연은 무얼까. 무대엔 또 다른 여인이 미쳐 죽어간다. 연대기적 극구성이 무시된다. 포스트모던한 극구성 작법, 해체된 시각으로 각 장면은 일깨우기의 힘을 발휘한다. 여기에 미스터리 구성이 가미되면서 극적 서스펜스 묘미마저 우러나온다.

고아에게 생부라 여겼던 인물(함건수 분), 은인이라 여겼던 수양아버지(정태화 분), 자신의 출생 비밀을 놓고 대립한다.

누구의 말이 맞을까. 평소 존경해온 수양아버지 도안고, 그분의 말씀을 신뢰할 수밖에 없지 않는가. 그렇다면 자신을 키워준 분, 생부라 여겼던 분을 부인해야 할까. 고아의 갈등은 시작되고 그 고뇌는 걷잡을 수 없을 정도로 확장된다. 분열이 가속화된다. 거부정서를 드러내려는 성인 고아, 생부의 말씀을 믿어보고 싶어 하는 어린 고아, 고아의 분열 심리가 다채롭게 변용된다. 관객은 분신 드라마의 묘미에 흠뻑 빠져들기 시작한다.

정영이 생부가 아니라는 폭탄선언, 진짜 부친은 왕명에 의해 멸족 당한 조삭이라니…… 도안고는 펄쩍 뛴다. 그는 정영의 말을 믿으려 하지 않을 뿐만 아니라 그를 강하게 질타한다. 한동안의 판단력 상실, 믿기지 않던 과거사, 과연 진실일까. 이 모든 숨은 사연이 극중극을 통해 부활한다. 정영이 발설, 핵폭탄의 뇌관에 불을 붙이는 행동, 이는 그 자체로서 대단한 긴장 에너지를 발한다. 과연 사연일까. 다음 장면에 대해 기대감이 고조된다.

2) 핏줄 이어가기 전략과 긴장의 연극성

연극의 생명력은 긴장감 여부에 달려 있다. 춘추전국시대, 탕녀 장희의 혼음 사건, 음모, 밀고, 모함, 조씨 집안을 멸족하라는 왕명, 혼란과 혼돈의 시대적 상황, 그런데 탕녀 장희가 애를 낳으려 한다. 아기를 낳으면서 그녀의 인물 변신이 이루어질 줄이야. 뱃속의 아기만은 살려야 하지 않는가. 내 목숨을 바쳐서라도 아기를 살려야 한다.

과연 이 작전이 성공을 거둘 것인가. 살육, 피비린내 상황, 이는 강한 긴장 상황을 예고한다. 출산을 앞둔 장희, 시골의사 주치의 정영에게 간절한 부탁을 한다. 뱃속의 아이를 살려달라고, 조씨 가문을 이어가게 해 달라고 그리고 조씨고아라 명명해 달라고.

뱃속의 아기도 낳는 대로 죽음을 당할 운명이다. 엄마 장희(서이숙 분)의 간절한 부탁, 이 아이를 살려만 준다면 죽음도 불사하는 비장함과 처연함, 머뭇거리는 정영(함건수 분), 승낙을 할 것인가, 유보할 것인가, 한동안의 갈등, 내적 줄다리기가 이루어진다.

핏덩이 아기를 낳기 위해 소리 한번 지르지 못했다. 진땀이 목까지 차고 넘쳐서 울어도 눈물이 나지 않을 정도였다. 엄마 등 뒤에 붙어있는 고아, 그 천진함, 엄마의 사랑이 필요한 저 어린아이, 이제 그 어미는 죽어 갈 운명이다. 정영의 갈등은 극에 달한다. 고아를 살려 생부 역할마저 해달라는 간절한 청, 정영은 결단을 내리는가. 극적인 승낙이 이루어진다. 그러나 문제는 일파만파로 커지기 시작한다. 효과적인 문제 제기, 수많은 장애물 설정, 외관상 탄탄한 극구조다.

고아 살리기 전략, 성공할 것인가, 실패할 것인가. 수많은 장애물 및 암초를 어떻게 극복할 수 있을까. 공연은 내내 박진감과 긴장감, 스릴과 서스펜스로 가득하다.

한약재에 고아를 숨겨 장희의 집을 빠져나가려는 정영의 전략, 이미 한궐이 이끄는 무사들이 집 주위를 에워싸고 있다. 정영의 앞길을 가로막는 한궐, 들통 나기 직전의 위기 상황이 전개된다. 무사들이 눈치 채고 다가온다. 아슬아슬함이 최고조에 이른다.

정영(함건수 분)과 한궐(오광민 분)의 담판, 상대의 경계를 허물고 추적의 세계를 신의의 세계로 급변시켜내는 작업, 이는 죽기를 각오했을 때 가능하다. 정영의 비장함은 한궐의 내면으로 전이되면서 잠재된 또 다른 캐릭터를 부추긴다. 의인을 만날 수 있는 것만으로도 최고의 축복, 고아를 빠져나가게 하는 대신 자결을 결행하는 한궐, 이때 부터 의인들의 열전 행각이 다양하게 반복, 변조된다.

위기 뒤에 또 다른 문제가 뒤따른다. 친 혈육을 잃고 싶지 않는 어미의 가슴앓이, 아내의 갈등이 시작된다. 갈등, 불안 초조 심리가 극에 달한다. 인물의 분열이 시작된다. 이 작품의 매력 포인트는 분신 드라마 작법에 있다. 남편의 뜻을 존중하려는 현숙한 지어미, 눈앞에서 아기의 죽음, 어미의 정을 주체 못해 미쳐가는 여인, 내적 심리 갈등, 그 길항 구조가 이 두 분신 배역의 인물을 통해 농밀하게 구현된다.

남편 정영의 신의, 이를 지키기 위해 친 혈육을 대신 죽여 바쳐야 하는 상황, 아내의 내적 몸부림이 한편의 멋진 시어로 표출되어 나타난다.

> 우리 아기 얼굴이 달빛에 물들었구나
> 차가운 겨울 산에 흰 눈 내린 듯
> 살짝 벌린 누 입술은 언꽃지킴 붉구나.

달빛에 물들 정도로 고운 아기, 혈육의 죽음을 허용해야 하는가. 차가운 겨울산, 이는 비정하고 냉혹한 주변 현실에 대한 알레고리다. 미쳐 죽어가는 아내, 운율을 살린 시극의 맛이 관객을 매료시킨다. 엄마 장희의 단말마 시어가 정영 아내의 시어와 오버랩 된다. 친 혈육 살리려는 몸부림, 그 시각에서 두 인물은 어느 새 하나의 이미지로 통합된다. 포스트모던한 극작법에서 볼 수 있는 대목이다.

아내의 두 분신 역할, 두 명의 여배우(황연희, 최수현)가 상호 한 몸처럼 붙어 있다. 그들은 한 덩어리가 되어 있지만 생각과 정서는 늘 달리한다. 거기에 이들의 비극이 잉태한다. 분신, 분열성, 이는 동서고금을 막론하고 늘 인간 내면에 도사리고 있다. 몸 따로, 생각 따로, 이렇게 살아가는 게 인생사인가. 이 작품은 정서적 나약함, 지적 의지의 의연함, 그 양 스펙트럼 사이에서 허우적거리는 인간의 다중성과 모순성을 밀도 있게 육화시켜 놓고 있다.

한궐 장군의 배려로 포위망을 빠져나오지만 또 다른 장애물이 기다리고 있다. 3개월 이내의 아기들을 모두 죽여 바치라는 왕명, 고아를 살려 낼 방도는 없는 걸까. 속수무책이다. 관가에 자수하려는 정영, 대신 고아를 선비 공손저구에게 맡기고자 한다. 공손저구(이기봉 분)는 대신 죽고자 하는 정영(함건수 분)의 충의 정신에 감동한다. 기꺼이 십자가를 지겠다는 역 제의, 두 사람 사이의 실랑이, 갈등하는 정영, 공손저구는 정영 대신 죽음을 맞이한다. 인간의 탈을 쓰고 차마 해서는 안 될 일이 그를 기다린다. 그의 손으로 의인 공손저구를 죽여야 할 강제 상황이 발생한다. 정영의 고초와 수모는 이때부터 시작된다.

죽음의 동기는 늘 충의를 지키려는 발상에서 출발한다. 이는 한궐 장군, 정영의 아내, 공손저구로 이어진다. 과연 이런 충의의 세계가 정욕의 흐름을 앞설 수 있을까. 관객 역시 진한 고민에 휩싸인다. 이 문제는 우리 모두의 실존적 화두이다.

극도의 혼란에 빠지는 고아, 자신이 믿었던 우주가 송두리째 바뀔 찰나다. 생부 노릇을 해온 정영, 이 시대 진정한 의인이지 않는가. 수양아버지라 여겨왔던 도안고, 자신의 가족 모두를 죽게 한 원수이지 않는가. 왕명을 어긴 죄로 정영 역시 죽음을 맞이한다. 왕명 수행 직책인 도안고, 고아가 보는 앞에서 정영을 죽인다. 왕이 경공으로 바뀌자 왕명 역시 바뀐다.

죽을 병에 걸린 도안고, 고아를 수양아들 삼아 뒤를 이어가게 하려던 희망, 그 희망이 산산이 무너진다. 인과응보 행동으로 일관하는 도안고, 고아 앞에서 자결이 이루어진다. 뒤바뀐 세계, 뒤집힌 우주, 고아는 어떻게 대응하며 살아가야 할까.

분신 이미지 설정, 그리고 코러스를 통한 상징 이미지 구현 작업, 이는 이 작품의 매력이자 주요 공연 미덕이다. 이 작품은 인간 내면의 불안 심리, 초조와 분열 심리, 그 대조 스펙트럼을 진지하게 성찰케 한다.

코러스를 통해 색다른 분신 이미지가 구현된다. 분신 이미지와 코러스와의 조합 전략, 그 상징의 의미가 앙상블을 이룬다. 인간 내면의 다중성 발현, 이를 위해 콜라쥬 작법, 해체 작법이 동원된다.

공연 설계진은 인물에게 고정 캐릭터를 부여하지 않는다. 다양한 인물의 관점이 교차하고 충돌한다. 해체주의적 구성 색조가 일부 선을 보인다. 도안고의 시각, 정영의 시각, 장희의 시각, 정영 아내의 시각이 변화무쌍하게 만나고 교차한다. 인물은 늘 고정되어 않다. 탕녀이자 악녀인 젊은 장희는 아기 해산을 통해 성숙한 어머니 인물로 변신한다.

명예와 권력을 휘둘렀던 젊은 도안고, 이제 죽음의 그늘이 드리워지면서 상실감에 젖어 허우적거리는 인물로 변신한다. 현숙한 정영의 아내는 상실감에 젖어 자살하는 또 다른 인물로 분열한다. 정영의 평범함을 좇아 살아가려던 여린 고아는 도안고 장군처럼 강한 이미지의 인물로 변신, 분열한다.

이 처럼 각 인물은 늘 상황에 따라 정 반대의 캐릭터로 변신, 분열한다. 이를 위해 인물은 늘 잘게 분할, 해체된다.

3) 분신의 연극성, 코러스의 놀이성

고아의 두 인물 분신, 고아의 두 표정이 이채롭다. 어린 고아(이강미 분)는 여성성, 어른의 보호를 필요로 하는 나약한 이미지로 변용되어 있다. 이에 반해 성인 고아(조원종 분), 한 손에 기다란 창을 들고 서 있다. 그 앞에 펼쳐진 문제, 이를 그는 당당하면서도 의연하게 바라본다. 이제 그는 스스로 독자적인 현존을 펼쳐가려한다.

고아가 강한 고아로 분열될 때 코러스 역할 역시 급변한다. 코러스 역의 무사들, 일제히 창을 들어 상대를 위협한다. 우호적 환경과 적대적 환경, 그 급변 순간이 탄력적으로 창출된다. 해체주의 공연 작법과 상징 공간 설계 작법이 날씨줄로 연합하여 연극성을 발한다. 분열된 인물, 그 내면에서 벌어지는 충돌과 파열은 광기의 분출 유무로, 의도적인 정적 이미지 대조 사이클을 통해 구체화된다.

텅 빔과 채워짐의 무대 구성, 다양한 빛깔과 높이로 설계된 음성 색조, 해설과 밀고, 살육 행동의 변별성을 구체화시키는데 기여한다. 코러스 연희를 향한 자연스런 리듬 발현, 봉과 인간 신체가 만나 빚어지는 상징 의미망, 광기, 그 절제와 분출, 그 변별성을 향해 설계된 역동성 넘치는 동작, 움직임의 속도와 진폭의 변화, 이를 통해 분열의 스펙트럼은 다양해진다. 한 개인의 분열은 또 다른 인물의 분열을 부추긴다. 그리고 그것은 어제의 집단을 형성하여 왔고 새롭게 변형, 분열된 자아들의 조합은 오늘 또 다른 집단 구성체로 변모, 발전한다.

이를 무대 언어로 변용시켜 나가는 작업, 이를 철학적으로 관조하도록 유도하는 작업, 춘추전국시대의 혼란상에 그치지 않고 전망 부재의 오늘의 상황, 언제, 어떻게 변모, 분열할지 모르는 모순투성이의 우리네 삶에 대한 알레고리, 이 연극의 미덕은 바로 이런 삶의 역설과 아이러니를 철학적으로 성찰토록 함에 있다.

이 작품에선 수많은 죽음을 볼 수 있다. 장희의 자결, 정영 아내의 죽음, 한궐의 죽음, 공손저구의 죽음, 그리고 정영과 도안고의 죽음이 이어진다. 수많은 사람의 주검, 죽은 자의 머리, 이를 상기시키는 빨간 보자기가 무대 이곳저곳에 내팽개쳐진다. 죽어가는 자, 자결하는 자, 배우들이 쓰러질 때마다 이 보자기가 무대 바닥에 나뒹군다. 시공 경계를 뛰어 넘어 고아는 지금 이런 죽음을 목격한다. 죽은 자들에 반응 정서, 이를 통해 그의 분열은 커지고 확장된다. 충의를 위해 기꺼이 죽음을 선택하는 상황, 핏줄 살리기를 위해 목숨을 내던지는 상황, 그 축적, 반복의 상황이 관객의 각성을 촉구한다.

무대(박동우 미술)는 정사각형 빈 무대, 그 가장자리는 무대 높이 보다 30센티미터 정도 아래다. 코러스를 제외한 몇몇 인물은 조명 투사 상황에 맞추어 빈 무대로 등장한다. 극중 연희가 끝난 코러스나 배우들, 가장자리 무대로 빠져나와 북 연주 및 소리 효과 창출을 주도해 나간다. 인물 변신 및 분열 작업을 능동적이고 생산적인 관극하도록 유도하려는 창의적인 공연 처방이다. 철학적 사유극으로의 묘미와 품격이 우러나온다.

창을 들고 갈등하는 고아(조원종 분), 두 발을 넓게 벌리고 깊은 상념에 사로잡히는 고아, 그 배면에 무사 코러스들이 동일 이미지를 빚어나간다. 자신의 기존 철학 및 관점이 송두리째 뒤집히는 상황, 의리를 저버렸다고 못마땅해 왔던 분, 그 분이 목숨을 던져 자신을 살리려 했던 의인으로 판명난다. 진실이라 여겨왔던 지난 과거가 허구로 판명된다. 혼돈에 처한 고아, 어떻게 처신해야 할까.

젊고 건강한 강한 고아, 보호가 그리운 여린 고아, 이 둘이 충돌한다. 사람 안에서 전혀 다른 모습이 있어 왔다니……, 이제 충돌은 자신과 세상과의 대립이 아니다. 이제 충돌은 나약한 자아와 강인한 자아사이의 갈등이다. 엄마 장희 공주에 대한 실망, 죽어가면서 자신을 살리려 했던 성숙한 엄마 장희에 대한 사모의 정, 이 두 영역에 대한 상반된 반응, 고아의 내적 분열은 확장된다.

수양아버지를 닮아가고자 했던 마음, 그를 존경하고자 했던 마음, 생부 조삭과 자신의 가문을 말살하려 했음에 대한 실망, 이로 인해 불거지기 시작한 인물의 내적 분열과 갈등 과정, 이제 이게 문제다. 이제 이 커다란 장애물을 넘어야 한다.

그런데 자신의 갈등을 부추긴 분들이 다 죽고 없다. 그분들의 죽음, 자신의 현존과 관련성이 있다. 조씨의 후예로서의 새롭게 분열된 자아, 그리고 이제 고아의 신분으로 홀로 살아가야 하는 상황, 이를 통해 재탄생될 자아, 뒤집힌 관계로 인해 파생된 제2, 제3의 자아, 듣지 못했던 귀, 보지 못했던 눈, 이제 새롭게 거듭나야한다.

진한 회한과 자기 성찰, 관조의 맛이 우러나온다. 텅 빔과 홀로 있음의 이미지, 그 여운의 판타지, 이를 상기시키는 선율이 관객을 사로잡는다. 관조의 묘미가 자연스레 우러나온다.

4) 떠남과 홀로 있음, 그 여운의 성찰 묘미

성찰 드라마의 품격은 분신 이미지 작법을 통해 더욱 빛을 발한다. 정영을 향해 조소를 금치 못하는 표정, 강한 고아 역의 남자 배우 조원종을

통해 실현된다. 여린 고아 역의 여자 배우 이강미, 불안함의 심리를 드러
낸다. 엄마의 모태가 그리운 표정, 누군가의 보호를 간절히 바라는 심리,
이를 위해 여린 고아가 강한 고아의 팔에 안긴다. 그리고 잔뜩 웅크린다.
정영을 무시하듯 노려보는 무사 코러스, 물론 공간 거리 구도는 상징 이
미지 설계 잣대로 이루어져 있다. 코러스와 정영 그리고 큰 고아 사이에
묘한 긴장감이 감돈다. 분연 이미지는 개인에서 개인으로 이어지다가 막
판 집단으로 확장된다. 이는 창의적인 코러스 활용을 통해 가능하다. 코
러스 연희자 각 개인의 신체에 내재되어 있는 고유 에너지, 고유 리듬이
우러나온다. 절제와 분출, 그 대조와 넘나들기 사이클이 극단 미추의 배
우 진용을 통해 멋지게 실현된다.

　　정신병자의 이미지, 황음무도 증세를 보이는 진영공(안영훈, 이미숙
분), 탐욕, 육욕에 젖어있는 공주 장희(김정원, 정나진 분), 이들의 비정상
성을 희화시키는 공연 전략 역시 기발하다.
　　진영공은 딸 장희의 부도덕성을 알아차리지 못한 채 충신 조삭과 그의
구족을 멸족시키라는 어명을 내린다. 공포의 이미지로 분열한 영공(안영
훈 분), 잔혹성, 긴장성 창출에 기여한다. 익살의 이미지로 분열한 영공
(이미숙 분), 희화와 놀이의 재미를 만끽케 한다.
　　죽어가는 조삭의 가솔들, 봉을 좌우 팔로 껴안은 채 죽어가는 조삭(김
현우 분), 이를 히죽거리며 바라보는 진왕, 혼음과 방탕이 난무하는 진나
라 황실, 이를 위해 상징 신체 기호가 활용된다. 각 기호들 간의 조합과
앙상블은 이채롭고 동시에 흥미롭다.
　　진영공이 코러스 배역의 배우들 위에서 목마를 타고서 히죽거린다. 그
리고 즐거움을 주체 못한다. 장희는 관능과 육욕을 주체 못한다. 영공을
목마 태우던 자들 앞에서 정사씬이 벌어진다. 남자 코러스와의 신체 접

촉, 애무 그림이 설계된다. 좌우에 각각 세 명의 코러스가 배치되어 이들의 혼음 행각을 비웃는다. 코러스 간의 귓속말 그림이 첨가된다.

궁중의 문제된 상황, 왕과 공주의 비정상적 행동, 비아냥거리는 궁중 사람들과 백성들, 이들의 몰가치 행각이 동시 다발적으로 표현된다. 내면과 외면, 실외와 실내 공간이 콜라쥬 작법에 따라 동시 다발적으로 무대화된다. 공간 변용의 무궁무진한 가능성이 예고된다. 겉옷과 속옷, 감추기와 드러내기 과정이 빚어지면서 인물 변신이 자연스레 이루어진다. 유미주의 경향이 강함에도 우리식의 이미지 변환을 향한 실험이라는 측면에서 공연 전문 설계자들의 마음을 설레게 만든다.

두 아버지 사이에서 갈등하는 고아, 충격적인 과거사, 정상의 의식과 정서로 받아들이기에 너무도 가혹한 과거사, 헷갈리고 혼비백산할 정도의 이야기, 극도의 혼란, 극도의 갈등, 그로 인해 언어마저 상실할 정도다.

성인 고아, 입을 벌린 채 다물지 못한다. 한쪽 팔을 들어 올리지만 어디로 향해 가야할지 알지 못한다. 어린 고아, 성인 고아 앞에서 그에게 의지한 채 반쯤 앉은 자세다. 두 아버지를 번갈아 쳐다본다. 그 역시 입을 벌린 채, 입을 다물지 못한 채, 놀라움, 극도의 분열정서, 극도의 혼란 정서를 연출한다.

두 아버지의 대립 구도, 탄탄한 길항 공간은 코러스를 통해 무한대로 확장된다. 우측 후면의 코러스, 고아의 내면 심리 반영에 기여한다. 무언가에 주눅 든 모습, 웅크린 모습이 연출된다. 서로의 진실을 알리기 위해 몸부림치는 두 아버지, 이 두 인물을 힐끔거리는 코러스, 몸을 낮추며 엿보는 제스처, 이 모두 갈등하는 고아의 심리를 반영하는데 기여한다. 어린 고아의 자아, 그의 분열 과정이 집단 코러스로 확장된다. 코러스 기법과 분신 기법의 절묘한 조화를 읽어 볼 수 있다.

어머니가 그립다. 어머니의 따스한 품이 그립다. 이를 어떻게 표현해 내야할까. 엄마 장희, 그녀의 등 뒤에 업혀 있는 고아, 엄마의 품을 유일하게 그리는 갓난아기, 어린 자식을 살리려 몸부림치는 엄마 장희(서이숙 분), 이제 공주의 신분을 내팽개친 지 오래다. 공주 장희는 평민 출신 정영 앞에 기꺼이 무릎을 꿇는다. '엄마의 자식 사랑은 모든 장벽을 뛰어넘을 수 있는가'. 탕녀 장희는 일시에 성녀 장희로 변신한다.

엄마 장희의 간절함을 전혀 알 길 없는 갓난 아이 고아, 그런데 강한 성인 고아 역의 배우 조원종이 엄마 장희 역의 배우 서이숙 위에 업혀 있다. 이는 반현실적이다. 동시에 이채롭고 신선하다. 의도적인 빈 틈새, 관객은 몽환 상태에서 깨어난다. 반사실적 그림에 숨어있는 속 의미는 무얼까. 상황이 존재를 결정한다. 환경이 인물의 변신을 가능케 한다. 그녀의 인물 변신은 고아의 삶을 가능케 한다. 그리고 수많은 의인들의 죽음을 몰고 온다. 탕녀가 성녀 장희로 변신함은 그리고 엄마 장희로 분열함은 기묘한 삶의 아이러니를 상기시킨다. 그로 인해 수많은 의로운 죽음, 목숨을 바쳐가며 충의를 실천하려는 새 역사가 기록된다. 이는 결국 고아의 혼돈을 부추기는 결과로 다가온다. 그 혼란의 극점에서 새로운 변신, 새로운 거듭남이 시작된다. 분열을 경험한 자아만이 새로운 공동체, 새로운 역사를 꾸려갈 것이다.

아이러니한 삶 속에서도 진실을 향한 노력은 계속 창출되고 있다. 그게 우리네 삶이자 그 본질인지도 모른다.

어머니의 본 모습, 탕녀, 권력자, 그리고 모성애를 발하는 이미지, 이 세 측면을 장희의 세 분신이 등장하여 역할을 담당해 왔다. 이 세 측면을 알아차리면서 고민에 휩싸이는 고아, 아, 저 여인이 정말 내 어머니란 말인가. 아, 나의 출생이 이토록 기구하단 말인가. 결가부좌한 성인 고아,

눈빛이 예사롭지 않다.

이에 반해 장희의 세 분신은 서로 한 몸처럼 붙어 있다. 권력자 장희의 이미지, 정나진이 담당한다. 유혹녀 장희는 매혹적인 자태의 여배우 김정원이 담당한다. 엄마 장희(서이숙 분)는 모성애를 주체 못한다. 고아를 살리기 위해 가슴 졸이는 이미지가 연출된다. 이 세 분신 이미지가 결가부좌한 성인 고아 바로 뒤편에서 펼쳐진다.

상황에 맞추어 분신 이미지가 무대화된다. 개인의 보고는 코러스의 보고로 이어진다. 분신 인물의 행동은 코러스의 반응 행적으로 전이, 확산된다.

반목의 이미지가 강한 고아를 통해 그리고 다중의 코러스를 통해 실현된다. 화해와 일치의 이미지가 여린 고아를 통해 그리고 코러스를 통해 입체화된다. 분신 인물의 발화와 행동, 그 평면적 한계를 코러스가 보완시켜 준다. 코러스가 동일한 반응 이미지를 구현시켜 준다. 주동적 상황, 반동적 상황, 그 입체성 창출 작업, 그 틈새와 경계 넘나들기는 절제 리듬과 드러내기 리듬을 명쾌하게 계산해 나가는 코러스를 통해 자연스레 실현된다.

인간 신체 기호의 무궁무진한 변용 가능성, 비워놓기와 채워넣기, 강압적 환경과 자유로운 공간 창출, 코러스와 주인공들간의 정밀 호흡 맞추기, 이를 통해 인물다중의 내적 캐릭터, 다중의 인물 분열 및 변신이 이루어진다. 그 알레고리 의미는 구체 무대 대신 추상 무대, 상징 무대 공간으로 실현되기에 모순이 난무한 작금의 오늘 현실마저 조망, 적용케 한다.

여린 고아, 강한 성인 고아, 두 명의 배우가 인물의 분열성을 드러내는데 기여하다가 막판 자신의 실존을 깨달아갈 때 분신 이미지는 사라진다. 그 동안 꿈속의 이미지, 몽환 이미지, 이에 젖어 분열성은 심화되어 있었다. 그러나 불가사의한 숨은 과거사가 명쾌하게 정리되면서 몽환 상태는 사라진다.

고아는 분열성에서 벗어나 스스로의 현존 회복을 자각한다. 성인 고아 역의 배우만이 홀로 남겨져 있다. 그는 자신의 출신 배경, 피의 살육 과정, 수많은 의인들의 죽음을 알아차린다. 자신으로 인해 빚어진 숨겨진 우주, 숨겨진 내면을 관조하기 시작한다.

> 고 아: 아버지, 아버님, 전…… 전 떠나겠어요……
> 고 아: 예전에 내게 두 분의 아버지가 계셨는데, ……. 이제 난……
> 무사들: 고-아-

고아, 홀로 있음, 이는 주인공 고아에게 머무르지 않고 무사 코러스 및 우리 모두에게 전이된다. 고아의 앞날은 희망인가, 절망인가. 전망 부재의 상황이 또 다시 그를 덮칠 것이다. 모순과 불합리로 점철된 세계가 그를 맞이할 것이다. 언제 어디서 변신이 요구될지 모른다. 불가해함, 불확실로 가득한 주변 세계, 이를 향해 그는 홀로 떠나야 한다. 그만의 실존의 눈, 관조의 눈을 뜬 채. 제2 고아의 초상, 제3 고아의 초상이 관객의 내면에 꿈틀거린다. 예술의 전당 공연장 문을 열고 나오는 순간, 그 뒷자락 산기슭을 거닐면서 관객의 능동적인 사유와 관조는 계속된다.

제6장
패러디 놀이와 상징, 깨닫기의 아름다움

1. 패러디와 상징, 사유의 연극 묘미:
예술의 전당의 〈왕세자 실종사건〉

1) 놀이와 상징의 퍼포먼스

무대에 밤 짐승 울부짖는 소리 가득하다. 배우들이 짐승 소리를 흉내 내며 걸어간다. 흉내 내기는 현장 타악 소리와 앙상블을 이룬다. 흉내 내기 퍼포먼스는 패러디 처방의 출발점이다. 놀이는 패러디로 시작, 상징의 의미를 깨닫는 과정으로 이어진다. 그렇다면 무얼 패러디하고, 상징의 의미는 어떤 것일까.

어둠을 향해 걸어가는 사람들, 어떤 이는 천천히 걸어간다. 또 다른 이는 빠른 걸음으로 앞서 간다. 그들의 움직임은 정상의 움직임이 아니다. 기괴하고 불가해함 투성이다. 쫓김, 감춤, 애절함, 엿보기 등의 색조, 언뜻 알아보기 힘든 몸말 언어, 거기에 무엇인가가 담겨져 있다. 짐승 울부짖는 소리, 개 짖는 소리가 그들의 입에서 울려 퍼진다. 짐승 소리를 흉내 내며 걸어가는 자들, 저들은 왜 저럴까. 궁중 복색을 입은 상황, 그런데 궁궐 사람들의 언어를 들을 수 없다. 짐승 울부짖는 소리, 이게 그들의 현존 언어요 소통 기호다. 과연 무엇 때문일까.

갑자기 여인의 비명 소리 들린다. 거의 제정신이 아닌 모습, 무언가를 바삐 찾아 나서는 모습이다. 방금 전 빠른 북소리에 이어 정적의 순간이 이어진다. 어둠 사이로 여인이 느린 동작으로 움직인다. 극도의 느린 움직임, 거기에 극도의 울부짖음이 배어있다. 불안, 절망감, 안타까움이 배어있다. 여인은 무엇 때문에 이런 괴이한 행동을 하는 걸까.

금지된 만남이 있다. 금지된 사랑이 있다. 연극은 마음속의 사랑을 찾아서 떠나는 여행인가. 은밀한 만남, 비밀리에 만나는 연인들, 자신의 정체를 감추며 부르짖는 기호는 무얼까.

인간의 언어인가. 아니다. 사물의 언어다. 정밀하게 말하자면 사물을 흉내 내는 소리다. 어둠 속에서 부르짖는 소리, 바람소리, 그 사이에서 빚어지는 짐승 울부짖는 소리, 그 이유는 정체 감추기에 있다, 왜 정체를 감추어야 할까. 개 짖는 소리로 연인을 불러볼 수밖에 없다. 그러나 연인은 소식이 없다. 연인은 권력자들에 의해 붙들려 있다. 그녀는 그들의 몸종이다. 그녀는 그들의 성적인 노리개나 다름없다. 그럼에도 그녀가 좋으니 어찌하랴. 아픔을 삭이며 기다리는 자, 애절함을 어둠 속에 묻힌 채 기다리는 자, 그 누구에게도 호소할 길 없어 애태우는 몸부림, 이토록 기다리는 그는 과연 누구일까. 그가 기다리는 여인은 또 누구일까.

무언가를 잃어버린 자, 애태우는 여인의 심정이 그의 오관 신체 언어로 표현된다. 무대 어디를 둘러보아도 찾을 수 없다. 무얼 찾는 걸까. 그 어디에서도 구원처가 없다. 그 어디에서도 반응이 없다. 커다란 위기에 처한 상황, 저 여인은 어떻게 될까.

334

예술의 전당 자유 젊은 연극시리즈 〈왕세자 실종사건〉
(한아름 작 · 서재형 연출, 2006)

　여인의 소통 기호는 기괴한 비명 소리뿐이다. 극도의 불안, 초조 사이
클로 빚어진 소리, 여기에 급박함을 자아내는 타악이 울려 퍼진다.
　소리가 상징의 힘, 껍질 벗기기의 힘을 발휘한다. 인간과 다른 이질적
짐승 소리, 울부짖는 소리, 그 이면에 분명 사연이 있다. 그 사연 캐기로
극은 시작된다. 소리가 비밀 사연의 화두가 될 줄이야. 소리 속에 숨겨진
사연, 그 속사연을 캐내기 위해 소리 처방으로 상징 퍼포먼스가 멋지게
빚어지며 극의 품격을 빚어갈 줄이야.

　예술의 전당 자유 젊은 연극시리즈 〈왕세자 실종사건〉(한아름 작 · 서
재형 연출, 예술의 전당 자유소극장, 2006년)은 소리의 상징성을 다양하
게 경험케 한다. 소리로 가학자의 이미지를 극대화시켜 나간다. 소리로
주변 상황을 자연스레 상기시킨다. 소리와 빛이 만나 밤 공간이 연출된
다. 소리와 울부짖음이 만나 고뇌와 갈등의 공간이 빚어진다. 소리 효과
로 공간이 빚어진다. 분위기, 긴장, 감춤과 내적 삭임의 이미지가 창출된
다. 그 소리의 진폭에 따라 인물들의 극적 행동과 심리적 추이가 달라진

다. 인물들의 행동, 갈등, 감춤, 이 모든 게 소리와 반응 속도의 앙상블 여부에 따라 그 진폭이 달라진다.

이 연극은 이처럼 소리 연극의 오묘함을 무한대로 일깨워 주고 있다.

2) 살구를 찾아서, 사랑을 찾아서

가난한 자, 짓눌림을 당하며 살아온 자, 이들의 사랑 방정식은 무얼까.

사랑의 정표, 무언가를 주고 싶다. 그러나 가진 게 없다. 눈앞에 살구나무가 보인다. 시디신 맛의 살구만이 열려있다. 그 살구만으로도 사랑을 표현할 수 없는가. 살구를 따보려는 몸부림, 살구를 건네려는 몸부림, 이를 위해 온몸을 불사르는 자가 있다. 이를 위해 거세의 아픔을 감내하면서 자가 있다. 그는 왜 살구에 집착할까. 살구를 통한 사랑 방정식, 그 비밀을 캐 내가는 과정, 그 껍질 벗겨가기 과정에서 연극은 감동을 빚는다. 사랑이란 저토록 아름다울 수 있을까.

마음속의 살구를 간직하고 떠나는 여행, 마음속의 사랑을 찾아 떠나는 연극 여행, 그 길에서 눈물 어린 비련의 만남이 있다. 그 길에서 비틀린 삶도 있다. 극단의 헝클어진 초상이 비판의 도마대 위에 올라온다.

사랑했던 여인이 떠난다. 그것도 아주 멀리 떠난다. 죽어서야 되돌아오는 곳, 궁궐이다. 궁녀가 되어 그녀는 떠나간다. 이제 더 이상 만날 수 없다. 이번 이별로 모든 게 끝이다. 줄 것도 없다. 석별의 정을 나누고 싶었는데…… 사랑했던 여인의 이름, 자숙을 부르는 소리, 빨리 가자며 재촉하는 소리 더욱 커진다. 가진 게 없다. 줄 것이 없다. 살구나무 열매가 눈앞에 나타난다. 이것이라도 따줄 수 없을까.

제 아무리 몸부림쳐도 살구를 딸 수 없다. 이쪽에서, 저쪽으로, 저쪽에서 다시 이쪽으로 방방 뛰어 보아도 소용없다. 자숙 역시 안타깝기 이를 데 없다. 돌멩이를 주워 던져 본다. 발로 나무를 차 본다. 그러나 소용이 없다. 점점 시간이 없다. 발악하듯 몸부림치듯 살구나무를 흔들어본다. 역시 소용이 없다. 결국 사랑하는 여인은 떠나고 만다. 미친 듯이 마지막 몸부림치는 구동, 다른 살구나무를 향한 마지막 시도, 드디어 어렵사리 살구를 손에 넣을 수 있다. 그러나 이미 때는 늦었다. 그녀를 찾을 길 없다. 더 이상 만날 수 없다. 살구를, 마음속의 참 살구를 어떻게 전해 주어야 하는가.

문제를 제기하라. 궁궐로 들어간 여인, 이루어지기 힘든 사랑, 살구 로맨스, 살구 사랑 방정식, 이제 이를 어떻게 풀어가야 할까.

내시 구동(이혁열 분)이 궁중에 들어오게 된 가슴앓이 사연이다. 살구를 건네려는 작전, 과연 성공할 것인가. 구동은 거세를 당한 몸, 내시가 궁궐 나인 자숙(홍성경 분)을 사랑해서는 안 된다. 그게 들통 나면 참형에 처하여진다. 구동은 자숙을 향한 연모의 마음 하나로 거세를 감내한다.

거세를 감내해야 궁궐로 들어갈 수 있다. 사랑을 찾아가려는 노정, 그러나 사랑이 과연 내시 구동에게 이루어질까.

구동이 거세되는 상황, 그의 모습은 진한 동정과 연민을 불러일으킨다. 거세당하는 아픔, 그 처절함이 재연된다. 옷을 벗긴다. 배와 아랫도리, 다리가 묶여야 한다. 불에 빨갛게 달구어진 칼로 거세되는 과정, 육체의 아픔, 그리고 남자 구실을 할 수 없는 정신적 아픔을 그 누가 알아주랴.

> 계집을 품어서는 결코 안 된다.
> 하늘의 섭리를 거슬려 살아가야 하는 상황,
> 하여 그 어떤 사내 보다 더욱 위대한 사내의 삶을 보란 듯 살아가야 한다

김내관의 언어다. 연민 정서가 유발된다. 불구의 숙명을 감내해야 한

다. 동정의 정서 역시 증폭된다. 사랑을 찾아가는 몸부림, 갈등을 유발시킨다.

사랑하는 여인은 이미 왕의 여인이 되어 있다. 기가 막힌다. 내시의 사랑, 남몰래, 은밀하게 기다려야 한다.

사랑히는 여인을 왕이 탐한다. 왕은 은밀한 행가을 야밤 궁궐 뜰에서 벌인다. 구동은 이를 은밀하게 지켜보아야 한다. 아픔이 있지만 그 누구에게도 호소할 길 없다. 궁궐 담벼락에 몸을 숨긴 채 기다려야 한다. 오로지 개 짖는 소리를 지른다. 자신이 왔음을 알리지만 반응이 없다. 왕이 떠나간다. 이제 자숙을 만날 수 있다.

그러나 즐거운 만남도 잠시, 궁궐 밤길을 헤매며 등장하는 왕(장우진 분), 연인들은 재빨리 몸을 감춘다. 어떻게? 일순간 소나무 형상으로 변신한다. 정체 감추기 전략, 주눅 들어 목석이 되어 버린 상황, 인간의 사물화 과정이 재미있게 펼쳐진다. 사랑하는 이와 함께 하는 것, 사물화 과정도 좋다. 들통 나지 않기 위해 벌이는 몸부림, 폭소와 더불어 애잔한 감동이 유발된다.

3) 추적의 연극성, 패러디의 놀이성

문제를 제기하라. 궁중이 발칵 뒤집히는 사건, 왕세자가 실종된 것이다. 세자를 찾아내야 하는 급박한 상황, 관련자들이 문책 당하고 유배를 당한다. 구동은 오늘 밤 하필 동궁전 숙직이다. 그는 자리를 이탈한 것이다. 하필 그 때 자숙을 만나고 있었던 것이다.

책임 문책을 당하지 않기 위한 감찰 내시의 책략, 김내관(김태희 분)의 어이없는 면피성 방안, 세자의 실종을 역모로 몰아가는 전략이다.

"역모다! 궁중 문을 닫아라. 궁중 문을 닫아라."

구동(이혁열 분)은 부지불식간 김내관의 허구 연극에 동참한다. 자객의 칼을 맞아 쓰러져 있는 허구 연극이 벌어진다.

과연 이 전략이 성공할 것인가, 아니면 실패할 것인가. 추리 내지 추적극, 각 틀극 장면에 주관적 상상, 추리, 각자에게 유리한 추측, 숨은 과거 사연 회상 등이 설정된다. 예술의 전당 자유 젊은 연극시리즈 〈왕세자 실종사건〉(한아름 작, 서재형 연출, 예술의 전당 자유소극장)의 공연 형식은 추적의 틀이다. 극적 서스펜스 묘미가 우러나온다. 그러나 내용은 패러디 방향으로 흘러간다. 탄탄한 서사극 구조다. 구동과 자숙의 만남 상황은 보고자의 주관적 이해에 의해 다양하게 윤색된다.

내시부 측과 중궁전 측 사이의 대립, 왕과 중전의 갈등, 그 와중에 고통당하는 자는 자숙과 구동이다. 감찰 상궁, 감찰 내시는 불리한 입지에 처한다. 각색된 허위 보고가 뒤따른다. 의심과 추리, 주관적 몽상, 과장된 헛소문, 엉터리 상상이 재미있게 펼쳐진다. 알량한 이익과 자존심을 획득하려는 행각이 반복된다. 이는 조소를 유발시킨다. 추적을 향한 틀극, 희화를 향한 극중극, 이 두 영역의 잦은 교차, 패러디의 작법은 더욱 생명력을 발한다.

중궁전 감찰 상궁(김태희 분)과 대전 내시부 김내관(김태희 분) 사이의 치열한 세력싸움, 알량한 기득권싸움이 벌어진다. 중전과 왕 역시 이기적 자존심을 위해 줄다리기를 벌인다. 술 취한 중전(박선주 분), 그녀를 희롱하는 왕, 왕의 난봉 행각, 중전의 투기, 갈등과 대립의 양상이 다양한 연극 그림으로 변용된다.

한편 구동과 자숙의 은밀한 만남은 어떻게 펼쳐지는가. 이들의 순수한 사랑 그림은 왕과 중전의 이기적 사랑 행각과 현저한 대조를 이룬다. 궁중 나인들을 닥치는 대로 범하는 난봉꾼 왕(장우진 분), 자신의 처소로 왕이 찾아주지 않는다 하여 술에 찌들어 있는 중전, 자존심을 위해 내시 구동을 발가벗기려는 잔인성, 그 헝클어진 초상이 반복, 변조된다.

애인 자숙 앞에서만은 발가벗을 수 없다하여 완강히 버티어 보는 구동, 그러나 구동의 사랑 찾기는 막판 끔찍한 수모로 이어질 줄이야.

연극은 그 급박한 위기 극점에서 이들의 소박한 사랑 장면이 마치 영화 속 플래시 그림처럼 삽입된다. 살구를 건넬 수 있어 행복해하는 내시 구동, 살구를 맛있게 먹는 나인 자숙(홍성경 분), 이를 즐거워하며 보리피리 불어주는 모습, 하모니카 선율이 흘러나온다.

"넌 왜 내가 좋으니?"
"여자니까."
"니가 남녀 간의 정이나 알기나 해?"

말없음, 머뭇거림이 이어진다. 잠시의 갈등을 삭이고 다시 하모니카 선율 흘러나온다. 보리피리 연주로 대답하는 구동, "나, 간다", 떠나가는 자숙이다. 먹다 버린 살구씨만이 자숙이 남긴 흔적이다. 이를 만지작거리는 구동(이혁열 분), 이들의 아름답고 때 묻지 않는 사랑이 서정적으로 멋지게 펼쳐진다.

결국 사랑하는 자숙 앞에서 거세된 알몸을 보여주어야 한다. 자숙 역시 어쩔 줄 모른다. 차라리 죽여 달라며 애원하는 자숙, 중전의 몸종이 되어 들어왔다가 왕의 성적인 유희 대상이 된 죄 아닌 죄 뿐이 없는데…… 이제 의관이 옷을 벗긴다. 숨 막히는 순간이다. 과연 구동은 중전의 의심한 바와 같이 남자구실을 하는 자일까. 아니면 화자일까. 의관(김성표 분),

구동의 벗긴 몸을 한참 동안 바라본다.

"화자가……"

모두들 따라한다.

"화자가……"

궁금증이 극대화된다. 이 때 비명소리 들려온다. 부모상궁(구혜령 분)의 절규다. 세자를 찾지 못해 몸부림치는 모습, 그러나 모두가 그녀의 외침을 귀찮다는 듯이 바라볼 뿐이다. 부모인 왕, 중전마저 이런 시선이다. 대단한 삶의 아이러니, 대단한 역설이다.

공연 에필로그, 프롤로그처럼 집단 소리 퍼포먼스가 펼쳐진다. 왕, 중전 등 궁중 사람들이 무대 좌측을 향해 일렬횡대로 나아간다. 먼저 가는 자, 갑자기 빠른 속도로 앞서 가는 자, 그런데 이들의 공통점은 무언가의 소리, 무언가의 외침을 한다는 점이다. 개 짖는 소리, 여우나 승냥이 소리 등이 들려온다. 소문과 추정, 주관적 몽상, 이는 참 삶의 본질인가. 공연 시작 전, 공연 끝난 지금도 이 그림은 계속되고 있다. 관객이 처한 지금 이곳의 현실에서도 계속되고 있을 수 있다. 연극은 이에 대한 진지한 성찰을 유도한다.

진실과 반 진실, 인간적인 모습과 반인륜적인 짓누름, 사랑을 지키기 위해 자존심을 버리는 지순함, 기득권을 위해 연약한 자를 무시하고 짓밟는 행동, 이런 절묘한 대조 이미지가 막판 심미적 교훈과 성찰 쾌감을 자아낸다. 서재형의 기지와 재치, 상상력이 작가 한아름과 명콤비를 이루는 대목이다.

4) 속도의 반응 미학, 오브제의 상징성

무대 전면 오른쪽에 남자의 고환을 상징하는 붉은 공 모양의 소형 물체가 직육면체 사각 상자에 담겨져 있다. 무대중앙 오른쪽 상단 부에 술병과 술잔이 공연 시간 내내 거의 놓여 있다. 이 두 오브제가 공연 내내 핀조명을 받아 빛을 발한다. 거세된 남자 구동의 사랑 찾아가기, 술에 찌든 중전, 그녀의 몸종으로 살아가다 왕의 성적인 노리개로 전락하는 자숙(홍성경 분), 이 두 오브제는 이들의 가슴앓이 사랑, 순결한 사랑, 이와 대조적인 궁중 사람들의 이기적 사랑을 동시에 떠올려 주기에 부족함이 없다.

붉은 공 모양의 오브제, 이는 화자 구동의 이루어질 수 없는 사랑, 이를 향한 고난의 순례 여행을 상기시킨다. 붉은 공 이미지는 살구 이미지를 동시에 연상시킨다. 살구, 둘만의 애절한 사랑, 그 속사연에 대한 상징이다. 살구, 임신한 여인이 좋아하는 과일이다. 왕의 씨를 임신한 상황, 그럼에도 사모의 정, 연모의 정은 변함없다. 변함없는 구동의 정서, 비록 내시일지라도 플라토닉한 사랑만은 버리지 않는다. 살구는 이에 대한 상징이다. 붉은 공 모양의 오브제, 이는 내시의 아픔, 그리고 사랑의 애절함을 동시에 떠올려주는 기발한 상징 전략이다.

자숙의 입을 틀어막는 구동, 자숙을 보호하기 위한 몸부림이다. 그러나 이럴수록 이들은 또 다시 짓밟힌다. 연민의 정서 역시 커진다.

이 연극은 늘 긴장으로 가득하다. 구동과 자숙의 사랑 찾아가기 행로, 쫓기면서 어렵사리 이루어진 만남, 조바심과 불안 속에서의 만남, 감시와 추적 대상으로서의 만남, 허용될 수 없는 만남이기에 늘 긴박감을 불러일으킨다. 왕세자 실종, 책임을 면하기 위한 짓거리, 날조 행위와 윤색된 상황이 극중극으로 펼쳐진다. 보고자가 틀 극의 현실로 돌아오면서 환상 파괴 처방이 힘을 발한다. 조소 효과가 우러나온다.

감추기, 숨기기의 이면을 송두리째 드러내도록 유도하는 몰입 중단 처방, 냉철한 관극 태도를 유도하는 효과적인 소리 설계, 반 박자 먼저 관객의 호흡을 앞서가는 타이밍 설정, 성찰극으로서 그리고 패러디 극으로서 품격이 우러나온다.

무대 좌측 망사막 뒤에 타악 그룹이 위치한다. 불안, 초조, 쫓김의 정도가 강화될수록 급박한 이미지의 소리들이 다양하게 빚어진다. 궁중 사람들의 속보이는 행각, 이를 상기시키는 경박한 이미지의 음향 설계, 냉소와 조소 분위기가 우러나온다. 진지함이 난장 그림으로 급전된다. 패러디 효과는 더욱 고양된다. 난장과 희화의 궁합이 절묘하게 맞아 떨어진다.

이 연극에서 서사적 게스투스 연기 문법이 선을 보인다. 배우들은 외형의 만남 공간, 내면의 몽상 공간, 이 두 영역을 자유자재로 넘나든다.

주관의 공간, 몽상의 공간, 이는 현실 공간과 자주 중첩된다. 특히 중전이나 왕 등 틀극 인물 역할을 하는 배우들은 보고자의 내면 공간, 회상자의 내면 공간으로 끼어들지 않는다. 지금 극중극이 펼쳐진다는 객관적 태도, 극중극 행동에 대해 반응하지 않는 서사극 연기 문법이 자연스레 우러나온다. 재미있는 연극 만들어가기, 서사 연기의 반응 미학을 접할 수 있어 관객은 즐겁다. 공연 전문가들도 이 반응 설계 영역의 넘나들기, 객관과 주관의 만남과 조화를 접할 수 있어 즐겁다.

빈 공간에서 느림과 빠름, 사실적인 행동과 보고 연극 그림, 반응하는 자와 그렇지 않는 자, 의도적인 정지 그림과 사실적인 반응 그림, 이 모든 게 상징성을 고려한 빈 공간 설계와 정밀 반응 마임 설계 능력에 기인한다. 이를 이끌어낸 서재형 특유의 연출 설계 작법 역시 두고두고 주목할

만한 가치가 있다.

소리의 미학, 소리가 갖는 상징 공간은 이 공연에서 무한대로 확장된다. 최상궁이 자숙을 고문한다. 고문을 집행하는 들이 무대에는 없다. 최상궁(김태희 분)의 빠른 팔놀림, 그 움직임에 맞추어 강한 타악 소리가 울려 나온다. 이에 맞추어 고문당하는 자의 반응 연기가 효과적으로 이루어진다. 거세당하는 장면에서도 멋진 연극 그림이 펼쳐진다. 연극적으로 약속된 기호, 이를 향한 상징 연기 문법은 공연 내내 힘을 발한다. 연극 설계의 아기자기함, 그 심미성마저 접할 수 있어 관객은 즐겁다.

상징 기호로서 몸 언어 빚어가기 과정, 연극창조 및 연극교육 설계 과정, 이 작품은 양질의 연극 교육 텍스트 역할을 톡톡히 해낸다. 객관적 추론 및 지적 성찰이 감성적 몰입 구도와 만나 절묘한 조화가 우러나온다. 한국 연극의 새로운 비전과 희망을 볼 수 있어 관객이나 현장 공연 설계자 모두 즐겁다.

2. 세탁의 코미디, 세탁의 패러디: 극단 모시는 사람들의 〈오아시스 세탁소 습격사건〉

1) 어둠과 추리, 상상의 합창

연극의 매력은 신비감에 있다. 연극의 매력은 어둠이란 상상 공간에 있다. 어둠 속의 소리는 신비감 고조에 단단히 한 몫 한다. 신비감은 연극적 기대감으로 이어진다. 그러나 이런 기대감은 일순간 깨진다. 흉내 내기 코미디 그림이 우리 앞에 펼쳐지기 때문이다.

고양이들의 합창 언어, 어둠, 정막, 음산한 밤바람 소리, 괴이한 색조 언어로 들려오는 이들의 소리, 그 음침하고 을씨년스러움에 모두들 기분 좋을 리 만무하다. 밤고양이들의 야옹 소리, 관객은 이미 그 정체를 알고 있기에 웃음을 주체 못한다. 고양이 흉내 내기 연극, 소리와 움직임 흉내 내기 연기가 이루어진다. 세탁소 안에서 벌이는 고양이 퍼포먼스, 집단 퍼포먼스, 서로를 정탐하고 경계하는 미묘한 작전이 벌어진다. 왜 그럴까. 세탁소 습격사건, 마치 코미디를 방불케 한다.

극단 모시는 사람들의 〈오아시스 세탁소 습격사건〉(김정숙 작·권호성 연출, 광주 문예정터, 2003년) 공연은 기상천외한 희극적 오브제를 사용하고 있다. 세탁소 습격, 세탁되는 인간, 고양이 흉내 내기, 이 모두 탈현실의 연극 기제들이다. 이를 연결시키는 주요 상관 오브제, 그게 똥 빨래라는 점에서 희화의 묘미는 더해 간다. 똥 빨래 오브제와 고양이 연극 연기, 이들이 서로 맞물려 작품의 희극성 확장에 단단히 한몫을 한다. 이 오브제들을 매개로 현실과 탈현실의 연극적 넘나들기가 자유롭게 이루어진다.

인간 고양이들이 세탁소를 습격한다. 그 목표는 무엇인가. 곧 임종을 맞이할 치매 할머니의 똥 빨래다. 똥 빨래가 습격의 대상이라니……, 기상천외한 발상이다. 왜 똥 빨래가 습격 대상이 되어야 할까. 사람들은 왜 그 똥 빨래를 찾아내기 위해 혈안이 되어 있을까.

돈이 궁한 세탁소 여주인(문상희 분)도 고양이 연극연기에 가세한다. 팔푼이 종업원 염소팔(선욱현 분)도 고양이 흉내 내기 연극에 합류한다. 흉내 내기, 정체 감추기, 상대 속이기 그림이 어둠 속의 세탁소 안에서 펼쳐진다. 소형 후레시 불빛, 신호와 반응 그리고 재 반응 그림이 재미있게 펼쳐진다. 세탁물이 걸린 2, 3층 선반 시렁, 그 전후좌우로 밤고양이 합창 소리와 후레쉬 불빛 추적 작전이 펼쳐질 줄이야.

어둠은 연극의 프롤로그를 장식한다. 정적과 어둠, 이윽고 기괴한 소리가 들려온다. 여인네 신음소리 같기도 하다. 고문을 당하다 내뱉는 소리 같기도 하다. 어둠 속에서 괴이한 소리들이 묘하게 교차하여 들려온다. 무얼까. 이런 궁금증이 극에 달할 때 불빛이 들어온다. 습격 받아 엉망진창이 된 세탁소 내부 전경이 시야에 들어온다.

극단 모시는 사람들의 〈오아시스 세탁소 습격사건〉
(김정숙 작 · 권호성 연출, 2003)

세탁소가 엉망이다. 그 안의 사람들 역시 엉망이다. 몸 상태가 정상인 사람이 아무도 없다. 여기 저기 할퀴우고 찢기는 등 모두가 엉망이다. 얼굴에 붕대를 멘 남자, 윗옷이 찢긴 사람, 팔을 깁스한 사람, 휠체어를 탄 사람 등등 완전 아수라장이다. 단 한 사람만이 약간 정상 상태다. 세탁소 여주인이다. 그녀가 관객에게 말을 건넨다. 이런 엉망진창의 사연, 그 속 사연 캐기가 이 연극의 주요 내용이라는 것, 그녀의 언어 역시 정상이 아니다

실성한 모습, 메리야스 차림의 남자, 눈의 동공마저 풀려 있다. 세탁소 주인 강태국(조준형 분)의 모습이다. 이런 강태국의 상황에 아내(문상희 분) 역시 기가 막혀 말이 나오지 않는다. 자초지종을 이야기하려 드는 아내, 더듬거리는 음색, 얼굴은 붉으락푸르락, 불안과 초조로 가득하다.

"그러니까요 잉⋯⋯. 어떻게 되었냐면⋯⋯. 이 양반이. 그러니까⋯⋯."

충격이 너무도 컸기에 그녀의 언어, 음성 역시 정상이 아니다. 충격 받은 소시민 아낙의 반응 음성 색조가 문상희에 의해 멋지게 변주된다.

세탁소에서 벌어지게 된 사연, 과연 무얼까. '오아시스 세탁소 습격 사건'이라는 극중극으로 관객을 안내하는 그녀다. 영화 텐의 주제 음악이 흥겹게 다시 들려온다. 서서히 암전되고 다시 새로운 극중극 장면이 시작된다.

2) 세탁의 코미디, 세탁의 패러디

이 작품은 세탁의 철학을 성찰케 한다. 이 연극은 세탁의 넌센스를 경험케 한다. "세탁…… 세탁……", 치매 할머니가 죽어가기 직전, 정신을 놓아버리기 직전 쏟아 놓는 언어다. 할머니가 숨겨 놓은 보석, 그리고 "세탁…… 세탁……", 그렇다면 이 둘을 연결시킬 수 있는 매체는 똥 빨래뿐이다. 보석은 돈이다. 그 돈이 똥 속에 있다. 자식들은 이것만을 생각할 뿐이다. 그들은 세탁의 철학을 모른다. 세탁되어야 할 대상이 그들 자신임을 모른다. 무지한 자들은 연극 코미디 기호로 반응한다. 이게 이 연극이 노리는 깨달기와 희화의 이중 전략이다.

평소 치매에 걸린 노모를 돌아보지 않았던 불효자식들(이재훤, 김명정 외), 이들의 이미지는 가관이다. 건달, 사기꾼 이미지, 배불뚝이 이미지, 정서 불안 증세를 주체 못하는 이미지이다. 이들은 극단의 이기적 행태를 드러낸다. 보석 때문에 일순간 으르렁거린다. 내면 코드가 근본적으로 다르다. 그러나 돈에 관한 한 그 코드가 일순간 일치한다.

보석 찾기를 향한 코미디 연극이 벌어진다. 그게 똥 빨래를 찾기 위한 야옹 소리다. 고양이들의 합창, 그 절정에서 세탁소는 난장판이 된다. 난장의 극점은 무얼까. 쫓고 쫓기고, 도망, 추적의 과정이 반복된다. 강태국, 갑자기 대형 세탁기 안으로 빨랫감을 던져 넣는다.

이제 포복절도할 일이 벌어지다. 밤 고양이로 분장한 사람들, 그 빨랫감을 따라 세탁기 안으로 들어간다. 대형 드라이클리닝 기계가 무대 좌측에 놓여 있다. 밤 고양이들의 입장이 완료되자 주인 강태국이 재빨리 세탁기 문을 닫는다. 코미디에서나 가능한 사건이 벌어진다. 세탁기 안에 들어있는 사람들, 아우성이다. 강태국, 세탁기의 회전 버튼을 누른다. 보석 찾기에 혈안이 된 사람들, 똥 빨래 세탁물들과 함께 돌아가기 시작한다. 세탁이 되는 과정에서 비명을 지른다. 세탁의 대상, 이는 빨래이기보다는 문제된 의식, 때 묻은 인간들이다.

멋지고 신나는 음악이 들려온다. 영화 텐의 주제 음악 선율, 밤도둑들이 세탁기 안에서 세척된다. 생각만 해도 신바람이 난다. 비눗물 범벅이 되어 있는 그들의 모습, 빙빙 돌려져 세척되는 모습, 마치 오염된 그들의 정서가 세척되는 과정, 그러나 이는 도저히 있을 수 없다. 연극적 상상, 허구의 세계에서 가능하다.

드디어 세탁 작업이 완료되었다. 신나는 음악이 흘러나온다. 그 리듬에 맞추어 세탁물이 나올 차례다. 때 묻은 인간들, 이들은 어떻게 되었을까. 이들이 나오기 시작한다. 물에 젖어 후줄근한 모습이다. 더욱 기발한 것은 그들의 복색이다. 배우들의 밤 고양이 검정 복색이 모두 흰색으로 바뀐다. 그들은 완전 때가 빠져 있다. 깨끗하게 세척된 인간 빨랫감, 이제 이들은 인간적 반응을 보이지 않는다. 사물화되어 빨랫줄에 걸린다. 빨랫줄에 걸려 있는 그림, 자신의 의지대로 움직이지 못하는 세척된 인간들, 이들의 사물화 작업, 희화의 극치를 이룬다.

"우리들이 진짜 세탁해야 되는 것은 말이야, 옷이 아니야, 바로 이 옷들의 주인 마음이다."

사람들, 파란 하늘에 하얗게 널려져 있다. 세탁소 주인 강태국과 동네 어린 소녀(민현정 분)의 대화다. 이들 역시 온 세계가 흰색으로 세탁되어 있음을 즐거워한다. 넌센스 연극에서나 가능한 반응 코드다. 세척된 모습들, 그러나 이들은 얼이 빠져 있다. 본질적인 의식의 변화가 이루어져 있지 않았기 때문일까. 인간의 사물화, 사물로 전락한 이들, 춤을 추려 하지 않는다. 강태국, 이들을 빨랫줄에 매단다. 빨랫줄이 움직인다. 빨랫줄이 춤춘다. 음악에 맞추어서…… 이들 역시 마리오넷 춤을 추기 시작한다. 관객은 이런 기상천외한 블랙 코미디 상황에 폭소를 주체 못한다. 음악 선율, 계속 흘러나온다.

이 연극은 리얼리티 창출에 목숨을 걸지 않는다. 대신 놀이성, 패러디 효능으로 승부를 건다. 구원 불능의 현대인들, 속물화되어 가는 인간들, 이를 새까만 블랙 코미디 소재로 희화시켜 나가는 작법, 작가의 탐색은 이에 집중되어 있다. 붕괴되어 가는 가족 공동체, 이를 인식 못하는 소외된 인간 유형들, 이제 이들이 세탁, 세척되어야 한다. 세탁된 사람들이 빨랫줄에 널려있는 과정, 그러나 비유와 성찰의 힘이 크기에 일부 비사실적인 요소에 대한 이질감은 자연스레 희석된다. 이게 블랙 코미디의 정수요 넌센스 연극의 매력이다.

3) 일기 언어의 서정성, 관조의 연극 묘미

일기 언어가 서정성을 자아낸다. 인생 전체를 관조하는 맛이 우러나온다. 이제 고인 되어 만날 수 없는 선친, 그 분을 향한 사모의 정, 그 간절함, 그 분의 일기를 만난다. 셀렘, 감동 속에서 읽어나감이 이루어진다. 회상이 이루어진다. 침잠, 만남의 황홀경이 경험된다. 침잠은 눈물짓기를 아름답게 만든다.

장사도 안 되는 세탁소, 주인은 왜 이 세탁소를 고집하는 걸까. 선친이 물려준 가업이다. 선친 때부터 내려온 전통이다. 선친 때부터 맡겨놓은 세탁물들이다. 그 세탁물을 맡겨놓은 사연, 그 구구절절한 사연, 부자의 별리, 아버지의 유언이 담긴 옷들, 그 옛날 고향을 그리워 찾아오는 이들, 바로 그런 상황들과의 관계 맺기, 이를 소홀히 할 수 없다. 이게 세탁소 주인 강태국(조준형 분)의 철학이다.

선친 때부터 맡겨 놓은 세탁물, 어느 노숙자가 찾아간다. 의상이 없어 제작에 애로가 많은 연극배우가 찾아온다. 주인 강태국은 기꺼이 무료로 빌려준다. 매서운 아내의 눈총에도 그는 아랑곳하지 않는다. 고향을 잃어버린 사람들, 몇 십 년 만에 찾아온 나그네 귀향인에게 세탁소는 이정표 역할까지 한다. 온 동네가 이미 아파트 빌딩 숲으로 바뀌어 있다. 이제 고향 흔적을 찾을 길 없다.

세탁소를 이용하는 손님들, 뜨내기 손님들, 술집 여인, 심부름 온 어린 소녀, 이기심으로 가득한 동네 아낙, 가난한 연극배우, 고향을 찾다가 세탁소를 보고 선친의 유품을 찾아가는 사건, 이런 에피소드를 통해 세탁소는 황량한 사막 같은 현실에서 오아시스 역할을 충분히 해낸다.

또 한편에서는 속없는 종업원 염소팔(선욱현 분)의 행각이다. 주인 몰래 밍크코트를 팔아 넘겼다가 들켜버린 사건, 그는 늘 돈이 궁해 은밀한 돈벌이 행각에 혈안이 되어 있다. 세탁소 경영 노하우를 전수받겠다고 떠벌리지만 그의 언어는 항상 공허하다. 안주인 역시 아들 녀석 호주 유학비 마련에 혈안이 되어 있다. 세탁소에 걸려있는 수백 벌의 옷들, 이들을 보며 강태국은 항상 위로를 받는다.

이런 와중에 똥빨래 추적 사건, 습격사건이 벌어진 것이다. 정돈된 세탁물들이 엉망이 된다. 강태국은 이런 주변 일상이 싫다. 이제 그가 위로 받을 수 있는 처방은 무얼까. 밤이 되자 강태국은 선친의 세탁일지를 접한다. 선친의 세탁소 운영 철학, 그 언어를 조용히 침잠하듯 읽어 가는 과정, 일순간 서정성이 우러나온다. 눈물짓기, 회상, 삶을 관조하는 과정, 관객 모두 스스로의 성찰 작업이 이루어진다.

왜 살아가야 하는가……, 왜 관심 밖의 세탁업에 종사해야 하는가……, 이런 화두는 오늘 우리 시대 현대인 모두에게 던지는 실존철학적 화두이기도 하다.

> "이 법은 옷에 물든 물의 맛에 따라 그와 반대되는 맛을 가진 물건으로 빼는 것이니…… 가령 사탕이 묻었으면 매운 무나 생강으로 빨고, 그 반대로 매운 고춧가루 같은 것이 묻었을 때는 단 설탕으로 빨아라. 떫은 것은 식초로 빨고, 기름 지방질은 휘발유로 먼저 기름을 빼고 그 다음에 전과 같이 빨 것이다."

그렇다. 문제되는 맛을 희석시키기 위해 반대되는 맛이 필요하다. 세탁을 위해 그 맛은 스스로 사라져간다. 이게 세탁의 비법이다. 삶의 철학이다. 물질 추구 세태, 이를 희석시키기 위해 세탁소 주인들은 스스로를 봉헌하며 사라져갔다. 고인의 일기 언어, 그 읽어나가기 작업은 급기야 서정적 판타지로 이어진다. 세탁의 철학이 사유의 연극 묘미로 이어진다.

어둠 속에서 만나는 선친의 일기장, 세탁 철학이 담긴 일기 언어, 이를 고이 간직하며 눈물짓는 강태국(조준형 분), 그 침잠의 맛에 관객 역시 숙연한 감동을 경험한다.

3. 패러디 색조와 성찰극의 이중주: 연극집단 반의 〈예외와 관습〉과 극단 가변의 〈스트립티스〉

1) 재미와 희화, 성찰과 깨달음

사막에서 짐꾼이 살해당했다. 짐꾼 쿨리는 상인에게 물통을 갖다 주려다가 죽음을 당한 것이다. 수통이 위협적인 돌덩어리로 보였다는 억지 강변, 정당 방어 차원에서 상대를 사살할 수밖에 없다는 논리, 과연 타당한 것일까. 잔인하고 몰인정한 상인은 인간을 물질 추구의 수단으로 간주한다. 짐꾼 쿨리의 가족은 살아갈 길이 막막하다. 법정 소송이 이루어지고 유족은 과연 보상을 받을 수 있는가. 노동조합에 가입되어 있지 않은 쿨리, 임금만을 위해 그는 굴욕과 굴종을 감수한다. 길잡이가 은밀하게 건네준 수통마저 쿨리는 악랄한 상인에게 주려한다. 오로지 임금을 받을 목적으로 말이다. 그러나 사살당해야 했으니…… 재판 역시 어이없게도 무죄 판결로 이어진다.

연극집단 반의 〈예외와 관습〉(브레히트 작·박장렬 연출, 밀양 연극촌 숲의 극장, 2002년)에선 권력 자본가와 결탁해온 비정상의 재판 구조, 그 속보이는 행위가 비판의 도마 위에 오른다.

문제 행위가 패러디되고 동시에 익살이 가미된다. 자신의 몸을 가누지도 못하는 유약한 체구의 판사, 형리의 도움으로 겨우 움직일 수 있는 여성 판사, 이는 무얼 의미하는 걸까. 머리와 생각, 관념만으로 이 세계를 제어 조절, 판단하는 무기력한 지식인, 실제 삶과 행동은 공허하기 이를 데 없는데 말이다. 이런 현대 지식인의 허위의식과 무기력성, 이에 대한 날카로운 패러디 효과가 관객을 즐겁게 해준다.

3인조로 구성된 코러스와 기동력 넘치는 무대 소품 활용작업은 다양한 시공 변화, 은밀한 내면 심리 변화를 일깨워내는 데에 기여한다. 약속된 상징 기호이자 메타포로서 무대 소품들은 연극성 창출에 기여한다. 인물의 내면 분신이자 객관적 해설 역할인 코러스의 활용 역시 상당한 활력을 불러일으킨다.

물질 추구 행위가 인간적 삶을 압도하는 상황, 하나는 잔인하고 파렴치한 이미지로, 또 다른 하나는 임금 벌레 내지 돈 벌레 이미지로 희화되어 있다. 이 희화의 색조는 노래, 춤, 외침, 욕설, 저주, 자기 독백, 더 나아가 방백 언어로 표현되면서 공연의 희비극성의 폭을 확대시킨다.

밀양 시골 동네 아이들, 동네 아주머니, 아저씨, 할머니, 할아버지까지 이 공연을 재미있게 관극하기 시작한다. 상인의 유죄와 무죄에 대한 배심원들의 판결, 이 연극은 시골 동네 사람들과 관객을 자연스레 배심원으로 설정한다. 동네 어린이들은 적극적으로 유죄와 무죄 판결 작업에 가담한다. 객석 전면에 유죄 피켓과 무죄 피켓이 놓여 있다. 대다수의 관객은 유죄 피켓에 리본을 꽂는다. 무죄 팻말엔 소량의 리본이 꽂힌다. 그러나 판결은 황당하게도 무죄다.

상인에게 유리한 심리, 그 속보이는 이중적 행태, 그러나 재미, 희화, 성찰, 깨달음을 향한 관극 행위가 밀도 있게 유발되었는지는 확실치 않다. 코러스의 춤과 노래, 배우들의 춤과 노래, 문제된 사건을 객관화시켰음은 이 공연의 주요 덕목에 속한다. 코러스의 율동 언어와 노래는 일단의 흥미와 재미, 연극적 활기 창출에 크게 기여하고 있다.

뇌물을 받을 수 있을 것인가, 말 것인가, 그 여부에만 온통 관심이 쏠려 있는 쿨리의 굴종적 태도, 인식 능력이 상실된 피착취 계층의 일그러짐, 이에 대한 성찰 유발 장치가 명쾌한가에 대해선 긍정하기 힘들다. 왜 그런가? 쿨리는 오히려 긍정적이고 동정 받는 인물로 그려졌다는 인상이 강하기 때문이다.

지금 바로 오늘 우리네 문제 상황에 대한 비유가 충분히 모색되어졌는지, 이는 더 욕심을 부려야 할 사안이다. 그러나 브레히트의 연극을 이 정도로 재미있고, 박진감 넘치게 그러면서 성찰극의 품위를 일정량 유지시켜 나갔음은 일단 고무적이라 할 수 있다.

가면을 쓴 두 여인이 밀폐된 공간으로 내몰린다. 그들의 신분이 무엇이고 그들을 위협하는 사람이 누구인지 밝혀져 있지 않다. 무언가의 힘에 의해 내몰리지만 겉으론 태연자약한 모습, 내적 자유주의자이기에 외부 현상이나 변화에 반응할 필요가 없다는 철학, 이 점이 진정 우리네 지성인, 지식인들의 품격이며 체면일 수 있을까. 그러나 겉으론 강한 척 했던 모습들이 외부의 강한 물리력을 통해 무너지는 경우가 있다.

2) 무너짐과 벗겨짐, 역설과 반어의 묘미

극단 가변의 〈스트립티스〉(슬라보미르 므로체크 작·박재완 연출, 밀양 연극촌 게릴라 천막극장, 2002년)는 가면 벗기기에 대한 알레고리라 할 수 있다. 겉으론 자유롭고 태연한 척 하지만 속으로 불안해하고 초조해하는 과정, 그 무기력한 속마음 까발리기, 그 농도가 점차 높아져 가기에 폭소의 맛, 사유의 쾌감은 오랫동안 계속된다.

'갑'(이황의)과 '을'(이미경)은 우연하게도 자유롭지 못한 공간으로 내몰린다. 자신이 자유롭지 못한 상황임을 알차 차린 듯 '갑'은 탈출을 시도한다. 살금살금 열린 문을 향해 나아가는 '갑', 갑자기 문이 세차게 닫힌다. 기타 현을 켜는 1인 연주 퍼포먼스가 무대 우측 코너에서 이루어진다. 도저히 견디기 힘든 불협화음이 귀청을 강타한다.

갇혀있는 자들의 움직임에 따라 문은 격렬하기도 하고 여린 움직임으로 반응한다. '갑'과 '을'의 언쟁, 촐랑대는 '갑' 덕분에 자유를 계속 누릴 수 있었을 텐데……, 이런 '을'의 핀잔과 잔소리가 지겨워 '갑'은 다시 한 번 탈출 시도를 벌인다. '을'의 동태를 파악해 온 감시자, 엄청난 체격과 기괴한 걸음걸이로 '갑'의 행동을 제약하려 한다. 감시자가 다가올 때마다 뒷걸음질하는 '갑', 침묵 상태, 무언의 제스처, 강압의 이미지, '을' 역시 '갑'과 마찬가지로 보이지 않는 강요된 힘에 짓눌린다. 그리고 그 역시 신발을 빼앗긴다.

'갑'과 '을'은 자신들의 감금 상태를 구체적으로 실감한다. '을'은 '갑'의 탈출 시도와 감시 받는 행위에 대해 초연해 있다며 자신의 우월성을 과시한다. 그런 '을'의 속보이는 행위, 이중적 행위는 갑의 비난 대상이 된다. 두 사람의 다툼 과정이 도청되면서 화난 감시자가 그들 앞에 나타난다. 겉옷을 빼앗겨 이제 이들의 움직임, 왕래는 완전 제약을 받는다.

그럼에도 '갑'과 '을'은 팬티 차림임에도 그 어느 곳이라도 갈 수 있다는 과장된 시위를 벌인다.

극도로 화가 치민 감시자가 등장하여 '갑'과 '을'을 최악의 구속 상황으로 몰고 간다. 마침내 이들의 얼굴이 가려진다. 들을 수도 없고 볼 수 없는 상태, 감금 상태는 최고조에 이른다.

무너지는 '을'의 모습, 제 아무런 외적 강압에도 불구하고 내적 자유의지만 있으면 끄떡없다던 '을', '을'은 공포와 두려움에 떨며 결국 가장 나약한 모습, 가장 비겁한 모습으로 전락한다. 공연장 바깥 초록빛 정원이 갑자기 조망된다. 아름다운 선율이 울려 퍼진다. 감춤 행위가 사라질 때 참 삶의 본질이 드러난다. 내면의 눈뜸, 이는 진정한 자아 성찰을 의미한다. 멋진 연출적 변용이자 착상이다.

현학적인 자아, 이중적 자아, 거짓 자아가 무너지자 불협화 기타 음 대신 아름다운 선율이 들려온다. 무너짐과 벗겨짐을 통해 참다운 눈을 떠간다는 섭리, 이런 역설과 반어의 묘미를 터득할 수 있었기에 관객은 기분 좋다. 패러디극의 맛깔이 무한대로 확장된다.

4. 요지경 만화경 속의 패러디:
극단 거울과 극단 현장의 〈오구〉

1) 관객 우롱의 패러디

제6회 영호남연극제 하이라이트는 순천 극단 거울과 진주 극단 현장 합동 공연 〈오구〉(이윤택 작·조구환 연출, 순천 금당야외공원 특설무대, 2005년)의 신명 무대에서 찾아볼 수 있다. 관객 우롱의 굿 놀이가 펼쳐지고 배면엔 늘 신바람 넘치는 놀이성이 꿈틀거린다. 각 놀이무대 사이에 줄다리기 묘미마저 우러나오면서 관객은 자연스레 극 속에 빨려 들어간다.

저승에서 고통당하는 꿈, 악몽에서 깨어나 오구굿을 벌이려는 노모(박순연, 이은화 분), 그러나 자식들은 콧방귀만 뀐다. 오늘 이 시대에 무슨 굿판인가. 그러나 오구굿을 통해 극락왕생과 자손들의 안녕, 번영을 빌겠다는 소박한 바램, 이를 놓고 공연의 초반부터 줄다리기가 벌어진다.

맛보기 굿판 놀이가 벌어진다. 신나는 피리 소리, 북, 꽹과리 등의 사물 장단 가락에 관중 모두들 덩실덩실 춤을 춘다. 노모가 놀이 굿판을 벌인다며 사물패를 무대 위로 이끌어 들인다. 스피디함과 여림, 밀고 당기의 힘겨루기 이미지를 연출한 진도 집단 북춤 퍼포먼스, 피리 연주와 무희들(최윤정, 황윤희, 조미숙 분)의 다양한 노래와 춤사위가 볼거리와 들을거리를 다양하게 선사한다.

노모가 초장부터 마실 나온 것 같은 반응을 보인다. 관객은 일시에 마실 사람들이 되어 자연스런 만남과 재담의 파트너가 된다. 오구굿을 이끌어나가는 석출(고능석 분)이 개띠, 범띠 손들어보라 하더니만 삼재가 들었다 하면서 관객을 우롱하기 시작한다. 이 우롱 작전이 오구굿 판을 벌이기 위한 탄력적인 동기 처방일 줄이야.

굿판을 벌이려면 재물이 마련되어야 한다. 오백 만원이라는 재물 비용, "깎자", "깎을 수 없다"며 무당 석출(고능석 분)과 장남(서보룡 분) 사이의 실랑이가 벌어진다. 노모가 보다 못해 돈더미를 석출에게 던진다. 굿판 추렴 행위는 무대 위 가족들에게 머무르지 않고 관중들에게까지 확장된다. 관중들, 특히 노인 및 어린이 관객들이 신명난 무희의 춤사위에 매료된 탓인지 푸른색 돈 지폐를 앞다투어 치마에 넣어준다. 무대 위 놀이 굿판은 자연스레 관중석으로 그리고 현실 공간으로 확장된다.

2) 경계 허물기와 요지경 만화

굿 놀이를 통해 이승과 저승의 경계가 무너진다. 이승 사람들과 저승사자와의 만남, 꿈과 현실과의 만남, 교차, 뒤범벅의 마당판, 그 요지경 놀이가 아기자기하게 벌어진다.

문제된 이승 사람들, 그 몰가치 행각이 극에 달하자 드디어 저승사자가 개입한다. 거대한 남근을 달고 나타난 저승사자(김성균, 이정훈, 김도영 분), 그 기괴한 이미지는 관중의 폭소를 유발시키기에 부족함이 없다. 남자들, 저승사자의 거대한 남근을 보고 기가 질려 도망간다. 여염집 여인네들, 거대한 남근을 보고 구경을 하려고 아귀다툼을 벌인다. 극성스런 여인네들 덕에 도망가는 자들은 오히려 저승사자들이다. 한 마디로 난장판이요 요지경의 극치다.

현실에서 벌어질 수 없는 사건, 저승사자와 현실 인물들간의 남근 놀이 퍼포먼스, 관객 역시 그 기발한 발상과 재치에 폭소를 금치 못한다.

오구굿의 절정, 즐거움과 신명의 절정, 그 순간 노모(박순연, 이은화 분)가 갑자기 운명한다. 굿판은 일순간 싸늘한 분위기의 장례식장으로 돌변한다. 그것도 잠시 패러디 놀이는 새롭게 전개된다. 죽은 노모의 자식들, 이들의 몰지각한 행태는 다양한 춤곡을 통해 시작된다. 망자를 호위하여 저승으로 가려던 저승사자들, 칼을 빼 이들을 처단하려 하지만 문제가 발생한다. 죽을 자들의 명부에 이들이 끼어있지 않다. 포기할 수밖에 없는 딜레마, 기묘한 숙명놀이 전략이 펼쳐진다. 저승사자만의 딜레마, 이를 알고 교묘하게 악용하는 제 2의 희극판 요지경, 우롱당하면서 놀림당하는 자는 거꾸로 저승사자일 줄이야.

노모의 재산을 둘째(최동석 분)가 형수(김풍연, 서현미 분)와 짜고 재산을 빼돌리려 한다. 이를 질타하고 바로잡기 위해 노모가 강시로 변신하여 등장한다. 요지경 만화 놀이의 절정이다.

남자를 갈구하는 과수댁(최윤정 분), 육욕을 채워주기 위해 그녀의 방으로 들어가는 저승사자(이정훈 분), 두 인물의 신방 만남은 궁금하다. 무대는 과수댁 안방 그림으로 초점이 모아진다. 느린 동작의 교접 행위가 그림자극으로 펼쳐진다. 구경꾼들 궁금증을 주체 못하는데, 그 교접의 절정, 신비하다 못해 경건한 반응으로 무대화된다.

산 자와 저승사자와의 교접, 음과 양의 우주적 조화에는 이승, 저승의 경계마저 뛰어넘는가. 장중한 음악 선율이 울려 퍼진다. 이런 기상천외한 발상, 진지한 그림자 이미지가 연출되면서 공연 스펙트럼의 아기자기함이 빚어진다.

저승은 어디인가. 저승사자는 어디에서 와서 또 어디로 가는 것일까. 노모의 손녀 봉숙(김경란 분)과 어린 저승사자(김도영 분) 간의 대화 내용이다. 이들의 만남은 주변의 거친 난장 분위기와 달리 차분하다. 천진한 이들의 대화, "저승은 너의 가슴에 있단다." 어린 동자들의 천진한 소리와 음색, 때 묻지 않는 몸짓, 저승이 가슴에 있다는 동화적 발상, 서정적 색조기 멋지게 우러나온다.

3) 장례 절차, 비틀리기와 까발리기

이 공연의 또 다른 재미는 엄숙한 장례 이미지를 과감히 비틀려 풍자와 익살의 마당을 경험케 함에 있다. 장례의 엄숙성, 그 기존 이미지가 완전 비틀리고 파괴되어 나타난다. 자식들은 늘 문제된 인물, 경박한 인물들, 물욕, 재물욕을 주체 못하는 자들로 나타난다. 공연의 희극적 재미는 이들 인물들의 희화화 처방을 다양한 놀이와 조합시켜 나감에 있다.

돈 받고 대신 곡해주는 자, 배고픔을 주체 못하며 푸념하는 자, 그 반응 과정은 소리의 변조로 구체화된다. "아이고 아이고" 하는 곡음 사위가 급박한 상황으로 내몰리면서 "애고", "애고"의 빠른 후렴구로 변조된다. 재물 및 잿밥에 눈먼 자들의 몰가치 상황이 다양하게 희화되기 시작한다. "애고" 소리와 더불어 둘째와 형수의 숟가락 퍼포먼스가 벌어진다. 사물로 돌변하여 벌이는 해프닝은 돈독이 올라 벌이는 짓거리, 자식들의 재산 싸움, 문상객들(이승목, 이명덕 외)로 위장한 장사꾼들의 명함 놀이, 저승사자의 화투 놀이 개입 마당에서 그 절정에 이른다.

둘째와 형수가 야합하여 돈을 빼돌리려다가 발각나는 상황, "줄초상이다"를 외치며 육탄전에 돌입하는 장남(서보룡 분)의 분노 그림, 상대 인물들과의 격투 장면, 도망가려는 몸부림, 이 모든 게 거칠게 스피디하게 이루어지다가 그 절정 장면에서 갑자기 느린 동작 그림이 클로즈업된다. 대조와 교차 연출 전략이 힘을 발하는 대목이다.

집단 난투극 그림, 배경음악으로 '석양의 무법자'가 깔려나온다. 패러디 처방은 일순간 고급 희극의 수준을 내팽개치고 저급한 개그식 만화 그림으로 급전된다. 의도적 저급함인가, 아니면 패러디 메뉴의 다양성 추구 전략인가, 하여튼 어린이 관객들, 노인 관객들, 아줌마 관객들은 배꼽 잡기에 급급하다.

4) 저승과 떠남, 되돌아보기의 아름다움

아기의 출생과 더불어 노모의 장례식은 마감된다. 새로운 탄생, 별리, 떠남이 시작된다. 엉터리 무상객, 장사판으로 전락된 문상 장면, 화투판 돈 놀이의 난장, 싹쓸이를 향한 유아적 충동과 기쁨, 이들의 난장 퍼포먼스도 며느리의 출산과 더불어 새로운 국면으로 전환된다.

한 많은 삶, 이를 마감하기 전 오구 굿 놀이를 통해 마지막 소망을 풀어보고자 했던 노모, 이승 현실 사람들과의 헤어짐, 그 동안 이승 사람들의 다양한 몰가치상황, 이를 희극 놀이로 극대화시켜 보았다. 저승사자, 강시 출현, 이를 통해 문제 인물들은 여지없이 골탕 먹여 관객은 한없는 카타르시스를 맛보았던 것이다. 아기울음소리가 공원 특설 무대를 가득 메운다. 강보에 싸인 새 생명, 삶과 죽음, 등장과 퇴장의 교차 인생 무대, 그리고 이제 석별이다.

저승사자들의 호위를 받으며 노모는 떠나간다. 함께 나누다가 떠나가는 것, 그 동안의 희로애락, 그 동안 인간적 실수, 연약함, 아픔, 갈등, 이 모든 게 한줌의 재처럼 부질없게 보인다.

무대 위에서 지지고 볶고 다툼을 벌이던 자들, 숙연한 모습으로 석별을 아쉬워한다. 가장 경박한 자들 마저 노모의 떠남 앞에서 진지함을 회복한다. 가장 한국적인 심상, 그 원형을 담아내는 공연 그림이다. 관중들 사이로 떠나는 망자 노모, 그 주변을 칼 휘두르며 호위하는 저승사자들, 석별을 아쉬워하듯 두 손을 흔드는 사람들, 피리 연주마저 애절하게 연주된다. 무대와 객석 사이의 경계, 제4의 벽이 이승과 저승 사이의 건너지 못할 경계 영역으로 작용할 줄이야.

뒤풀이 마당으로 무대는 다시 한 번 활력을 되찾는다. 삶의 희로애락, 삶과 죽음의 순환과 교체, 그 거대한 질서를 진지하게 관조하게 함으로써 연극은 마지막 품격을 회복한다. 난장 무대는 품격과 관조의 빛으로 마감하면서 인생에 대한 거시적인 안목을 조망케 한다.

영호남의 연희 색채가 다양하게 충돌하며 조화를 이룬 연극 〈오구〉는 난장 놀이의 활력, 인생 파노라마에 대한 관조자적 태도, 이를 자연스레 유발시킨 우리시대 멋진 놀이 무대라 할 수 있다.

엔터테인먼트 시대의 한국 연극

1판 1쇄 발행 2008년 5월 25일
1판 2쇄 발행 2010년 3월 5일
지은이 · 김길수 | **펴낸이** · 한봉숙 | **펴낸곳** · 푸른사상사
등록 제2-2876호
주소 서울시 중구 을지로3가 296-10 장양B/D 7층
대표전화 02) 2268-8706(7) | **팩시밀리** 02) 2268-8708
메일 prun21c@yahoo.co.kr / prun21c@hanmail.net
홈페이지 www.prun21c.com
@ 2010, 김길수

ISBN 978-89-5640-630-5 03680

값 17,000원